Kriegswirtschaftslehre

Von

Dr. Ferdinand Schmid

Leipzig
Verlag von Veit & Comp.
1915

Druck von Metzger & Wittig in Leipzig.

Vorbemerkung.

Die vorliegende Abhandlung ist aus einem Zyklus von Vorträgen entstanden, welche im Januar 1915 im Auftrage des Ausschusses für volkstümliche Kurse an der Leipziger Universität gehalten wurden. Bei der Veröffentlichung dieser anspruchslosen Blätter hat mich vor allem die Absicht geleitet, den Zuhörern einige ergänzende Ausführungen und Anregungen mit auf den Weg zu geben.

Leipzig, Ende Januar 1915.

Der Verfasser.

Inhalt.

I. Einleitung.

Der Krieg in seiner Doppeleigenschaft als der furchtbare Zerstörer der Wirtschaften und als die Quelle vielseitiger Bereicherung für erobernde Nationen hat von seiten der nationalökonomischen Wissenschaft bis jetzt nicht immer ausreichende Beachtung erfahren. Als ein vorübergehender wirtschaftlicher Ausnahmszustand schien er auf eine dauernde wissenschaftliche Pflege durch diese Disziplin keinen Anspruch erheben zu können. Je engere Bande der wirtschaftliche Verkehr zwischen den einzelnen in Rivalität befindlichen Nationen knüpfte und je enger die Fäden der Weltwirtschaft wurden, desto mehr schien sich die ökonomische Wissenschaft vom Kriege lossagen zu wollen. Ganz besonders mußte dem Freihandel der Krieg als Störer der wirtschaftlichen Beziehungen, welche die mit einander verkehrenden Völker umschlingen, schädlich und verabscheuungswürdig erscheinen. In die ökonomischen Erwägungen dieser Schule mischten sich eben zugleich solche ethischer Natur. Man verwarf prinzipiell den Eroberungskrieg und wollte nur noch Aufwendungen für die „Landesverteidigung" gelten lassen. Ganz besonders in der englischen Freihandelsschule war diese Auffassung schon seit Adam Smith zum Durchbruch gekommen. Die Praxis des seegewaltigen Albions kontrastierte freilich auf das schärfste mit diesen Lehren seiner freihändlerischen Ökonomen und ist auch heute noch weit davon entfernt, diese Lehren als Maximen seiner Staatspolitik anzuerkennen. Der Krieg, und zwar vor allem der Kolonialkrieg, gilt auch heute noch in England als eines der wichtigsten Instrumente für die Erweiterung und Förderung der nationalen Wirtschaft und auch von anderen Staaten wird dieser Standpunkt bis heute in ihrer kolonialen Praxis festgehalten.

Die Wissenschaft der Nationalökonomie hat sich aber von der Auffassung, daß der Krieg als eine wirtschaftliche Erwerbsquelle anzusehen sei, immer mehr abgewendet. Er spielt in ihren Erörterungen gegenwärtig im allgemeinen, wenn wir von der allerjüngsten Zeit absehen, eine verhältnismäßig geringe Rolle. Schon Neurath[1] hat auf die merkwürdige Tatsache aufmerksam gemacht, daß die beiden großen Handwörterbücher der Nationalökonomie weder vom Krieg noch vom Heerwesen reden. In den alten Zeiten war dies anders. Den griechischen Schriftstellern, allen voran Aristoteles, galt der Krieg als eine natürliche Erwerbsart, gleich der Jagd und dem Ackerbau, und durch das ganze Altertum bis tief in das Mittelalter hinein zieht sich diese Auffassung. Sie ist leicht zu erklären. Neben der Führung des Pfluges galt der Krieg in diesen Zeiten als die andere normale Beschäftigung des freien Mannes. Die Ausdehnung der zu eng gewordenen Feldmark, später auch wohl die systematische Beraubung und Brandschatzung fremder Kulturnationen sowie die Vernichtung wirtschaftlicher Konkurrenzemporien war das Ziel der römischen Eroberungskriege. Die moderne Staatenbildung und das sich entwickelnde europäische Gleichgewicht haben dieser Praxis in Europa im Laufe der Zeit immer mehr Schranken gesetzt, wozu noch die steigende Ausbildung des modernen Völkerrechtes kam. Das letztere gestattete nicht mehr die rücksichtslose Wegnahme des Privateigentums im Landkriege und damit brachen die alten Beuteordnungen der Landarmeen zusammen. Die Grundsätze des staatlich organisierten Raubes mußten sich in den Seekrieg zurückziehen, wo die Piraterie noch heute eine traurige Herrschaft behauptet. In den großen Kolonialkriegen des 17. und 18. Jahrhunderts aber feierten die alten Grundsätze des Beutekrieges noch großartige Orgien und sind auch jetzt gegenüber den Eingeborenen noch keineswegs erloschen. Dagegen begnügt sich der stärkere Teil gegenüber schwächeren Kulturnationen mit anderen Druckmitteln und Ausbeutungspraktiken, wie z. B. Erzwingung günstiger Handelsverträge und Konzessionen, sonstiger Erweiterung der nationalen Einflußsphäre u. dgl. m. Die nationalistische ökonomische Wissenschaft registriert mit Eifer alle derartigen Expansionsbestrebungen der einheimischen Wirtschaft und billigt sie gewöhnlich als friedliche Erweiterungen ihres Gebietes. Nur der Krieg wird hingegen von ihr in der Regel perhorresziert, denn er stört nur die Wirtschaft und eine Störung des Wirtschaftslebens könne die Nation nicht reicher machen.

Diese vor allem durch die englische Freihandelsschule vertretene theoretische Auffassung von dem wirtschaftlichen Unvermögen des Krieges hat schon durch Friedrich List den ersten nachhaltigen Stoß erfahren. Auch seither hat es natürlich nicht an Versuchen gefehlt, den Krieg als eine „große Täuschung" (Norman Angell) zu bezeichnen und aus seinem wirtschaftlichen Unvermögen Argumente für die

[1] „Die Kriegswirtschaft", S. 5 (im Jahresbericht der Neuen Wiener Handelsakademie, Wien 1910).

Friedensbewegung zu schöpfen. Das von der Carnegiestiftung im August 1911 zur Förderung des internationalen Friedens für die Abteilung der Nationalökonomie und Geschichte entworfene Studienprogramm bedeutet ohne Zweifel den großartigsten Vorstoß in dieser Richtung. Wie immer man aber über Carnegies Bestrebungen denken mag, eines scheint sicher: Er dürfte durch seine Stiftung der nationalökonomischen Wissenschaft eine mächtige Anregung gegeben haben, die oben bezeichnete Lücke auszufüllen und dem Kriege als dem Zerstörer und Förderer vieler Wirtschaften erhöhte Aufmerksamkeit zu schenken. Schon hat Neurath den Mahnruf zur Schaffung einer nationalökonomischen Sonderdisziplin unter dem Titel der „Kriegswirtschaftslehre" erschallen lassen[1], deren Aufgabe als die Darstellung von den schädlichen und nützlichen Folgen des Krieges bezeichnet wird. Wir möchten dazu als weiteres Problem noch die Erforschung der wirtschaftlichen Ursachen der neuzeitlichen Kriege hinzufügen, welches Thema in dem Studienprogramm der Carnegiestiftung mit Recht einen sehr breiten Raum einnimmt. Dieses weite neu zu erschließende Gebiet der nationalökonomischen Forschung dürfte vielleicht am besten als „theoretische Kriegswirtschaftslehre" zu bezeichnen sein.

II. Die theoretische Kriegswirtschaftslehre.

Es wird dies immer ein ebenso schwieriger wie unsicherer Forschungsbereich bleiben. Die empirischen Mittel für die Feststellung der schädlichen und nützlichen wirtschaftlichen Folgen des Krieges sind durchaus nicht ausreichend und bieten keine Gewähr für eine sichere Erfassung der Tatbestände. Zwar hat die Statistik schon vor Dezennien ihr Augenmerk auch den Opfern des Krieges zugewendet und hierüber manches interessante Licht verbreitet. Während wir über die Todesopfer der älteren Zeit und selbst der napoleonischen Kriege im allgemeinen noch auf mehr oder minder unsichere Schätzungen angewiesen sind, ist die Zahl der durch die neueren Kriege verursachten Todesopfer ziemlich genau bekannt. Übertriebene Vermutungen bezüglich der Höhe dieser Menschenverluste sind durch die bisherigen statistischen Feststellungen nicht bestätigt worden.[2] Allein in der Zeit der

[1] „Die Kriegswirtschaftslehre als Sonderdisziplin" im „Weltwirtschaftlichen Archiv", 1913, I, S. 342ff.

[2] Vgl. hierüber Engels Aufsatz in der Zeitschrift des preußischen statistischen Bureaus 1872, S. 1ff., ferner v. Oettingen in seiner Moralstatistik, dritte Auflage (1882), S. 726ff.

Millionenheere und der Schnellfeuerwaffen dürfte sich die Masse der Menschenopfer doch ganz außerordentlich vermehren, und überdies darf bei der Beurteilung dieser Zahlen natürlich der wichtige Umstand nicht außer acht gelassen werden, daß es gerade die Blüte der kriegführenden Nationen ist, die auf den Schlachtfeldern dahinsinkt. Die Statistik hat uns des weiteren auch über die sonstigen Zusammenhänge belehrt, welche zwischen dem Kriege und den Bevölkerungsvorgängen obwalten. Wir wissen heute aus der Kriminalstatistik einen wie wohltätigen Einfluß der Krieg auf das ganze sittliche Gehaben einer Nation auszuüben vermag.[1] Allein mit der statistischen Erfassung der durch den Krieg beeinflußten wirtschaftlichen Vorgänge, zumal der wirtschaftlichen Schäden und sonstigen Folgen des Krieges, ist es schon nicht immer so gut bestellt. Kriegsrecht und Kriegssitten sind im Laufe der Jahrhunderte immer milder geworden und die durch den Krieg verursachten direkten Zerstörungen haben seither ebenso wie der für den Eroberer resultierende Beutegewinn eine wesentliche Verminderung erfahren. So schauerliche Verwüstungen, wie sie Inama-Sternegg[2] und neuestens Höniger[3] vom dreißigjährigen Kriege zu berichten wußten, wird auch der größte Weltkrieg der Gegenwart oder Zukunft nicht mehr aufzuweisen haben. Allein damit sind die Schwierigkeiten einer genaueren Feststellung der durch den Krieg verursachten Schäden und Vorteile nicht geringer geworden. Nur ein kleiner Teil dieser Kriegsfolgen ist Gegenstand amtlicher Erhebungen und gelangt auf diese Weise zu einer zahlenmäßigen Fixierung. Bezüglich der meisten durch den Krieg beeinflußten wirtschaftlichen Tatbestände werden wir hingegen immer auf eine Art symptomatischer Forschung angewiesen sein. Es ist unmöglich, für die einzelnen Wirtschaften einen Kriegskataster aufzumachen und an der Hand desselben die wirtschaftliche Lage der einzelnen Klassen einer Nation vor dem Kriege, während desselben und nach dem Kriege zu verfolgen. Auch die isolierende Methode der nationalökonomischen Theorie muß bei einem Versuche, die wirtschaftlichen Tatsachen des Krieges zu meistern, auf sehr bedeutende Schwierigkeiten stoßen. Ein sicherer Überblick über die durch den Krieg veranlaßten gleichzeitigen Veränderungen und Störungen der verschiedenen Wirtschaften ist eben durch die Komplexität dieser Dinge außerordentlich erschwert. Nicht anders steht es mit der Erfassung der wirtschaftlichen Vorteile des Krieges. Mit der einfachen Schätzung der eroberten Kriegs-

[1] v. Oettingen, a. a. O., S. 473ff.

[2] „Die volkswirtschaftlichen Folgen des dreißigjährigen Krieges für Deutschland" in Raumers historischem Taschenbuch (1864).

[3] „Der dreißigjährige Krieg und die deutsche Kultur" in den „Preußischen Jahrbüchern", 138. Band (1909), S. 402ff.

beutestücke, dann der weggenommenen privaten Handelsschiffe und Waren ist wenig erreicht und selbst die Beurteilung der durch die Kriegsentschädigung erlangten wirtschaftlichen Vorteile bedarf, wie wir noch sehen werden, mancher Vorsicht und Einschränkung. So einfach liegen die Dinge, wie auch aus Neuraths eigenartiger Darstellung (Sensationsgesamtheiten!)[1] erhellt, durchaus nicht. Denn es handelt sich, wenn anders die theoretische Kriegswirtschaftslehre ihr Ziel erreichen will, um weit mehr, nämlich um die Erforschung der gesamten Wirkungen des Krieges auf die beteiligten Volkswirtschaften. Diese Zusammenhänge sind aber gerade hier besonders kompliziert. Die Kriegskrisis, mit welchem Worte wir die Wirkung des Krieges auf die Volkswirtschaft zunächst wohl am besten bezeichnen können, ist ihrer ganzen Natur nach nicht eine Einzelkrisis, sie erfaßt nicht etwa bloß den Handel, die Industrie oder die Landwirtschaft, sondern die gesamte Volkswirtschaft und ebenso beeinflussen die Einwirkungen des Krieges während seines weiteren Verlaufes nicht lediglich wirtschaftliche Teilgebiete, vielmehr ist die Gesamtheit der Wirtschaften davon berührt. Ja, diese Einwirkungen des Krieges reichen heute bei den so hoch gesteigerten weltwirtschaftlichen Beziehungen weit hinaus über die kriegführenden Nationen und ziehen auch viele neutrale Staaten in Mitleidenschaft. Man hat ferner konstatiert, daß die wirtschaftlichen Wunden der modernen Kriege überaus rasch heilen und daß selbst die großen Kriege der neueren Zeit dem besiegten Teile nicht entfernt jenen wirtschaftlichen Zusammenbruch gebracht haben, den man von vornherein erwartet hätte. Noch merkwürdiger ist auf den ersten Blick die Tatsache, daß nicht selten während des Krieges und unmittelbar nach diesem ein allgemeiner wirtschaftlicher Aufschwung, zumal beim Sieger, eingetreten ist. Man glaubte diese Tatsache dadurch erklären zu können, daß der Krieg eine Art wirtschaftlicher Auslese bewirke, indem er die konkurrenzunfähigen Produzenten vernichte. Neurath[2] meint der Sache noch besser dadurch auf den Grund kommen zu können, daß er auf die künstliche Niederhaltung der Produktion während der Friedenszeit durch die bestehenden Schutzzölle und Kartelle hinweist. Die so gebundenen Menschen und Produktivkräfte würden während des Krieges frei, das Produktivitätsprinzip gewänne die Herrschaft über das im Frieden maßgebende Rentabilitätsprinzip und so könne der Krieg eine stagnierende Volkswirtschaft zu gesteigerter Produktion und erhöhtem Wohlstand führen.

---

[1] „Probleme der Kriegswirtschaftslehre“ in der Zeitschrift für die gesamte Staatswissenschaft, 1913, S. 438ff.

[2] „Die Kriegswirtschaft“, S. 14ff.

Allein, auch hier werden wir nicht leicht auf dem Wege allgemeiner Mutmaßungen und Deduktionen vorwärts kommen, vielmehr wird es der Sammlung eines sehr umfassenden Tatsachenmaterials und sorgfältiger Einzelbeobachtung bedürfen. Gerade das aber ist bisher von der ökonomischen Wissenschaft zumeist versäumt worden. Indem man den Krieg, wie schon oben bemerkt, als einen anormalen Zustand betrachtete, hielt man es nicht für nötig, die verwickelten Zusammenhänge zwischen ihm und der gesamten Volkswirtschaft eingehender zu untersuchen.[1] Nur die durch ihn auf dem Geld- und Kapitalsmarkte bewirkte Panik ist öfters und so auch wiederum in jüngster Zeit Gegenstand eifriger Erörterungen gewesen. Dagegen sind die Versuche, die Wirkungen eines europäischen Krieges auf die deutsche Volkswirtschaft in ihrer Gesamtheit näher auszumalen, sehr vereinzelt geblieben. Es ist hoch an der Zeit, daß diese Lücke von der deutschen Wissenschaft durch methodische Untersuchungen ausgefüllt werde. Gerade der gegenwärtige Krieg, dessen Erschütterungen selbst in fernen Weltteilen deutlich zu spüren sind, bietet hierfür eine unvergleichliche Gelegenheit. Das zu nutzende Tatsachenmaterial fließt diesmal überaus reichlich und es kann sich nur darum handeln, dasselbe seinerzeit in systematischer Weise zu sammeln und wissenschaftlich zu verwerten. In den Tages- und Fachjournalen ist bereits ein gewaltiger Stoff angehäuft, welcher später durch die offiziellen Berichte der wirtschaftlichen Korporationen noch eine außerordentliche Bereicherung erfahren wird. Zudem hat der Vorstand des Börsenvereins der deutschen Buchhändler in Leipzig schon vor geraumer Zeit den Beschluß gefaßt, in der Deutschen Bücherei nicht nur die im Buchhandel erschienene Kriegsliteratur, sondern auch alle sonstigen zu dem gegenwärtigen Weltkrieg in Beziehung stehenden Drucksachen, welche für die Geschichte dieses Krieges eine Bedeutung haben oder solche für den Geschichtsforscher vermutlich erlangen können, zu sammeln. Eine ähnliche Vorkehrung hat auch die Wiener Hofbibliothek für Österreich getroffen. Der Kriegswirtschaftslehre wird dadurch ein ganz außerordentlicher Dienst erwiesen und es kann nur gewünscht werden, daß die neue Sonderdisziplin von diesen Behelfen einen recht reichlichen Gebrauch mache. Da der Forschung des einzelnen auch hier naturgemäß enge Grenzen gezogen sind, so möchten wir es für wünschenswert erachten, daß die großen volkswirtschaftlichen Vereinigungen Deutschlands und Österreichs sich in den Dienst der Sache stellten. Vor allem gilt dieser unser Appell dem Verein für

[1] Dagegen besitzt die Schweiz eine eingehende derartige Untersuchung in der Schrift von Dr. Adolf Jöhr „Die Volkswirtschaft der Schweiz im Kriegsfall", zweite Auflage, Zürich, 1912, besonders S. 25ff.

Sozialpolitik, der auf eine lange Erfahrung in solchen Erhebungen und auf einen zahlreichen Stab von Mitarbeitern blicken kann. Nicht so günstig steht in dieser Beziehung die Gesellschaft österreichischer Volkswirte da. Dieselbe hat bisher derartige Enqueten nur vereinzelt (wie z. B. über den Bauschwindel) durchgeführt und ihr Netz von wissenschaftlichen Hilfskräften ist verhältnismäßig gering. Aber bei ernstlichem Willen ließen sich auch hier alle Schwierigkeiten überwinden. Den Hochschulen beider Reiche und speziell ihren Volks- und staatswissenschaftlichen Seminaren aber fiele die weitere Aufgabe zu, durch monographische Arbeiten, die umfassenden Erhebungen der genannten wissenschaftlichen Vereinigungen zu unterstützen und zu ergänzen.[1]

III. Die wirtschaftliche Heeresverwaltungslehre.

Der theoretischen Kriegswirtschaftslehre reihen sich zwei praktische Disziplinen an, die es ebenfalls mit den Zusammenhängen von Krieg und Wirtschaft zu tun haben. Für die eine dieser Disziplinen möchten wir die Bezeichnung „Wirtschaftliche Heeresverwaltungslehre" vorschlagen. Nicht wirtschaftliche Einflüsse und Wirkungen des Krieges selbst, sondern die ökonomischen Vorbereitungen für diesen, soweit sie die Erhaltung und Schlagfertigkeit des Heeres zu gewährleisten haben stehen hier in Frage. Auch das Heer ist ein wirtschaftlicher Körper, und es ist für die Volkswirtschaft nicht gleichgültig, in welcher Weise die ökonomischen Bedürfnisse der Armee befriedigt werden. Alle auf die

[1] Die Redaktion des „Archivs für Sozialwissenschaft und Sozialpolitik" hat diese Aufgabe mittlerweile bereits durch Herausgabe besonderer „Kriegshefte" in Angriff genommen. Diese Forschungen behandeln allerdings nicht bloß das Gebiet der theoretischen Kriegswirtschaftslehre, sondern sind viel umfassender. Noch weiter greift die Schrift von Dr. J. Jastrow „Im Kriegszustand, die Umformung des öffentlichen Lebens in der ersten Kriegswoche", Berlin, 1914, Druck und Verlag von Georg Reimer, indem sich dieser Autor nicht nur über die wirtschaftlichen Verhältnisse, sondern auch über die sonstigen Zweige der Staats- und Kommunalverwaltung, soweit sie durch den Ausbruch des Krieges beeinflußt wurden, verbreitet. Die bisherige Literatur hat Arthur Blaustein in seinem „Versuch einer Bibliographie zur Kriegswirtschaftslehre" im „Weltwirtschaftlichen Archiv", 1914, S. 506 ff., in dankenswerter Weise zusammengestellt. Diese Übersicht zeigt, wie sehr bis jetzt die kriegswirtschaftstheoretischen Schriften gegenüber den übrigen Gebieten der Kriegswirtschaftslehre im Hintergrund gestanden sind. Beiträge zur theoretischen Kriegswirtschaftslehre enthält auch die jüngste Schrift von Julius Wolf „Die Kriegsrechnung" (Verlag von Georg Reimer, Berlin, 1914). Vgl. besonders S. 9 ff. („Wirtschaftliche Kriegsursachen") und S. 31 ff. („Wirtschaftliche Kriegsfolgen", „Die Einbußen an Nationaleinkommen infolge des Krieges in Deutschland, Österreich-Ungarn, Frankreich, Rußland, England").

Ausrüstung und die Bewaffnung des Heeres bezüglichen Vorkehrungen haben in den großen europäischen Militärstaaten ihre lange Geschichte. Allein ihre wissenschaftliche Bearbeitung ist bisher zumeist mehr oder weniger ausschließlich von militärischen Gesichtspunkten aus erfolgt. Höchstens die finanzielle Vorsorge für das Heer im Kriegsfalle hat, zuerst angeregt durch die bekannten grundlegenden Erörterungen Adolf Wagners über den Kriegsschatz[1], eine ausführlichere Behandlung erfahren. Die Zurückhaltung der ökonomischen Wissenschaft gegenüber den hier auftauchenden Problemen findet durch die einstige strenge Abgeschlossenheit der Heeresverwaltung, die in manchen Dingen bis auf unsere Tage andauert, leicht ihre Erklärung. Der Einfluß der Parlamente und der Öffentlichkeit überhaupt auf den inneren Betrieb der Armee ist in den kontinentalen Militärstaaten vermöge der ganzen historischen Entwicklung ein recht begrenzter. Die Abgeschlossenheit dieser Heere macht sich zumeist auch im Bereiche des militärischen Bildungswesens bemerkbar. Offiziere und Militärbeamte erhalten ihre fachwissenschaftliche Ausbildung, wenn wir von der am Züricher Polytechnikum bestehenden Militärschule absehen, zumeist nicht auf den allgemeinen Hochschulen sondern auf besonderen militärischen Fachschulen und nur ganz aushilfsweise werden auch Zivilhochschulen von militärischen Frequentanten besucht. Auf diese Weise ist den ökonomischen Wissenschaften der freie Zutritt zur Heeresverwaltung wesentlich erschwert und es darf nicht überraschen, daß die militärische Literatur an tiefgehenderen Untersuchungen über die Beziehungen zwischen dem Heere und der Volkswirtschaft im allgemeinen arm ist. Das gleiche gilt aber auch von den Lehr- und Handbüchern der Volkswirtschaftslehre und seit den wenigen Andeutungen in Neumanns „Volkswirtschaftslehre mit besonderer Anwendung auf Heerwesen und Militärverwaltung" (1873)[2] ist die längste Zeit kein wesentlicher Fortschritt erfolgt. Erst Sombart hat in seiner Schrift „Krieg und Kapitalismus" (1913) auf Grund eines reichen historischen Materials uns in sehr anschaulicher Weise dargelegt, wie Krieg und Heerwesen seit dem Ausgang des Mittelalters mächtige ökonomische Wirkungen gezeitigt und insbesondere wesentlich zum Entstehen des modernen Kapitalismus beigetragen haben. Leider brechen seine Untersuchungen gerade dort ab, wo sie das besondere Interesse der modernen Kriegswirtschaftslehre beanspruchen würden, und so sind wir auch jetzt noch bei der wissenschaftlichen Beurteilung der Einrichtungen der ökonomischen Heeresverwaltung auf die Werke der Militärschriftsteller und die wenigen sonst vorfindlichen zerstreuten Notizen angewiesen. Nur für das Verpflegswesen hat sich in den Kreisen der landwirtschaftlichen Be-

[1] Finanzwissenschaft, dritte Auflage, 1883, I, S. 172f.
[2] S. 29ff.

rufsstände ein lebhafteres Interesse kundgegeben, das dann auch wiederum auf die ökonomische Wissenschaft und die Verwaltungslehre fruchtbringend zurückgewirkt hat, und ähnlich steht es mit einzelnen Zweigen des militärischen Ausrüstungswesens. Allein an einer grundlegenden wissenschaftlichen Bearbeitung dieser hochwichtigen Materien gebricht es derzeit noch fast völlig[1] und dieser Mangel muß sich um so mehr fühlbar machen, je höher die militärischen Rüstungen in unserer Zeit gestiegen sind und noch fortdauernd ansteigen. Mit der Größe der Rüstungen muß der Natur der Sache nach auch ihr Einfluß auf die gesamte Volkswirtschaft wachsen und die Fragen des Rüstungswesens können daher in unserer Zeit der Allgemeinheit nicht mehr so gleichgültig bleiben, wie sie es vielleicht einstmals gewesen, als Heeresverwaltung und Lieferantentum sich in diese Dinge teilten. Auch das militärische Rüstungswesen bedarf der Leuchte der Wissenschaft, zumal, wenn es gelingen soll, die so hoch gesteigerten Rüstungslasten den wirtschaftlichen Schultern des Volkes möglichst gut anzupassen. Auch hier wird sich ein ähnlicher Prozeß vollziehen müssen, wie wir ihn vor kurzem mit der wissenschaftlichen Behandlung des Militärrechtes und vor allem des Militärstrafrechtes erlebt haben. Solange diese Sonderdisziplinen nur auf den abgeschlossenen Auditoriatsschulen vorgetragen wurden, konnten sie zu keiner gedeihlichen Entfaltung gelangen. Heute hat sich dieser Zustand der Dinge in Deutschland und Österreich vollständig geändert. An den größeren Universitäten dieser beiden Staaten bestehen bereits eigene Dozenturen wenigstens für die Militärstrafrechtswissenschaft. Ihre Vertreter haben die Fühlung mit der allgemeinen Strafrechtswissenschaft wiedergewonnen, sie besitzen heute in Deutschland ihre eigene Zeitschrift[2] und ihr eigenes wissenschaftliches Lexikon[3], dessen Inhalt sich bereits auf das gesamte Militärrecht erstreckt. Bei der Pflege der wirtschaftlichen Heeresverwaltung wird ein ähnlicher Weg einzuschlagen sein und die wissenschaftliche Fortbildung dieser Materie in erster Linie ebenfalls militärischen Dozenten überlassen bleiben müssen. Diese sind in der Regel allein im Besitze der einschlägigen Materialien und werden vor allem jene Grenzen richtig zu beurteilen wissen, welche den wissenschaftlichen Arbeiten auf diesem Gebiete im Interesse der militärischen Schlagfertigkeit und Sicherheit des Staates gezogen werden müssen.

---

[1] In meinem Werke „Das Heeresrecht der österreichisch-ungarischen Monarchie" (1903), ist auf S. 245ff. der Versuch gemacht, die wirtschaftliche Heeresverwaltung dieses Kaiserstaates wenigstens in den Grundzügen darzustellen.

[2] „Archiv für Militärrecht", herausgegeben vom Kriegsgerichtsrat Heinrich Dietz, Verlag von Bensheimer, Berlin-Leipzig.

[3] „Handwörterbuch des Militärrechts", mit Unterstützung durch viele Mitarbeiter herausgegeben von Heinrich Dietz, Kriegsgerichtsrat bei der 28. Division. Rastatt, 1912. Nach dem Vorwort soll noch ein zweiter, das Militärrecht Österreich-Ungarns behandelnder Teil erscheinen.

Das schließt natürlich nicht aus, daß auch die Vertreter der allgemeinen Nationalökonomie und Verwaltungslehre diesen hochwichtigen Problemen erhöhte Aufmerksamkeit zuwenden sollten, und zwar meinen wir, daß dies nicht etwa bloß nach dem Vorgange Sombarts vom Standpunkte der wirtschaftshistorischen Forschung aus zu geschehen hätte, sondern daß dabei auch die Aufgaben der Gegenwart berücksichtigt werden müßten. Fritz Röder hat in seinen Arbeiten über die militärische Verpflegswirtschaft höchst beachtenswerte Beiträge für ein bestimmtes Gebiet der wirtschaftlichen Heeresverwaltung geliefert[1] und es kann nur gewünscht werden, daß auf dieser Bahn eifrig fortgefahren werde. Die folgenden Zeilen sollen den äußeren Bereich der hier zu lösenden Aufgaben mit einigen Strichen abstecken.

Der Aufgabenkreis der wirtschaftlichen Heeresverwaltung hat im Laufe der Jahrhunderte, wie uns dies Sombart im einzelnen so anschaulich geschildert[2], vor allem seit dem Entstehen der modernen Massenheere eine außerordentliche Ausdehnung erfahren, zugleich aber revolutionierend auf viele Wirtschaftszweige gewirkt. In den alten Zeiten sorgten die Krieger selbst für ihre Bewaffnung und die Erzeugung dieser Waffen bewegte sich zunächst ganz in den hergebrachten Bahnen der handwerksmäßigen Produktion. Erst das Eindringen der Feuerwaffen, die Entstehung des Kalibers sowie endlich das Auftreten eines Massenbedarfs im Gefolge der sich stets vergrößernden Heere bewirkten eine allmähliche Umwälzung in der Herstellung der Waffen. Der einzelne Handwerker erwies sich nicht mehr fähig für die Herstellung von Geschützen und so entstanden die modernen Geschützgießereien und Arsenale. Indem sich der Bedarf an sonstigen Waffen in zunehmender Weise uniformierte und zugleich massenhaft und oft mit sehr großer Raschheit auftrat, wurde auch hier das Handwerk immer mehr durch eine sich neu entwickelnde kapitalistische Großindustrie verdrängt, welch letztere wieder in zwei Formen auftrat, nämlich in Gestalt des Verlagsystems und sodann in jener von Großbetrieben. Bereits die merkantilistische Zeit kennt staatliche Kanonen- und Gewehrfabriken, denen sich bald Kugelgießereien und Pulverfabriken anreihten. Auch der Ursprung mancher Pulvermonopole reicht in diese Zeit zurück. Große Arsenale entstehen ferner für den Bau von Kriegsschiffen. Auch hier ist das kapitalistische System

[1] Vgl. seine Schrift „Die Naturalienbeschaffung für den Verpflegungsbedarf des bayerischen Heeres, ein Beitrag zur staatlichen Submissionspolitik, nach amtlichen Quellen bearbeitet“ („Münchener volkswirtschaftliche Studien“, herausgegeben von Lujo Brentano und Walter Lotz, 92. Stück), Stuttgart und Berlin 1909, sowie seine Studien über die militärische Friedensverpflegswirtschaft Österreich-Ungarns und Frankreichs in den „Annalen des Deutschen Reichs“, Jahrgang 1910, S. 1—18, 132—156, 241—263, 368—383, 598—617, 859—873, 918—930, ferner Jahrgang 1911, S. 54—68 und 286—298.

[2] A. a. O., besonders S. 74ff.

erst allmählich im Zusammenhange mit der gesteigerten Menge und Größe der gebauten Schiffe sowie der Veränderung ihres Types siegreich vorgedrungen, doch behauptet sich daneben noch heute das gemeinwirtschaftliche System der staatlichen Arsenale. Die Summe der an diese militärischen Produktionszweige sich knüpfenden wirtschaftlichen Fragen ist nicht gering. Der Streit über die Vorzüge oder Nachteile des gemeinwirtschaftlichen Systems gewinnt hier ohne Zweifel ein besonderes Gesicht. Es ist immerhin fraglich, ob eine vollständige staatliche Monopolisierung der Waffenerzeugung und des Baues von Kriegsschiffen im militärischen Interesse ratsam sei, obwohl sich mit der ökonomischen Seite des Problems auch hochwichtige sozialpolitische Interessen verbinden. In allen diesen militärischen Massenbetrieben wird ein sehr großes Heer von Arbeitern beschäftigt, deren soziale Lage dem modernen Staate nicht gleichgültig sein kann.[1] Große Arsenale bedingen eine starke örtliche Konzentrierung der Arbeiten und können dadurch leicht das Prinzip der örtlichen Rückeinnahme empfindlich stören. Gegen private Waffenfabriken wird gewöhnlich die gesteigerte Gefahr eines möglichen Verrates militärischer Geheimnisse ins Treffen geführt, ihnen auch wohl der durch sie gemachte exorbitante Gewinn vorgeworfen. Umgekehrt sind gerade, wie die außerordentlichen Leistungen der Firmen Krupp und Skoda gezeigt haben, private Geschützfabriken besonders befähigt, die Talente ihrer Techniker auf das höchste anzuspornen und auf diese Weise ungeahnte Fortschritte im Waffenwesen zu bewirken.

Auch das Bekleidungswesen war ursprünglich keine Angelegenheit der wirtschaftlichen Heeresverwaltung. Jeder einzelne Krieger hatte vielmehr in der alten Zeit selbst dafür zu sorgen und der Staat kümmerte sich höchstens indirekt darum, indem er darauf sah, daß die Soldaten preiswürdige Ware vorfanden. Eine außerordentliche Buntscheckigkeit war bis in das 17. Jahrhundert hinein die natürliche Folge dieses individualistischen Montursystems, wenn man diesen Ausdruck für den damaligen Zustand des militärischen Bekleidungswesens überhaupt gebrauchen darf. Nur die Leibgarden wurden von den Monarchen selbst gekleidet. Sonst aber lag die Beschaffung der Kleidungsstücke bis in das 18. Jahrhundert in erster Linie in den Händen der Chefs der Regimenter und erfolgte demnach regiments- oder kompagnieweise, doch lieferte der Staat den Obersten in späterer Zeit schon selbst das Tuch. Einen entscheidenden Einfluß auf die Verstaatlichung des Montierungswesens

---

[1] Ein interessantes Beispiel einer Darstellung der sozialen Verhältnisse in einem modernen militärischen Großbetriebe bietet die Schrift „Die Lohnarbeiter der k. und k. Kriegsmarine. Im Auftrage der Marinesektion des k. und k. Reichskriegsministeriums bearbeitet von Dr. Rainer Keßlitz, k. und k. Marinekommissariatsadjunkten" (1. Heft der „Mitteilungen" des arbeitsstatistischen Amtes im k. k. Handelsministerium, Wien, 1900).

übte erst das Aufkommen und die Verbreitung der Uniformen. Damit griff eine Schematisierung des Bedarfs um sich und dieser massenhafte Einheitsbedarf führte alsbald auch hier zur kapitalistischen Produktion. Die Einrichtungen der in Österreich aufgestellten Monturkommissionen (1768) wurden für die Deckung des Friedens- und des Kriegsbedarfes allmählich vorbildlich. Die beiden Systeme der Eigenregie und des Lieferungswesens kehren heute bei der Ausstattung der Truppen mit Uniformen und Schuhwerk in verschiedenen Kombinationen immer wieder und diese mannigfachen Mischformen werden dadurch noch vermehrt, daß hier bald zentralistische Tendenzen in stärkerem Maße auftreten, bald hinwiederum der Selbstbewirtschaftung der Truppenkörper ein breiterer Spielraum eingeräumt ist.[1] In die ökonomischen Gesichtspunkte mischen sich zudem in neuester Zeit auch solche sozialer Natur, indem die Vergebung eines Teiles dieser Lieferungen an Kleingewerbtreibende gefordert wird und in einem gewissen Umfange von diesen auch bereits durchgesetzt worden ist. So werden insbesondere in Österreich seit Jahren bestimmte Prozentquoten an die für diesen Zweck zu Genossenschaften vereinigten Kleingewerbtreibenden überlassen. Je mehr das Lieferungswesen aber regelmäßig in der Hand von mächtigen Konsortien konzentriert ist, in um so stärkerem Maße sieht sich die Heeresverwaltung genötigt, die Interessen des Militärärars durch ein verwickeltes System von Submissionsbedingungen zu wahren. Dieses System wird in allen Militärstaaten immer mehr Regel und hier und da selbst gesetzlich als normale Beschaffungsart festgelegt. In den Kämpfen um die Modernisierung und Verbesserung des Submissionswesens spielen gerade die militärischen Lieferungen eine große Rolle. Das System der Eigenregie hat in neuerer Zeit vielfach sehr an Boden verloren und die Privatindustrie hat insbesondere durch den Erfindungsgeist ihrer Ingenieure der Heeresverwaltung namentlich bei der Produktion modernster Kriegsmaterialien, wie insbesondere der verschiedenen Sprengmittel, erfolgreiche Konkurrenz zu machen begonnen und sie nicht selten auf diesem Gebiete sogar überholt. Im Interesse der militärärarischen Betriebe und der nationalen Wehrkraft überhaupt muß die Gesetzgebung der Kriegsverwaltung wichtige Privilegien selbst gegenüber erworbenen Rechten dritter Personen, insbesondere auch gegenüber erworbenen Patentrechten, einräumen und ebenso müssen im Interesse der staatlichen

[1] Im Kriege erfahren die zentralistischen Tendenzen naturgemäß manche Stärkung. Sie haben sich im gegenwärtigen Kriege namentlich auch in der freiwilligen oder von Staats wegen geförderten Bildung von verschiedenen Branchenzentralen geäußert. Schließlich ist in Berlin ein Bekleidungsbeschaffungsamt errichtet worden, welches vom 1. Februar 1915 angefangen den gesamten Bedarf der deutschen Heeresverwaltung an Monturen und verwandten Bedarfsgegenständen zu decken übernommen hat.

Verteidigung Beschränkungen hinsichtlich der Öffentlichkeit des Patentregisters Platz greifen.[1]

Einen der wichtigsten Zweige der wirtschaftlichen Heeresverwaltung hat selbstverständlich von jeher die Verpflegung der Truppen gebildet und der Einfluß dieser Maßnahmen auf bestimmte Zweige der Volkswirtschaft ist immer ein sehr bedeutender gewesen. In alter Zeit hatte sich jeder Krieger selbst zu verpflegen, zu welchem Zwecke er vom Obersten mit einem bestimmten Verpflegsgelde beteilt wurde. Die benötigten Summen zog man von den umliegenden Landschaften ein. Dieser Vorgang artete jedoch bekanntlich bei den späteren Söldnerheeren in Raub und Erpressung aus. Seit der Verstaatlichung der Armeen beginnt daher die öffentliche Verwaltung durch eigene Organe (Kriegskommissäre) auf die Verpflegung der Truppen Einfluß zu üben, doch war diese staatliche Fürsorge zunächst mehr eine indirekte, indem darüber gewacht wurde, daß die Truppen genügende und ordentliche Lebensmittel erhielten. Die direkte Obsorge des Staates erstreckte sich im allgemeinen zunächst nur auf die Leibgarden und die Festungen. Nachdem schon im 17. Jahrhundert hier und da ein erweitertes System staatlicher Truppenverpflegung Platz gegriffen hatte, ging man in der Folgezeit in den meisten Staaten wieder zu einem gemischten System über. Auf dem Marsche und im Felde wurden die Truppen vom Staate beköstigt, in den Garnisonen aber überließ man die Verpflegung in weitem Umfange den einzelnen Mannschaften. Das Um und Auf der staatlichen Verpflegsmaßnahmen bildete damals das Ansammeln großer Vorräte in staatlichen Magazinen. Bei der Kriegführung klammerten sich die Truppen an diese Vorräte und so übte das Magazinsystem die längste Zeit einen überaus lähmenden Einfluß auf die ganzen Bewegungen derselben. Alsbald hielt auch hier der Kapitalismus seinen Einzug und das Lieferantentum bemächtigte sich dieses so einträglichen Zweiges der wirtschaftlichen Heeresverwaltung. Der Massenbedarf der Truppen übte einen starken Anreiz zu marktmäßiger Produktion, die Bestellungen der Heeresverwaltung förderten mächtig den landwirtschaftlichen Großbetrieb

---

[1] Das deutsche Patentgesetz vom 7. April 1891 bestimmt in § 5, al. 2, daß die Wirkung eines Patentes insoweit nicht eintritt, als die Erfindung nach Bestimmung des Reichskanzlers für das Heer und für die Flotte benützt werden soll. Der Patentinhaber hat in diesem Falle gegenüber dem Reiche einen Anspruch auf angemessene Entschädigung, welche in Ermanglung einer Verständigung im Rechtswege festgesetzt wird. Nach § 19, al. 3, ist die Publizität des Patentregisters insoweit ausgeschlossen, als es sich um ein im Namen des Reiches für Zwecke des Heeres oder der Flotte genommenes Patent handelt. Sehr weitgehende Beschränkungen der Patentrechte sind im Interesse der militärärarischen Betriebe und der Wehrkraft überhaupt in dem österreichischen Patentgesetze vom 11. Januar 1897 und im ungarischen Patentgesetze (Gesetzartikel XXXVII ex 1895) statuiert. Vgl. mein Heeresrecht der österreichisch-ungarischen Monarchie (1903), S. 247ff.

sowie den Getreidehandel und gaben nicht in letzter Linie Veranlassung zum Entstehen des Lieferungs- oder Zeithandels. In den Militärbrotbäckereien entstand zugleich eine neue Form des Großbetriebes. Gegenwärtig wird die Naturalienverpflegung ganz besonders durch den Kampf der agrarischen Kreise um den Ausschluß der Händler von den Lieferungen und die möglichst starke Beteiligung der Urproduzenten an solchen charakterisiert. Diese Bestrebungen haben seither in Deutschland und teilweise in Österreich-Ungarn zu erheblichen Erfolgen der Landwirte geführt. Aber auch in anderen Militärstaaten, wie namentlich in Frankreich, bildete die Bekämpfung der Herrschaft des spekulativen Zwischenhandels bei den militärischen Getreidelieferungen einen wichtigen Programmpunkt der organisierten Landwirte und ihre auf der Versailler Tagung im Juni 1900 gefaßten Beschlüsse bezeichnen auch für diesen Staat einen wichtigen Wendepunkt für die Administration der Naturalienverpflegung.[1] Besondere Aufgaben bildeten im Rahmen der letzteren immer die Verproviantierung der Kriegsflotte und die ökonomische Armierung der Festungen. Die kollektive Versorgung der Kriegsschiffe mit Lebensmitteln ergab sich von selbst, weil hier die Eigenbeköstigung der einzelnen Mannschaften mit zu erheblichen Umständlichkeiten verbunden gewesen wäre. Deshalb übernahmen sehr bald die Staatsverwaltungen oder die Kapitäne der Kriegsmarine die Verproviantierung der Schiffe, doch hat das erstere (englische) System über den letzteren (französischen) Vorgang schon seit dem 17. Jahrhundert den Sieg davongetragen. Die Versorgung der Festungen mit Lebensmitteln ist namentlich, was die großen Waffenplätze anlangt, für den Mobilisierungsfall ein nicht immer leicht zu lösendes Problem, weil dabei nicht nur auf den Bedarf der Besatzung, sondern auch auf die Versorgung der in den Plätzen wohnhaften Zivilbevölkerung Rücksicht genommen werden muß. So wußten seinerzeit die öffentlichen Blätter interessante Einzelheiten über die Verhandlungen zwischen der französischen Kriegsverwaltung und der Pariser Stadtkommune zwecks Beschaffung und Unterbringung der für den Mobilisierungsfall nötigen Getreide- und Mehlvorräte zu berichten. Die auf Festungen bezüglichen Verproviantierungsmaßnahmen können in sehr wirksamer Weise durch Evakuierung jener Teile der Bevölkerung, die sich aus eigener Kraft nicht gut zu erhalten vermögen, unterstützt werden. Solche Evakuierungsmaßnahmen sind im modernen Rechtsstaate nur auf Grund vorhandener Rechtsnormen zulässig und wo gesetzliche Anordnungen hierüber fehlen, muß im Bedarfsfalle die Notverordnung eintreten. In Österreich hat denn auch eine kaiserliche Verordnung vom 11. August 1914 die gesetzlichen Unterlagen

[1] Vgl. hierüber die bereits zitierte Abhandlung von Fritz Röder in den „Annalen des Deutschen Reichs", Jahrgang 1911, S. 56ff.

für derartige im militärischen Interesse gelegene Räumungsmaßnahmen geschaffen. Dieselben können für alle im Interesse der Kriegführung zu räumenden Orte angeordnet werden und bezwecken zugleich die Unterbringung der evakuierten Bevölkerungsteile in neue Arbeitsgelegenheiten, wodurch auch dem Gesichtspunkte der Humanität möglichst Rechnung getragen erscheint. Da es sich hier nicht mehr um die Versorgung von Militärpersonen handelt, so reicht die Bedeutung dieser Anordnungen über das Ziel der eigentlichen wirtschaftlichen Heeresverwaltung hinaus. Dieselben greifen bereits in das Gebiet der Kriegswirtschaftspolitik über, welche den zweiten Bestandteil der praktischen Kriegswirtschaftslehre ausmacht und erst später dargestellt werden soll.

Weitere Zweige der wirtschaftlichen Heeresverwaltung bilden die Pferdebeschaffung, das Bequartierungswesen und endlich die militärischen Verkehrsanstalten. Auch diese Dinge haben ihre lange und interessante Geschichte und die Methoden der Bedürfnisbefriedigung sind dabei nicht immer die gleichen gewesen. Auch heute stehen hier die Eigenregie (Feldpost) neben einem sehr intensiv entwickelten Systeme von Militärlasten (Pferdebeschaffung im Mobilisierungsfalle, Bequartierungspflicht usw.) und eigenartigen Subventionierungsmethoden (Remontierungswesen, subventionierte Lastenautomobile). Das System der Naturalbeistellung ist im Laufe der Zeit in immer festere rechtliche Formen gebracht worden, wie dies den Anforderungen des Rechtsstaates entspricht, gleichzeitig hat sich jedoch der Kreis der davon betroffenen Objekte immer mehr ausgedehnt. Insbesondere bedingt die außerordentliche Wichtigkeit der modernen Verkehrsanstalten (Eisenbahnen, Seeschiffe) für die Zwecke der Mobilisierung die unbedingte Verfügungsgewalt der Armeeleitung über alle diese Transportmittel, auch wenn sich dieselben im juristischen Besitze von Privatgesellschaften befinden. Die möglichste Leistungsfähigkeit und Einheitlichkeit des Eisenbahnwesens ist danach eine selbstverständliche Forderung der nationalen Verteidigung. Ein großes und gut geleitetes Staatseisenbahnnetz wird unter gleichen Verhältnissen den militärischen Bedürfnissen besser entsprechen als ein zersplittertes und rückständiges Privateisenbahnsystem. Sowohl in Deutschland wie in Österreich dürfte hier noch manches zu bessern sein. Für Deutschland wird noch festgestellt werden müssen, ob das Nebeneinanderbestehen mehrerer Staatseisenbahnverwaltungen und der dadurch bedingte Mangel an vollständiger Einheitlichkeit, namentlich aber das Fehlen vollständiger Güterwagengemeinschaft, nicht vom militärischen Standpunkte ernstlich bekämpft werden muß. Für Österreich muß aus dem gleichen Grunde wenigstens die völlige Verstaatlichung der noch bestehenden privaten Hauptbahnen sowie der möglichst rasche normalmäßige Ausbau des bosnischen Eisenbahnnetzes verlangt werden.

IV. Die Kriegsfinanzwissenschaft.

Die Frage der Aufbringung der für das Heer im Frieden und im Kriege erforderlichen finanziellen Mittel wird streng genommen nicht mehr als ein Gegenstand der wirtschaftlichen Heeresverwaltungslehre zu betrachten sein. Denn die Aufbringung dieser Mittel obliegt heute durchaus der allgemeinen staatlichen Finanzverwaltung und die eigenen Einnahmen des Heeres sind naturgemäß überall minimal. Die Lösung der hier sich erhebenden Probleme fällt folgerichtig an sich in den Rahmen der allgemeinen Finanzwissenschaft, aber diese nehmen unter dem Einflusse der so schwerwiegenden militärischen Interessen gleichfalls öfters eine besondere Nuancierung und abweichende Gestaltung an, so daß wir eine eigene Kriegsfinanzwissenschaft als neuen und dritten Bestandteil der Kriegswirtschaftslehre unterscheiden müssen. Es ist dies das bisher am eifrigsten gepflegte Gebiet der ganzen Sonderdisziplin. Gegenwärtig beschränkt sich die nationalökonomische Forschung gewöhnlich auf ein Thema der Kriegsfinanzwissenschaft, nämlich auf die Frage der sogenannten finanziellen Mobilmachung. Hierüber haben bekanntlich Ströll[1] und Rießer[2] in bahnbrechender Weise Licht verbreitet. Allein, so eng sollte unseres Erachtens der Rahmen der Untersuchung doch nicht abgesteckt werden! In der Tat ist denn auch vor allem Rießer hierüber weit hinausgegangen und seine Nachfolger sind ihm darin zumeist gefolgt. Er unterscheidet drei Aufgaben der Forschung, nämlich

1. die finanzielle Kriegsbereitschaft, wodurch die Frage beantwortet werden soll, inwieweit wir auf einen Krieg schon im Frieden finanziell vorbereitet sind,

2. die finanzielle Mobilmachung, welche darüber Aufschluß zu geben hat, wie wir die vorhandenen finanziellen Mittel und Kräfte im Kriegsfalle mobil, d. h. liquid machen, und endlich

3. die finanzielle Kriegführung, welche die Frage einschließt, wie für die längere Dauer eines Krieges die finanziellen Mittel aufgebracht werden können.

Rießer unterscheidet nicht zwischen den finanziellen Bedürfnissen der Heeresverwaltung einerseits und jenen der allgemeinen

---

[1] Von Bedeutung sind vor allem seine Aufsätze über das deutsche Geldwesen im Kriegsfalle in den Schmollerschen Jahrbüchern, 23. Jahrgang (1899).

[2] „Finanzielle Kriegsbereitschaft und Kriegführung", zweite Auflage, 1913. Zu vergleichen sind ferner auch noch Georg v. Mayer, Finanzielle Kriegsbereitschaft im Frieden, in der „Deutschen Revue", Jahrgang 1890, und Biermer, Die finanzielle Mobilmachung, Vorträge, zweite aus dem Nachlaß herausgegebene und vermehrte Auflage, bearbeitet von Professor Dr. Robert Liefmann, 1913.

Volkswirtschaft andererseits. Vom praktischen Gesichtspunkte aus mag das zulässig sein, eine streng systematische Kriegswirtschaftslehre wird jedoch besser daran tun, beides auch äußerlich zu trennen.

Die Kriegsfinanzwissenschaft im eigentlichen Sinne wird sich also mit der Frage, aber auch nur mit dieser, zu befassen haben, wie der Bedarf der Heeresverwaltung ohne Verletzung höherer volkswirtschaftlicher Interessen im Frieden und im Kriegsfalle zu decken sei. In diesem Komplexe von Problemen ist auch die Frage nach dem volkswirtschaftlichen Nutzen oder Schaden der Rüstungsauslagen inbegriffen. Denn ein oberstes Gesetz der Finanzwissenschaft fordert bekanntlich die möglichste Produktivität aller finanziellen Aufwendungen des Staates. Es ist nicht überflüssig, in diesem Zusammenhange auch die schwerwiegende Frage der volks- und staatswirtschaftlichen Bilanz der Rüstungen zu streifen. Denn die Zahl auch ernster Nationalökonomen, welche diese grau in grau malen oder die Produktivität der Heeresauslagen vollständig zu negieren geneigt sind, ist noch immer nicht gering. Sie sind durch Adolf Wagners Ausführungen (in seiner Finanzwissenschaft) nicht bekehrt worden und das gewaltige Anschwellen der Rüstungskosten in dem letzten Jahrzehnt in Verbindung mit einer nicht immer gerechten Verteilung dieser Lasten hat sie in ihrer oppositionellen Auffassung begreiflicherweise nur bestärkt. Ein reiches Zahlenmaterial ist ihnen rasch zur Hand und der Eindruck der so schnell ansteigenden Rüstungsziffern ist in der Tat ein erschreckender. Mit der Einführung der Massenheere sind die Kriegsbudgets nahezu in allen Staaten Europas sprunghaft in die Höhe gegangen und es ist bis zur Stunde noch gar nicht abzusehen, wann die Kurve der militärischen Lasten in ruhigere Linien übergehen wird. Diese erhöhten Kosten für den militärischen Aufwand entspringen teils aus der gesteigerten Zahl der unter den Fahnen gehaltenen Soldaten sowie aus dem wachsenden Unterhalts- und Ausbildungsbedarfe, teils aber aus Neuanschaffungen und Neuaufstellungen, die hinwiederum auf den Fortschritt der militärischen Technik zurückzuführen sind. Der allgemeine Wettlauf in den Rüstungen tat das übrige. Schon vor der letzten gewaltigen Steigerung der Militärausgaben, welche im Gefolge der bosnischen Krise eintrat, also gegen das Ende des letzten Jahrzehnts, belief sich das Budget der so friedlich gesinnten und darum nicht übermäßig stark gerüsteten österreichisch-ungarischen Monarchie doch schon für das gemeinsame Heer auf 319,6 und für die Marine auf 57 Millionen Kronen. Dazu kamen noch 77,4 Millionen Kronen für die österreichische und 47,4 Millionen Kronen für die ungarische Landwehr. Rechnet man schließlich die Kosten für die bosnischen Truppen im Betrage von 4,2 Millionen Kronen hinzu, so belief sich der gesamte militärische Aufwand des Habsburgerreiches schon um jene Zeit auf 505,6 Millionen Kronen. In Deutschland aber wurden damals (1908) für das Landheer bereits nicht weniger als 958,6 und für die Marine 348,2 Millionen Kronen verausgabt. Im Jahre 1913 hatten die militärischen Ausgaben der für uns besonders in Betracht kommenden Staaten die nachstehende Höhe erreicht[1]:

	Millionen Kronen
Deutschland	1771
Österreich-Ungarn	781
Rußland	2102
Frankreich	1414
England	1825

Im Zusammenhalt mit der Gesamtsumme der Staatsausgaben und der Einwohnerzahl ergeben sich dann die sogenannte Kulturaufwandsquote und die durch die Militärauslagen bewirkte Kopfbelastung. Allein, derartige isolierte Zahlen besagen an sich nicht sehr viel und bedürfen noch nach manchen Richtungen einer Korrektur und Ergänzung. Vor allem ist es nötig, das Volkseinkommen und Volksvermögen in verläßlicher Weise zu schätzen[2], die jeweiligen Preis- und Teuerungsverhältnisse richtig zu veranschlagen und namentlich auch, wenn die vermehrten Heereslasten in außerordentlicher Weise, also durch Staatsschulden gedeckt werden, auch die Höhe der letzteren in Rücksicht zu ziehen. Selbstredend dürfen sich solche Untersuchungen nicht auf einen einzelnen Staat beschränken, sondern müssen international gehalten sein und wenigstens die wichtigeren Militärstaaten umfassen. Mit dieser intensiven und extensiven Steigerung der Aufgabe wachsen aber auch die Schwierigkeiten der Kriegsfinanzstatistik. Wer da weiß, wie sehr alle Versuche einer internationalen Finanzstatistik bis heute eines nachhaltigen Erfolges entbehren, der wird allen internationalen Übersichten über den Rüstungsaufwand mit der größten Vorsicht, ja mit offenem Mißtrauen gegenüberstehen. Selbst wissenschaftliche Forscher lassen es in diesen Dingen öfters an der unerläßlichen Vorsicht fehlen und noch geringere Beachtung verdienen die so häufig von den Tagesjournalen gebrachten Zusammenstellungen. Auch Rießer bietet eine Reihe derartiger Übersichten,

[1] So nach einer neuesten privaten Zusammenstellung von Dr. Otto Szombathy, die er für einen im November 1914 in der Wiener Urania über „Finanzielle Kriegsrüstung" gehaltenen Vortrag verfaßt hat.

[2] Vgl. in dieser Beziehung z. B. die Schrift von Julius Wolf, „Die Steuerreserven in England und Deutschland, ein Beitrag zur Frage der Rüstungsgrenzen beider Staaten" in den von ihm und Professor Dr. Georg v. Schanz in Würzburg herausgegebenen „Finanzwirtschaftlichen Zeitfragen", Verlag von Ferdinand Enke in Stuttgart, 1914.

die des aktuellen Interesses nicht entbehren, zumal er sich der hier obwaltenden Schwierigkeiten sehr wohl bewußt ist und dieselben durch eine Reihe wertvoller Bemerkungen auch näher illustriert.[1] Schon das Vorhandensein von Spezialetats und Spezialrechnungen neben dem allgemeinen Budget und der allgemeinen Staatsrechnung macht Schwierigkeiten. Dazu kommt, daß einzelne Ausgabenposten, wie z. B. die Militärpensionen und Invalidenbezüge, nicht unter den eigentlichen Militärausgaben verrechnet, sondern anderswo gebucht werden, wogegen hinwiederum die Gendarmerieauslagen in manchen Staaten der Zivil-, in anderen aber der Militärverwaltung zugezählt werden. Die Domänen- und Eisenbahnverwaltungen sowie die staatlichen Finanzmonopole belasten nicht selten sehr stark die Bruttoetats. Vor allem aber verschiebt sich das Bild der finanziellen Belastung sehr wesentlich nach dem größeren oder geringeren Umfange der den Selbstverwaltungskörpern zugewiesenen Aufgaben und bei Bundesstaaten noch besonders je nach der Einbeziehung oder Nichtberücksichtigung der Finanzen der Einzelstaaten. Speziell das durch die steigenden Militärlasten bewirkte sogenannte „Kulturdefizit" wird in manchen Staaten durch eine verstärkte Anspannung der finanziellen Kräfte der Selbstverwaltung mehr oder minder gemildert. Auf der anderen Seite fällt die starke Belastung der Bevölkerung und zumal der Industrie durch die Ausgaben für die soziale Verwaltung sehr ins Gewicht. Auch ist es für die so häufig durchgeführte Berechnung der Kopfbelastung durchaus nicht gleichgültig, ob man es mit einem großen und volkreichen Staate oder mit einem schwach bevölkerten Lande zu tun hat und ob ferner die Bevölkerung lange erwerbstätig bleibt oder, wie insbesondere in Frankreich, zum frühzeitigen Rentnertum neigt. Endlich müssen bei Feststellung der Höhe der Militärauslagen die gar nicht oder nur teilweise aus Staatsmitteln rückvergüteten Naturalleistungen privater Personen oder von Lieferungsverbänden mit in Rechnung gezogen werden. In dem Studienprogramme der Carnegiestiftung sind auch eingehende Untersuchungen über die absolute und relative Höhe der Rüstungsauslagen seit dem Jahre 1872 vorgesehen und man darf auf die Ergebnisse dieser Forschungen um so mehr gespannt sein, als gerade mit dem Beginn des laufenden Jahrzehnts abermals eine Periode verstärkter Rüstungen eingesetzt hat. Eine Reihe von Staaten hat seitdem durch fast gewaltsame und sprunghafte militärische Investitionen und Reformen ihre Wehrkraft in außerordentlicher Weise zu erhöhen gesucht und das Rüstungsfieber hatte schon vor dem jetzigen Weltkriege geradezu enorme Dimensionen angenommen. Der militärische Aufwand der

[1] A. a. O., S. 38ff. Vgl. auch S. 24ff.

europäischen Großmächte wurde damals für die nächsten fünf Jahre auf 46 Milliarden Kronen berechnet. Hiervon entfielen

	Milliarden Kronen
auf Deutschland	10
„ Österreich-Ungarn	4,5
„ Italien	3,5
„ Rußland	12
„ Frankreich	8
„ England	8

Nach Rießer hatte vor dem Weltkriege Frankreich die stärkste Kopfbelastung zu ertragen, wenn man das Landheer allein in Rechnung zog. Das Rüstungsfieber erstreckt sich jedoch schon seit geraumer Zeit auch auf die Kriegsmarinen, wozu die wachsende Verlegung der wirtschaftlichen Tätigkeit auf das offene Meer von seiten vieler Staaten wesentlich beigetragen hat. Der aufmerksame Statistiker konnte die Folgen dieser Bewegung schon seit längerer Zeit an dem wachsenden Wert des Welthandels und der zunehmenden Größe der Handelsflotten beobachten. In einer überaus wertvollen Studie aus dem Jahre 1907 hatte Juraschek auf diesen Zusammenhang zwischen der Zunahme des Weltverkehrs und den steigenden Ausgaben für die Kriegsmarine hingewiesen.[1] Noch 1883 war von Brachelli in seinen „Staaten Europas" die Stärke der Kriegsflotten aller europäischen Staaten auf 2440 Schiffe mit 1,9 Millionen effektiver Pferdekräfte und rund 10000 Geschützen berechnet worden. In der neuen Ausgabe dieses Werkes erscheint dagegen für den Schluß des Jahres 1905 die Größe der Kriegsflotten der gleichen Staaten mit 3638 Schiffen angegeben, die über mehr als 11 Millionen indizierter Pferdekräfte und rund 24800 Geschütze verfügten. Es ist selbstverständlich, daß eine derartige Vermehrung der Kriegsflotten auch tiefe Spuren in den Budgets aller Staaten zurücklassen mußte. Nicht bloß die vergrößerte Zahl der Schiffe und ihre verstärkte Bestückung kommt für die finanzielle Belastung in Betracht, sondern auch, und zwar vielleicht in noch höherem Maße, der Umstand, daß gerade in der Marine fortgesetzt neue Erfindungen auftauchen, wodurch das vorhandene Schiffsmaterial entwertet und die Marineverwaltung zu immer neuen Schiffsbauten und zu Änderungen in der Ausstattung der Kriegsschiffe genötigt wird. Besonders verschärft worden ist aber der Wettstreit im Ausbau der nationalen Kriegsmarinen bekanntlich durch das Streben Englands, jederzeit eine Kriegsflotte zu besitzen, die selbst einer Kombination

[1] „Die Ausgaben für die Kriegsmarinen" in der „Neuen Freien Presse" vom 10. April 1907, Nr. 15315.

von zwei oder drei Mächten überlegen wäre. Eine so gewaltige Kriegsflotte bedroht jeden einzelnen Staat und es ist daher begreiflich, daß alle übrigen Mächte getrachtet haben, auch ihrerseits die eigene Flotte möglichst zu verstärken. So ist jener nicht endenwollende Wettstreit in den Rüstungen auch auf die Kriegsmarinen übertragen worden. Nach Juraschek's Berechnung hatten im Jahre 1899 18 Seestaaten für ihre Kriegsmarinen im ganzen 1962 Millionen Kronen ausgegeben. Sieben Jahre später (1906) waren diese Ausgaben auf 2723 Millionen Kronen, also um 761 Millionen oder um fast 39 Prozent gestiegen. Der Hauptanteil an diesen jährlichen Ausgaben entfiel mit 765 Millionen auf England. Diesem gewaltigen Flottenaufwand ist es in erster Linie zuzuschreiben, daß gegenwärtig die durch die militärischen Ausgaben bewirkte Kopfbelastung, wenn man die Ausgaben für Heer und Flotte zusammenrechnet, sich für England am höchsten stellt, dem dann erst in absteigender Linie Frankreich, Deutschland und Rußland folgen.[1] Die russische Kopfquote ist wegen der gewaltigen Bevölkerungszahl dieses Reiches verhältnismäßig viel geringer als die Kopfbelastung in den übrigen großen Militärstaaten.

Für uns Deutsche ist es natürlich von ganz besonderem Interesse, zu erfahren, wie sich die volkswirtschaftliche und staatsfinanzielle Wirkung der Rüstungen in unserem verbündeten Nachbarreiche gestaltet. Für Österreich ist diese Wirkung zuletzt im Jahre 1911 aus Anlaß der damaligen Vorlagen über neue Rüstungskredite von dem Sekretär des nieder-österreichischen Gewerbevereins, Professor Kobatsch, in eingehender Weise und an der Hand einer Reihe tabellarischer Übersichten erörtert worden.[2] Diese Übersichten sind heute überholt und von Anfang an vielleicht nicht ganz unanfechtbar gewesen, da auch ihnen gegenüber manche der obigen Ausführungen Geltung behaupten dürften. Kobatsch prüft die volks- und staatswirtschaftliche Bilanz der Rüstungen nach verschiedenen Seiten und kommt dabei zu höchst pessimistischen Ergebnissen. Er will das Produktivitätsargument nicht recht gelten lassen, weil die Ausgaben für

---

[1] So nach Rießer. Damit stimmt die von Szombathy für die großen Militärstaaten berechnete Rangordnung überein. Nach dessen Angaben betrug die durch den Militäraufwand bewirkte Kopfbelastung im Jahre 1913

	Kronen
in Deutschland	26,8
„ Österreich-Ungarn	14,9
„ Rußland	13,4
„ Frankreich	35,6
„ England	39,6

[2] „Die volks- und staatswirtschaftliche Bilanz der Rüstungen". Nach einem Vortrage, gehalten im nieder-österreichischen Gewerbevereine am 16. Februar 1911. Wien, 1911.

Rüstungszwecke erst viel später rückfließen und die Rückeinnahmen nicht immer in dieselben Taschen gelangen, aus denen die Heeresverwaltung zunächst geschöpft hat. Erhebliche Summen gingen in das Ausland und die Urproduzenten und das Kleingewerbe seien in Österreich an den militärischen Lieferungen bisher nur in geringem Maße beteiligt. Er findet die Versicherungsprämie, welche die Friedensrüstungen gegen die Kriegsschäden bieten sollen, zu hoch, befürchtet als Folge der steigenden Rüstungsauslagen ein wachsendes Kulturdefizit und bemängelt die beruflichen Nachteile des Militärdienstes. Nicht nur die Leutenot in der Landwirtschaft werde durch den Militärdienst gefördert, sondern es würden dadurch auch viele Personen dem produktiven bürgerlichen Leben entweder ganz entzogen (Zertifikatisten!) oder in ihrem beruflichen Fortkommen und in ihrer Fähigkeit zur Selbstbestimmung geschädigt. Diese letzteren Ausführungen berühren bereits den Zusammenhang zwischen Krieg und Bevölkerungspolitik und gehören nicht mehr in das Gebiet der Kriegsfinanzwissenschaft. Ohne Zweifel ist Kobatsch stark durch den Umstand beeinflußt worden, daß in Österreich gerade die gewerblichen und industriellen Kreise in erster Linie den Druck der steigenden Rüstungsauslagen zu ertragen haben. Die Verteilung der Staatslasten ist in Österreich anerkanntermaßen in der Praxis höchst ungleich und besonders die Landwirtschaft und das mobile Kapital haben es verstanden, diese Lasten mehr und mehr auf die Schultern der Industrie zu überwälzen.[1] Eine Reaktion aus diesen Kreisen war unausbleiblich, aber sie hat zu einem guten Teile wohl das richtige Ziel verfehlt.

Je mehr der durch die militärischen Rüstungen bewirkte wirtschaftliche Druck sich im Bewußtsein einer Nation bemerkbar macht, desto dringender ist es geboten, alle Mittel anzuwenden, um diese Last möglichst gerecht verteilt erscheinen zu lassen. Mit dem System der allgemeinen Wehrpflicht sollte deshalb kraft des Gedankens der ausgleichenden Gerechtigkeit jederzeit eine entsprechende Wehrsteuer (Wehrersatzsteuer) Hand in Hand gehen. Es ist eine wichtige Aufgabe der Kriegsfinanzwissenschaft, die Einführung dieser Steuer überall dort vorzubereiten, wo sie fehlt. Merkwürdigerweise besteht sie derzeit weder in Frankreich noch in Deutschland zu Recht. Nur die Schweiz sowie Österreich und Ungarn kennen sie und Österreich hat sie durch das Reformgesetz vom 10. Februar 1907 in sehr glücklicher Art mit der Einkommensteuer in Verbindung gebracht, wodurch sie der Leistungsfähigkeit der Steuersubjekte weit besser angepaßt und

[1] Vgl. hierüber die interessante Darlegung von Dr. Franz Meisel in seinem Aufsatze „Wahrheit und Fiskalismus bei der Veranlagung der modernen Einkommensteuer" (Finanzarchiv, XXXI. Jahrgang, 2. Band, S. 164ff.).

zugleich erträgnisreicher gemacht worden ist.[1] In Frankreich finden wir die Steuer schon zu Beginn des 19. Jahrhunderts und nachdem sie im Jahre 1818 abgeschafft worden war, hat ein Gesetz vom Jahre 1889 sie aufs neue eingeführt.[2] Dem Rekrutierungsgesetze vom Jahre 1905, welches die zweijährige Dienstzeit in Frankreich einzubürgern versuchte, fiel sie aber bald wieder zum Opfer. Von den deutschen Staaten hatten Bayern und Württemberg im Jahre 1868 durch besondere Gesetze die Wehrsteuer zur Einführung gebracht, allein sie war in beiden Staaten durch die neue deutsche Militärverfassung in Wegfall gekommen. Mehrfache Anläufe der deutschen Reichsregierung, die Steuer ganz allgemein in Deutschland durchzusetzen, welche Versuche bis in das Jahr 1881 zurückreichen, haben bisher bedauerlicherweise zu keinem Erfolge geführt. Noch bei den Projekten der Jahre 1906 und 1909 über die Reichsfinanzreform spielte der Vorschlag einer Wehrsteuer eine Rolle, aber der Gedanke derselben hat sich bis jetzt im deutschen Reichstage aus allerlei Gründen nicht durchzusetzen vermocht. Viele Parlamentarier erblicken in der Ableistung des Heeresdienstes vor allem eine Auszeichnung und befürchten von einer Wehrsteuer einen ungünstigen Einfluß auf diese Auffassung, welcher die Idee der wirtschaftlichen Ausgleichung zu weichen habe. Die Kriegsfinanzwissenschaft wird hier einer richtigeren Ansicht zum Siege verhelfen müssen.

Unter finanzieller Mobilmachung im Sinne der Kriegsfinanzwissenschaft werden wir alle finanziellen Maßnahmen der Staatsverwaltung zu verstehen haben, welche ihr durch die Deckung der militärischen Bedürfnisse beim Ausbruch eines Krieges und in den ersten Wochen nach demselben erwachsen. Von einer glatten Befriedigung dieses Teiles des Kriegsbedarfs hängt die rasche Abwicklung der militärischen Mobilisierungsmaßnahmen und damit vielleicht oft genug der günstige Ausgang des ganzen Feldzuges ab. Jede Heeresverwaltung muß es daher als eine ihrer wichtigsten Aufgaben betrachten, sich nicht nur eine klare Vorstellung von der Höhe des Mobilisierungsbedarfes zu machen, sondern auch rechtzeitig für die Deckung dieses Bedarfes vorzusorgen. Die Höhe des Mobilisierungsbedarfes hängt naturgemäß von der Größe der aufzustellenden Heeresmassen ab, während für die Deckung des weiteren Bedarfes vor allem auch die

---

[1] Durch die im Wege der Personalsteuernovelle vom 23. Januar 1914 in der Skala der Einkommensteuer verfügten Änderungen mußte auch der Tarif der Militärtaxe berührt werden. Derselbe ist mittlerweile auf Grund des Artikels 5 der Novelle durch eine Ministerialverordnung vom 10. September 1914 mit diesen Änderungen in Einklang gebracht.

[2] Vgl. hierüber und über das Folgende den Artikel „Wehrsteuer" im Handwörterbuche der Staatswissenschaften, dritte Auflage, 8. Band (1911), S. 672ff.

Dauer des Krieges in die Wagschale fällt. In beiden Beziehungen darf man in der Zeit der modernen Massenheere nicht zu niedrig greifen. Für Deutschland liegen über die Zahl der ins Feld zu stellenden Truppenmengen mehrfache Berechnungen vor, welche aber bisher sehr weit auseinander gingen und zwischen $2^1/_2$ und $10^1/_4$ Millionen schwankten.[1] Die letztere Zahl ist bei aller rage du nombre entschieden zu hoch gegriffen. Wenn aber General v. Liebert 2 Millionen für die Feldarmee und 1 Million für Ersatz- und Besatzungstruppen angenommen hat, so dürfte diese seine Berechnung sich hinwiederum für den gegenwärtigen Krieg als zu gering erweisen. Über die Größe der im Felde stehenden deutschen Armee sind auch heute für den Außenstehenden nur Vermutungen möglich, aber nur wenige hätten dieselbe im Frieden wohl so hoch beziffert, als sie sich im Augenblicke wirklich darstellen mag.[2] Der so häufig verbreiteten Vorstellung, daß die modernen Kriege von immer kürzerer Dauer sein werden, ist schon früher von hervorragenden militärischen Autoritäten nachdrücklich widersprochen worden. Man muß daher bei den größeren Kriegen der Gegenwart mit einem enormen Mobilisierungs- und Kriegsbedarfe rechnen. Als Unterlagen für eine solche Berechnung können teils die in den früheren Kriegen gemachten Erfahrungen, teils auch bis zu einem gewissen Maße die Friedenskosten des Heeres dienen. Über die Kosten des deutsch-französischen Krieges hat seinerzeit Adolf Wagner, wie es scheint, auf Grund amtlicher Quellen nähere Angaben gemacht und daraus einen durchschnittlichen Tagesbedarf berechnet und ebenso liegen für die letzten großen Kriege nähere Angaben vor.[3] Alle diese Angaben bedürfen jedoch nicht selten einer genaueren Überprüfung und vielfacher Ergänzung, da zahlreiche Beträge, wie die Invaliden-, ferner die Witwen- und Waisenpensionen, die Familienunterstützungen, die Lieferungen und die Requisitionen im eigenen und im Feindeslande, weiters die Kriegsschäden, endlich die sogenannten Retablissementsauslagen für die Wiederherstellung der militärischen Bereitschaft in ihnen häufig nicht inbegriffen sind. Die wachsende Verteuerung aller Bedarfsartikel und die Kosten eines gleichzeitigen Seekrieges, die für Deutschland im Jahre 1870 noch keine Rolle gespielt haben, müssen natürlich jetzt mit in Anschlag gebracht werden. Ein Kriegsbedarf von 6—7 Milliarden Mark pro Jahr, wovon ein Drittel auf

[1] Neben Rießer sind in dieser Beziehung auch die Ausführungen von Blaustein in seiner Schrift „Deutschlands wirtschaftliche Kriegsbereitschaft" (Volkswirtschaftliche Zeitfragen. Vorträge und Abhandlungen, herausgegeben von der Volkswirtschaftlichen Gesellschaft in Berlin, 35. Jahrgang, 6. Heft, Berlin, 1914), S. 5ff., zu beachten.

[2] Julius Wolf berechnet die Stärke des deutschen Heeres im gegenwärtigen Weltkriege in seiner Schrift „Die Kriegsrechnung" (Berlin, 1914, S. 25) auf mehr als 6 Millionen Mann.

[3] Vgl. hierüber insbesondere Rießer, a. a. O., S. 11ff.

den eigentlichen Mobilmachungsbedarf zu rechnen war, mochte daher für Deutschland gewiß nicht zu hoch gegriffen sein.[1]

Die Deckung des speziellen Mobilmachungsbedarfes kann durch einen Kriegsschatz sehr erleichtert werden. Derselbe war seit dem 18. Jahrhundert in Preußen eine fest eingebürgerte Institution und ist dann auf den Norddeutschen Bund und in neuer Gestalt auf das Deutsche Reich übergegangen.[2] Schon seit dem 18. Jahrhundert ist diese ganze Einrichtung in der Literatur viel umstritten und auch heute sind die Akten darüber noch nicht geschlossen. Kein Geringerer als Adolf Wagner hat den deutschen Kriegsschatz mit Nachdruck, insbesondere auch gegen Lorenz v. Stein, verteidigt. In der alten Zeit war man geneigt, jeden Staatsschatz aus dem Grunde zu bekämpfen, weil es besser wäre, das Geld zirkulieren zu lassen, und weil man meinte, daß der Besitz eines Kriegsschatzes für die Regierung einen gefährlichen Anreiz zur Entfesselung kriegerischer Verwicklungen böte. Man hat berechnet, daß der ursprünglich mit 120 Millionen Mark festgelegte deutsche Kriegsschatz bei entsprechender Verzinsung längst einen 400 Millionen Mark übersteigenden Betrag erreicht hätte, und hat dieses zinsenlose Liegenlassen einer so bedeutenden Geldsumme als ökonomische Verschwendung getadelt. Tatsache ist aber, daß der preußische Kriegsschatz dem Norddeutschen Bunde im Jahre 1870 sehr erhebliche Dienste geleistet hat, die um so höher eingeschätzt werden müssen, eine je unglücklichere Hand die preußische Finanzverwaltung damals bei der Aufnahme ihrer ersten Kriegsanleihe bewiesen hatte. Den Gefahren einer leichtfertigen Heraufbeschwörung kriegerischer Komplikationen kann durch gesetzliche Feststellung einer entsprechenden Einflußnahme der parlamentarischen Körperschaften auf die Verwendung des Kriegsschatzes vorgebeugt werden. Kein Beweis gegen die Zweckmäßigkeit der Einrichtung wird durch die Tatsache erbracht, daß die süddeutschen Staaten und ebenso Sachsen im Jahre 1870 sich auch ohne Kriegsschatz zu behelfen wußten. Mit Recht hat daher das Deutsche Reich daran festgehalten und in jüngster Zeit noch eine wesentliche Verstärkung des im Jahre 1871 durch ein eigenes Reichsgesetz

---

[1] Rießer rechnete 6750 Millionen Mark pro Jahr. Höher veranschlagt jetzt Julius Wolf die Kosten des deutschen Zwei-Fronten-Krieges in seiner schon mehrfach zitierten Schrift „Die Kriegsrechnung", S. 23 ff., und in seinem Aufsatze „Die neue deutsche Kreditvorlage" („Neue Freie Presse" vom 28. November 1914). Die Kosten des ersten Kriegsmonates werden hier für Deutschland mit $2^1/_2$ Milliarden Mark berechnet. Bei sechsmonatlicher Kriegsdauer würde sich der Bedarf auf $7^1/_2$ Milliarden und bei neunmonatlicher Dauer auf rund 10 Milliarden stellen. Die Tatsachen dürften Wolf recht geben. Vgl. auch Franz Eulenburg, Das Geld im Kriege und Deutschlands finanzielle Rüstung, Verlag von K. F. Koehler, Leipzig, 1915, S. 8 ff.

[2] Vgl. hierüber den eingehenden Aufsatz „Der preußische Staatsschatz und der Reichskriegsschatz" von Louis Katzenstein in Schmollers Jahrbuch, 36. Band (1912), S. 1648 ff.

begründeten Reichskriegsschatzes in die Wege geleitet. So lange die Kaderverfassung der modernen Heere zu Recht besteht, die dann im Mobilisierungsfalle rasch durch Reserven und Neuformationen ergänzt werden müssen, ist die Einrichtung nur schwer zu entbehren. Sie bewahrt vor verderblicher Papiergeldwirtschaft und gestattet mit den Kriegsanleihen erst dann an den Markt heranzutreten, wenn der durch die Kriegspanik erschütterte Geldmarkt sich einigermaßen erholt und seine Aufnahmsfähigkeit wiedergewonnen hat. Die Frage kann nur sein, ob der Kriegsschatz nicht von vornherein in eine innigere Verbindung mit der Zentralnotenbank zu bringen sei, da er doch ohnehin im Mobilisierungsfalle an diese abgeführt wird. In diese Bahnen hat denn auch die deutsche Gesetzgebung bei der letzten Verstärkung des Reichskriegsschatzes bereits eingelenkt. Diese Verstärkung sollte bekanntlich in der Ansammlung einer Goldreserve in der gleichen Höhe wie der durch das Gesetz vom 11. November 1871 begründete und im Spandauer Turm niedergelegte Reichskriegsschatz und sodann in einer Silberreserve von ebenfalls 120 Millionen Mark bestehen, womit der Kriegsschatz auf eine Gesamtsumme von 360 Millionen Mark gebracht worden wäre. Diese mit der letzten großen Wehr- und Deckungsvorlage vom Jahre 1913 in Verbindung gebrachten Maßregeln griffen ziemlich tief in die bestehenden Währungsverhältnisse des Deutschen Reiches ein und konnten durch rein wirtschaftliche Gründe nicht gerechtfertigt werden. Man war sich in der Wissenschaft darüber vollkommen klar, daß die beiden so ungewöhnlichen Maßregeln keine andere Bestimmung hätten, als die finanzielle Kriegsbereitschaft des Reiches zu erhöhen, beziehungsweise die finanzielle Mobilmachung desselben zu erleichtern. Die angestrebte Verdopplung des Goldkriegsschatzes suchte man dadurch zu erreichen, daß 120 Millionen neue Reichskassenscheine ausgegeben und dafür eine gleiche Summe von Gold aus dem Verkehre gezogen werden sollte. Was aber die neue Silberreserve betrifft, so wollte man diese durch Mehrprägung von Silberscheidemünzen beschaffen. Die nötigen Anordnungen über die Bildung dieses neuen Reichskriegsschatzes hatte der Bundesrat zu treffen und seine Verwaltung sollte vom Reichsschatzamte unter Aufsicht der Reichsschuldenkommission erfolgen. Zugleich übernahm aber die Reichsbank die Aufbewahrung des neuen Reichskriegsschatzes, wodurch die Verwaltung desselben verbilligt und sein innerer Konnex mit der Zentralnotenbank auch schon äußerlich deutlicher markiert wurde. Freilich wird einer Silberreserve insofern eine andere Stellung zukommen wie einem Goldkriegsschatze, als für die erhöhte Ausgabe von Banknoten regelmäßig nur der letztere Bedeutung besitzen wird. Denn die Silberreserve wird doch von vornherein dazu bestimmt sein, im Mobilisierungsfalle in die Zirkulation zu gelangen. Namentlich die ausrückenden

Militärpersonen und Truppen müssen sich mit solchem Gelde versehen.[1] Nicht so sehr gegen das angestrebte Ziel, als vielmehr gegen die Art seiner Durchführung sind mancherlei Bedenken erhoben worden und kein Geringerer als Lexis hat bei Besprechung[2] der Gesetzesvorlagen sich darüber ebenfalls nicht durchaus günstig geäußert. Es mußte als eine gewisse Anomalie empfunden werden, daß die Reichskassenscheine keine gesetzliche Zahlkraft gegen Private besaßen, während die Noten der Reichsbank, welche ihren Wert zum Teil auf jene stützen, diese Zahlkraft schon durch die Banknovelle vom 1. Juni 1909 zugesprochen erhalten haben. Eine gewisse ungünstige Einwirkung der neuen Maßregel auf das Deckungsverhältnis der Reichsbanknoten erschien dadurch unter Umständen nicht ausgeschlossen, doch konnte dieser Mangel gegenüber der Wichtigkeit einer verstärkten finanziellen Kriegsbereitschaft nicht besonders schwer ins Gewicht fallen. Bedenklicher erschien die für die Bildung der Silberreserve vorgeschlagene Mehrprägung von Silberscheidemünzen. Denn nachdem durch ein Reichsgesetz von 1908 die Kopfquote dieser Münzen erhöht worden war, konnte von einer Unzulänglichkeit ihrer Menge im allgemeinen wohl keine Rede sein. Auch nahm man Anstoß an der Bestimmung der Vorlage, daß die Silberreserve nach dem Wortlaut des Gesetzentwurfes zur Befriedigung „eines außerordentlichen Bedarfes" dienen sollte, welcher Ausdruck über den Fall der Mobilmachung hinauszugehen schien. Die Schaffung der Silberreserve hatte man zudem auf eine Reihe von Jahren verteilt und dabei, da die nötigen Aufwendungen hierfür in der Höhe von 54 Millionen Mark aus dem Prägegewinne der Silbermünzen in den nächsten Jahren gedeckt werden sollten, der Kritik weiteren Stoff geliefert. Andere Kritiker nahmen hinwiederum selbst an der Art der Bildung der neuen Goldreserve Anstoß, weil sie das Gold nicht aus dem Inlandsverkehre gezogen wissen wollten, was eine etwas unsichere Operation wäre, sondern auf dem Edelmetallmarkte anzukaufen vorschlugen. Alle diese Erörterungen sind heute durch die Ereignisse des Weltkrieges überholt, aber das Thema des Kriegsschatzes, insbesondere die Art seiner Bildung und Verwendung, verliert darum nicht das mindeste von seiner Wichtigkeit.[3] Die gleiche Bedeutung

[1] Ein solcher Bargeldbedarf besteht bei den ins Feld ziehenden Militärpersonen und Truppen trotz des allgemein üblichen, im Völkerrecht mehrfach bestrittenen Brauches, daß für Lieferungen im Feindesland gewöhnlich nur Schuldanerkenntnisse ausgestellt werden, welche dann der feindliche Staat nach Beendigung des Krieges ganz oder teilweise einlöst. Auch wo Lieferungen im Feindeslande ausnahmsweise bar bezahlt werden, pflegt dies gewöhnlich nicht mit Hartgeld zu geschehen.

[2] „Die Rüstungsvorlagen in ihrer Bedeutung für die deutsche Währung" im „Economist" der „Neuen Freien Presse" vom 16. April 1913.

[3] Einen besonderen Kriegsschatz von 10 Millionen Franken in Gold besitzt seit dem Jahre 1889 auch die Schweiz. Vgl. hierüber Jöhr, a. a. O., S. 213.

wohnt auch allen Untersuchungen inne, welche die außerordentliche Funktion der Zentralnotenbanken als Kriegsbanken zum Gegenstande haben. Insbesondere an der Bank von Frankreich, von der Thiers bekanntlich gesagt hat, sie habe das Vaterland im Kriege 1870/71 gerettet, sind diese Studien durchgeführt worden. Auch im jetzigen Weltkriege scheinen die Zentralnotenbanken von Österreich-Ungarn, Frankreich und Rußland eine ähnliche Rolle zu spielen, indem sie zugleich durch Gewährung von Vorschüssen auch einen großen Teil des weiteren Kriegsbedarfes decken helfen. Alle derartigen Untersuchungen dürfen aber die ganze Stellung der Zentralnotenbanken für die glatte Abwicklung des gesamten nationalen Zahlungs- und Kreditverkehres im Kriegsfalle nicht außer acht lassen und reichen daher über das Gebiet der Kriegsfinanzwissenschaft weit hinaus. Ihnen muß demgemäß ein eigener Abschnitt der Kriegswirtschaftslehre gewidmet werden.

Für die Deckung des weiteren Kriegsbedarfes (finanzielle Kriegführung) kommen vor allem Kriegssteuern und Kriegsanleihen in Betracht. Bei richtiger Schätzung der Kriegslasten muß aber wohl beachtet werden, daß daneben auch der Friedensheeresbedarf fortläuft und zur teilweisen Deckung der Kriegskosten mit herangezogen werden kann. Außerdem wird ein anderer, und zwar recht erheblicher Teil der Kriegskosten auch in der Gegenwart durch ein sehr umfassendes System von Naturallieferungen gedeckt und es ist nicht ausgeschlossen, daß dieses System der Naturalwirtschaft, wie dies insbesondere auch Neurath wiederholt hervorgehoben hat, in zukünftigen Kriegen noch an Umfang gewinnen wird. Von Preußen auf das Deutsche Reich übertragen, leiden diese Kriegslieferungen mehrfach an dem bedenklichen Mangel, daß sie eine ungleichmäßige Belastung der davon Betroffenen bewirken. Sie sollten deshalb auf möglichst breite Schultern gelegt werden oder es hätte nachträglich eine Ausgleichung aus Staats- oder Reichsmitteln stattzufinden. Nicht ausgeschlossen sind auch heute fremde Subsidienzahlungen. Dieselben haben bekanntlich in den napoleonischen Kriegen auf seiten Englands eine sehr bedeutende Rolle gespielt und die englische Volkswirtschaft jahrelang ungünstig beeinflußt.

Die Kriegssteuern sind, wie das Beispiel Englands und anderer Staaten in den letzten Kriegen gelehrt hat, auch heute noch eine praktische Einrichtung und sie haben unter den Theoretikern noch immer starke Anhänger. Für Steuerdeckung der Kriegskosten hat sich namentlich auch Adolf Wagner ausgesprochen und Julius Wolf und andere Finanzschriftsteller sind ihm darin gefolgt. Seit Dietzels Untersuchungen[1] darf aber die Frage, ob sich erhöhte oder neue

[1] „Kriegssteuer oder Kriegsanleihe?" Tübingen, 1912.

Steuern in erster Linie zur Deckung der Kriegskosten eignen, wohl als in negativem Sinne entschieden betrachtet werden. Der Krieg wirkt auch auf die ganze Finanzwirtschaft eines siegreichen Staates höchst störend und setzt das Erträgnis zahlreicher Einnahmezweige, und zwar sowohl der direkten Steuern wie auch der indirekten Abgaben, oft wesentlich herab. Die einfache Erhöhung der bestehenden Steuern ergibt daher durchaus nicht immer den erhofften Effekt. Die Wirtschaften sind durch den Krieg ohnehin schon vielfach zerrüttet und das Anziehen der Steuerschraube ist deshalb oft erfolglos. Gilt es bei den Steuern schon im Frieden zahlreiche Reibungen zu überwinden, so vergrößern sich diese im Kriege noch bedeutend, weil viele Steuerträger wirtschaftlich geschwächt oder gar in Not sind. Durch den Krieg sinkt die Produktivität der wirtschaftlichen Unternehmungen und Anlagen und nicht jeder hat daher genügendes Geld disponibel. Gesichtspunkte der finanziellen und der volkswirtschaftlichen Zweckmäßigkeit sprechen demgemäß gegen Steuererhöhungen oder Extrasteuern im Kriege. Aber auch vom Gerechtigkeitsstandpunkte aus erheben sich dagegen allerlei Bedenken. Insbesondere widerspricht die Heranziehung unentbehrlicher Genußmittel zu erhöhter Besteuerung dem Prinzipe der Gerechtigkeit. Es bliebe demnach nur die Neueinführung oder Erhöhung von Vermögens- und Einkommensteuern übrig. Für diese fehlen aber in manchen Staaten noch bis jetzt einheitliche Unterlagen und wo dieselben vorhanden, ist die ganze Organisation des Einsteuerungsverfahrens selbst im Frieden noch so mangelhaft, daß sich bei erhöhter Anspannung im Kriegsfalle schwere Ungleichmäßigkeiten und für die mittleren Klassen mancherlei Gefahren einer Verschuldung ergeben können. Man muß sich in diesen Dingen vor utopistischen Vorstellungen hüten und wir sind sohin der Ansicht, daß selbst eine nur die reichsten Klassen belastende Sondersteuer in der Hauptsache fehlschlagen oder höchst unerwünschte Konsumtionsverschiebungen nach sich ziehen würde. Auch der Hinweis auf die praktische Ausnützung der Kriegsbesteuerung durch England in älterer und neuester Zeit, durch die nordamerikanischen Staaten zur Zeit des großen Bürgerkrieges, ferner durch Rußland und Japan kann die theoretischen Bedenken gegen die Kriegsbesteuerung nicht ohne weiteres entkräften. Die englische Income Tax setzt erst bei einem verhältnismäßig höheren Einkommen ein, trifft den Mittelstand wenig und verschont die arbeitenden Klassen vollständig. Eine Schuldennot der mittleren Klassen brauchte daher nicht befürchtet zu werden. Trotzdem ergaben sich aus dieser Anspannung der Einkommensteuer und den erhöhten Verbrauchsabgaben, wozu bekanntlich noch ein Ausfuhrzoll auf Kohle gekommen ist, für England nach dem Transvaalkriege höchst ungünstige wirtschaftliche Folgen, die sich in einer längeren ökonomischen Depression äußerten. Und doch berührte dieser Krieg die englische Volkswirtschaft zunächst nur aus der Ferne, wie denn auch das in England herrschende Werbesystem nur geringere wirtschaftliche Störungen mit sich bringt, während ein europäischer Krieg auch die englische Volkswirtschaft in sehr einschneidender Weise berühren muß.[1] Jedenfalls aber können Kriegssteuern, wenn sie nach Lage der Dinge in einem gegebenen Falle schon durchaus nicht zu entbehren sind, nicht leicht erst im Kriege improvisiert werden, sondern ihre Bemessungsunterlagen und Einhebungsmodalitäten bedürfen schon im Frieden einer sorgfältigen Vorbereitung und das Studium dieser Maßnahmen bildet daher einen wichtigen Bestandteil der Kriegsfinanzwissenschaft. Auch neutrale Staaten können zur Ausschreibung von zeitweiligen Kriegssteuern genötigt sein, um den Ausfall an anderen regelmäßigen Einnahmen wettzumachen oder um die Kosten der bewaffneten Neutralität aufzubringen. In der Tat wußten denn auch die öffentlichen Blätter zu melden, daß sowohl die Schweiz wie auch die Vereinigten Staaten von Amerika vor einiger Zeit zu derartigen steuerlichen Ausnahmsmaßregeln gegriffen haben.[2]

Zwangsanleihen sind ebenfalls eine Art von Steuer. Sie haben wegen ihres mechanischen Maßstabes so viele Bedenken gegen sich, daß von ihnen heutzutage nur noch höchst selten Gebrauch gemacht werden dürfte. Man will mit ihnen dort Geld erheben, wo es durchaus nicht immer verfügbar ist, und es ergeben sich daraus ganz ähnliche nachteilige Folgen, wie sie oben für die eigentlichen Kriegssteuern nachgewiesen worden sind. Das Rückgrat der finanziellen Kriegführung werden daher zumeist immer freiwillige Anleihen bilden müssen. Selbst England hält an dem Grundsatz fest, regelmäßig wenigstens zwei Dritteile der Kriegskosten durch Anleihen zu decken. Freiwillige Kriegsanleihen bieten den Vorteil, daß das Geld nur dort geholt wird, wo es eben zur Verfügung steht, und gestatten außerdem die Heranziehung ausländischen Kapitals. Auf der anderen Seite ist klar, daß Anleihen den Inhabern der Obligationen einen Zinsgewinn gewähren, der durch Steuern gedeckt werden muß, wozu meistenteils noch erhebliche Kursgewinne kommen, da die Kriegsanleihen oft unter pari begeben werden. Die richtige Wahl der Anleihe-

[1] Die später noch zu erwähnende neue ungarische Kriegssteuer soll nur Fürsorgezwecken dienen und ist auf die reichsten Klassen beschränkt.

[2] In der Schweiz kann es sich dabei nicht um direkte Abgaben gehandelt haben, da der Bund selbst solche nach der Verfassung nicht zu erheben vermag oder dies nur durch Vermittlung der Kantone möglich gewesen wäre. Eine Ausnahme macht nur die Militärersatzsteuer, die eine direkte Bundessteuer ist. Vgl. Jöhr, a. a. O., S. 217. Augenblicklich wird eine bezügliche Verfassungsänderung vorbereitet.

form und auch des Ausgabetermins sind nicht ganz leichte Aufgaben der Finanztechnik und es ist bekannt, daß Preußen im Jahre 1870 durch zu rasches Herantreten an den Geldmarkt höchst ungünstige Erfahrungen machen mußte. Es gilt heute bezüglich der Kriegsanleihen als Grundsatz, zunächst sehr stark mit kurzfristigen Schatzanweisungen zu arbeiten und mit fundierten Staatsanleihen erst nach längerer Zeit an den Geldmarkt heranzutreten, wenn dieser sich von den Schrecknissen der Kriegspanik schon einigermaßen erholt hat, ja manche Finanztheoretiker halten den Schatzschein überhaupt für die richtigste Form der Kriegsanleihe. Der Krieg setzt eine Menge von Kapitalien, welche sonst in wirtschaftlichen Unternehmungen arbeiteten, lahm und diese suchen in Kriegsanleihen eine vorübergehende Verwertung. Nicht richtig dürfte es sein, die Spekulation gerade bei Begebung von Kriegsanleihen auszuschalten, vielmehr empfehlen hervorragende Theoretiker, sie durch Gewährung guter Gewinnchancen heranzuziehen. Eine gesunde Finanzpolitik im Frieden, welche eine energische Schuldentilgung in regelmäßiger Weise vornimmt und sich sorgfältig davor hütet, ordentliche Ausgaben durch Anleihen zu decken, ist freilich eine ebenso unerläßliche Voraussetzung für eine starke Kriegsfinanzpolitik wie eine gesunde und kräftige Volkswirtschaft. Von diesem Gesichtspunkte aus verdienen die unausgesetzten Forderungen und Bemühungen, der steigenden Verschuldung des Deutschen Reiches einen Riegel vorzuschieben, welches Ziel die Reichsfinanzreformen verfolgt haben, erhöhte Beachtung. Die deutsche Volkswirtschaft aber hat durch den glänzenden Verlauf, den die Zeichnungen auf die jüngste deutsche Kriegsanleihe genommen haben, einen geradezu bewunderungswürdigen Beweis ihrer inneren Konsolidation und Kraft geliefert. Das deutsche Volk war bei dieser kolossalen Kreditaktion großenteils auf sich selbst angewiesen, aber trotzdem waren Kenner der deutschen Volkswirtschaft über ihr Gelingen von vornherein niemals im Zweifel. Man wußte, daß sich das deutsche Volksvermögen jährlich um rund 4 Milliarden Mark vermehre, und wenn dieser Vermögenszuwachs sich während des Krieges auch etwas verlangsamen mußte, so blieb er noch immer bedeutend genug. Dazu kommt der gewaltige Besitz Deutschlands an fremden Wertpapieren, der gegenwärtig auf 18 Milliarden Mark geschätzt wird. Schon durch Abstoßung eines Teiles dieser Werte hätte man das ganze Kapital der ersten Kriegsanleihe (5 Milliarden Mark) aufbringen können. Allein dieser Weg war nicht gut gangbar, weil zur Zeit der Auflegung der Anleihe der Börsenverkehr aufgehört hatte und die Veräußerung der fremden Werte daher mit starken Verlusten verbunden gewesen wäre. Es empfahl sich sonach, diese fremden Wertpapiere zunächst nur zu lombardieren. Allein es bedurfte dieses Mittels kaum, da dem deutschen Volke außer dem jährlichen Vermögenszuwachs noch andere reiche Geldmittel für Kriegszwecke zur Verfügung standen. Deutschland gilt jetzt als das Land der größten Sparguthaben. Seine Spargelder wurden vor dem jetzigen Kriege auf 20 Milliarden Mark geschätzt und diese Summe vermehrt sich durch den Zuschlag der Zinsen jährlich bis zu einer halben Milliarde. Ferner beliefen sich die Depositen bei den deutschen Kreditbanken vor dem Beginn des Krieges auf rund 5 Milliarden und die Sparguthaben bei den Kreditgenossenschaften auf ungefähr 3 Milliarden Mark. Endlich verfügten auch die Hypothekenbanken und die Versicherungsanstalten über gewaltige Mittel.[1] Der Erfolg der deutschen Kriegsanleihe hat denn auch alle Erwartungen übertroffen und mit Stolz durfte der Präsident der Deutschen Reichsbank in der Ende September 1914 abgehaltenen Sitzung des Zentralausschusses der Bank die Begebung der deutschen Reichsanleihe als ein leuchtendes Bild bezeichnen, das sich würdig den Ruhmestaten der tapferen deutschen Heere an die Seite stelle. Die Zeichnung der Kriegsanleihe war eine Tat des ganzen deutschen Volkes, denn die Ziffer der Einzelzeichner stellte sich auf rund 1150000 und hiervon entfielen auf die Zeichner von 100 und 200 Mark nicht weniger als 200000, auf die Zeichner aber von über 200 bis 2000 Mark nicht weniger als 700000. An diesen kleinen Zeichnungen waren also nicht weniger als 900000 Einzelzeichner beteiligt. Allerdings war diese deutsche Kriegsanleihe viel sorgfältiger vorbereitet, als die erste preußische Kriegsanleihe vom Jahre 1870, welche bereits am 7. Tage nach der Mobilmachung aufgelegt wurde. Auch die doppelte Form der Anleihepapiere (Schatzanweisungen und Reichsanleihe) war sehr zweckmäßig gewählt. Nicht geringere Bewunderung verdient der Erfolg der im November 1914 durchgeführten österreichischen und ungarischen Kriegsanleihen. Auch ihr Ergebnis hat dank der sehr sorgfältigen Vorbereitung beider Aktionen alle Erwartungen übertroffen.[2] In Österreich — und darin liegt ein wichtiger Unterschied gegenüber dem Vorgehen Deutschlands — konnte man wegen der Unmöglichkeit einer parlamentarischen Tagung nur die Form der Schatzanweisungen wählen, da feste Anleihen der Genehmigung des Reichsrates bedurft hätten. In Ungarn war dagegen für derartige Kriegskreditoperationen durch die Ausnahmsbestimmungen (Gesetzartikel LXIII vom Jahre 1912, § 17) eine gesetzliche Unterlage geschaffen. Die Nützlichkeit, ja Unentbehrlichkeit rechtzeitiger Vorsorgen für alle Maßnahmen der Kriegsfinanzverwaltung wird dadurch abermals auf das deutlichste demonstriert

---

[1] Eulenburg, a. a. O., S. 35f.

[2] Vgl. den von Prof. Dr. Robert Zuckerkandl am 20. November 1914 zu Prag unter dem Titel „Die Kriegsanleihe" gehaltenen Vortrag (Sonderdruck aus der Monatschrift „Deutsche Arbeit").

und Rießer hat ganz recht, wenn er die Einrichtung eines „finanziellen Generalstabes“ fordert, der schon im Frieden über alle diese Dinge zu beraten hätte.[1]

In den Rahmen der kriegsfinanziellen Betrachtungen gehört auch das Kriegsspendenwesen. Die unter diesem Titel erfolgenden finanziellen Leistungen sind so bedeutend, daß daran nicht achtlos vorübergegangen werden darf. Bezüglich der freiwilligen Sanitätspflege hatte man längst erkannt, daß diese nur im Wege gehöriger Konzentrierung und im Anschlusse an die militärischen Einrichtungen ihrer wichtigen Aufgabe gerecht zu werden vermöge. Dagegen war die sonstige freiwillige Hilfs- und Sammeltätigkeit bislang zumeist eine sehr ungeregelte geblieben. Sie war zersplittert und schon darum mit mancherlei Mängeln behaftet. Mit Recht hat daher in Österreich während des gegenwärtigen Krieges eine genauere Regelung und Konzentrierung der Sammeltätigkeit stattgefunden.[2] Man war bemüht, neben der bereits bestehenden Organisation des Roten Kreuzes neue Zentralstellen für die Kriegsfürsorge einzurichten und zugleich die Tätigkeit aller dieser Kriegsfürsorgestellen gegenseitig besser abzugrenzen. Demgemäß schuf man im Kriegsministerium ein eigenes Kriegsfürsorgeamt mit der Bestimmung, jede Art von Unterstützung der im Felde stehenden Soldaten sowie der Witwen und Waisen von Gefallenen zu organisieren, wogegen im Ministerium des Innern für die anderweitige Unterstützungstätigkeit ein eigenes Kriegshilfsbureau kreiert wurde.

In das Kapitel der Kriegsfinanzwissenschaft gehören endlich auch noch Untersuchungen über Kriegsschäden und Kriegskontributionen. Ein Rechtsanspruch auf den Ersatz der von den Truppen angerichteten Kriegsschäden besteht nicht. Zu ihrer Regulierung bedarf es daher besonderer gesetzlicher oder verwaltungsmäßiger Anordnungen. Die Kriegsfinanzwissenschaft ist unter diesen Umständen auf die Kopierung analoger Vorbilder der Friedensverwaltung angewiesen. Als Muster für die Regelung der Kriegsschäden werden gewöhnlich, falls nicht durch eine entsprechende Spezialgesetzgebung hierfür andere grundlegende Normen geschaffen werden, die im Frieden gehandhabten Notstandsmaßnahmen Verwendung finden.

Die Kriegskontributionen können entweder den Charakter von auferlegten Strafen an sich tragen oder zur Deckung der erwachsenen Kriegskosten dienen oder endlich beide Zwecke zugleich in sich vereinigen. Gewöhnlich spricht man in den beiden letzteren Fällen von Kriegskostenentschädigungen. An diese knüpft sich ein hervorragendes finanzwissenschaftliches und daneben auch ein sehr bedeutendes

---

[1] A. a. O., S. 193ff.

[2] Vgl. hierüber die „Soziale Praxis“, 23. Jahrgang (1914), Nr. 47.

volkswirtschaftliches Interesse. Die damit zusammenhängenden Fragen sind bekanntlich in der deutschen Wissenschaft in den siebziger Jahren aus Anlaß der französischen Kriegskostenentschädigung Gegenstand eifriger Erörterung gewesen und dieselbe hat noch in neuerer Zeit nach der finanztechnischen Seite hin eine Bereicherung erfahren.[1] Wir wissen heute, daß Fürst Bismarck bei der Festsetzung der Höhe der Fünf-Milliarden-Entschädigung nicht richtig beraten gewesen ist, daß das französische Volk den ihm erteilten „Denkzettel" überraschend schnell, ja nur zu schnell verwunden hat und daß endlich jede solche Entschädigung in einem gewissen Sinne ein zweischneidiges Schwert darstellt, welches nicht alle Volksschichten des besiegten Staates gleich schwer trifft und auch dem Sieger einen Teil seines Gewinnes raubt. Frankreich war dank dem großartigen Erfolge seiner Kontributionsanleihen seinen Zahlungsverpflichtungen weit rascher nachgekommen, als dies ursprünglich stipuliert worden, es hat die seiner Finanz- und Volkswirtschaft geschlagenen Wunden äußerlich in erstaunlich kurzer Zeit wettzumachen gewußt, aber es ist das allerdings vorzugsweise auf Kosten der unteren Volksschichten geschehen. Die besitzenden Klassen warfen behufs Abzahlung der Kriegskostenentschädigung einen bedeutenden Teil ihres ausländischen Effektenbesitzes auf den Markt und tauschten dafür inländische Renten ein, die darauf entfallenden Zinsen aber mußten die unteren Volksschichten zumeist in Gestalt von neuen oder erhöhten indirekten Steuern aufbringen. Die Verteilung des französischen Nationaleinkommens ist daher im Gefolge dieser Vorgänge wesentlich verschlechtert und die schon früher so scharfen Klassengegensätze sind dadurch noch weiter verstärkt worden. Die obersten Klassen hatten den Krieg leichtsinnig heraufbeschworen und die Buße dafür mußten in erster Linie die schwächeren Volksschichten entrichten. Aber auch die Freude des Siegers war keine ungemischte, denn die Abstattung der französischen Kriegskostenentschädigung fiel in eine Zeit, wo die deutsche Volkswirtschaft bereits im Zeichen einer starken Spekulation stand. Eine so gewaltige Summe mußte den ge-

[1] Vgl. hierüber die Ausführungen Adolf Wagners im Jahrbuch für Gesetzgebung, Verwaltung und Rechtspflege, 3. Jahrgang (1874), S. 60ff. Außer ihm haben damals besonders Bamberger, Soetbeer, Faucher und Wirth die volkswirtschaftliche Bedeutung der Frage für Deutschland behandelt. Für Frankreich sind die Wirkungen des deutsch-französischen Krieges und der französischen Kriegskostenentschädigung eingehend geschildert in der Schrift L. v. Hirschfelds „Die Finanzen Frankreichs nach dem Kriege 1870/71". Mit einem Vorwort von Prof. Dr. Adolf Wagner. Berlin, 1875. Der technische Vorgang bei der Bezahlung der Kriegskostenentschädigung ist erst kürzlich eingehend beschrieben worden in der Schrift „Die Abnahme der französischen Kriegskostenentschädigung 1870/71 in Straßburg i. E.". Auf Grund der Materialien des dortigen Landesarchivs dargestellt von Ludwig Gieseke. Veröffentlicht vom Zentralverband des Deutschen Bank- und Bankiergewerbes. Berlin, 1906.

samten europäischen und so auch besonders den deutschen Geldmarkt in mächtige Bewegung versetzen. Damit paarte sich in Deutschland ein von der Spekulation schon vorher eskomptierter volkswirtschaftlicher Aufschwung. Derselbe äußerte sich alsbald nach der Beendigung des Krieges in einer gesteigerten Tätigkeit der Fondsbörsen, in der Bewegung des Zinsfußes und des Diskontes, in den ausländischen Wechselkursen sowie in den Kursen der Staats- und sonstigen Wertpapiere, endlich in dem Zu- und Abströmen der Kapitalien im Wege des internationalen Verkehrs. Jedenfalls ist die internationale Zahlungsbilanz in den ersten Jahren nach dem deutsch-französischen Kriege (1871—1873) zugunsten Deutschlands sehr in aktivem Sinne beeinflußt worden. Aber indem sich mit dem Milliardensegen ein unerhörtes Gründungsfieber paarte und die Spekulation alsbald wüste Orgien feierte, stiegen die Preise und es kam vielfach zu krisenhaften Erscheinungen. Man dehnte die Produktion immer weiter aus, die Rentabilität sank und es gab ungezählte wirtschaftliche Zusammenbrüche. Mit Recht ist daher die Frage aufgeworfen worden, ob Deutschland wohl daran getan habe, der französischerseits beantragten rascheren Abstattung der Kriegskostenentschädigung zuzustimmen. Es ist klar, daß in zukünftigen Fällen alle Anstrengungen werden gemacht werden müssen, damit ähnlichen Schäden möglichst vorgebeugt werde. Der von Rießer vorgeschlagene „finanzielle Generalstab" hätte auch hier ein dankenswertes Operationsfeld. Die Höhe der jeweiligen Kriegskostenentschädigung wird ferner unter sorgfältiger Abschätzung der Größe des Nationaleinkommens und Volksvermögens der Gegner mit der Maßgabe festzustellen sein, daß die unruhigen Nachbarn auf lange Zeit hinaus finanziell entwaffnet werden. Eine in solcher Art fixierte Entschädigungssumme wird nicht nur die eigentlichen Kriegskosten und die sogenannten Retablissementsausgaben decken, sondern auch geeignet sein, die durch den Weltkrieg dem deutschen Volksvermögen zugefügten enormen direkten und indirekten Schäden wieder gutzumachen. Wir denken dabei namentlich auch an die großen Verluste der Reedereien und Exporteure. Auch von diesem Gesichtspunkte aus ergibt sich die Notwendigkeit, eingehende Untersuchungen über die wirtschaftlichen Schäden des Krieges anzustellen, und so müssen sich die Kriegsfinanzwissenschaft und die theoretische Kriegswirtschaftslehre die Hände reichen.

Es ist klar, daß Kriegssteuern, Kriegsanleihen und Kriegskontributionen auf lange Zeit hinaus ihren mächtigen Niederschlag in den Haushalten der kriegführenden Staaten hinterlassen müssen. Selbst die Finanzwirtschaft neutraler Staaten, zumal solcher, die im Interesse der Aufrechterhaltung ihrer Neutralität zu militärischen Schutzmaßnahmen genötigt sind (Schweiz!), kann durch die Aufwendungen hierfür mehr oder minder schwer getroffen werden. Aber auch starke Ausfälle in den normalen Steuererträgnissen sind eine unliebsame Begleiterscheinung des Krieges. Sowohl die direkten Steuern wie die indirekten Abgaben können hieran beteiligt sein. In dem vom Feinde besetzten Gebiete kann der eigene Staat die Abgaben nicht erheben und dieselben fließen regelmäßig, sobald in dem besetzten Gebietsteile wieder einigermaßen Ordnung Platz gegriffen hat, dem okkupierenden Staate zu. Die im Gefolge des Krieges erlassenen zahlreichen Ausfuhrverbote und die sich einstellenden schweren Verkehrsstörungen beeinträchtigen nur zu häufig in der empfindlichsten Weise die Zoll- und Transporteinnahmen. Die Einschränkung im Konsum wirkt abschwächend auf die Höhe der Verbrauchssteuern und die vielfache Lahmlegung des Handels bringt auch das Erträgnis der Verkehrssteuern zum Sinken. Außerdem können die Regierungen sich genötigt sehen, außerordentliche Steuererleichterungen zu verfügen. So hat die österreichische Finanzverwaltung schon im September 1914 durch eine Notverordnung für alle jene Wechsel, deren Zahlung infolge gesetzlicher Stundung oder höherer Gewalt hinausgeschoben wurde, gebührenrechtliche Erleichterungen eingeführt. Ebenso sind aus Anlaß des gegenwärtigen Krieges vom österreichischen Finanzministerium außerordentliche Anordnungen zur Erleichterung von Gebäudesteuerabschreibungen sowie von Erwerbssteuerermäßigungen und Erwerbssteuerabschreibungen getroffen worden. Speziell den zum Heere einberufenen Personen wird die Einkommensteuer für jene Termine, welche in die Kriegszeit fallen, vielfach erlassen werden müssen.[1] Unbillig wäre es auch, Kriegsteilnehmern Gebühren für ein Telephon abzunehmen, das sie nicht benutzen können. So zeigt nicht nur das Kriegsbudget eines Staates ein ganz anderes Gesicht wie sein Friedenshaushalt, sondern bei der Abschätzung der ökonomischen Folgen eines Krieges dürfen auch dessen staatsfinanzielle Rückwirkungen niemals außer acht gelassen werden. Dieselben können sich noch auf mehrere Generationen hinaus in erhöhten und neuen Steuern äußern, die für die Verzinsung und Tilgung der Kriegsschulden aufgebracht werden müssen. Derlei Maßnahmen werden indes wohl nicht mehr zu der eigentlichen Kriegsfinanzpolitik zu zählen sein, denn sie stehen mit der Kriegsnot nur mehr in einem entfernteren Zusammenhange. Dagegen müssen wir hierher z. B. alle jene Maßnahmen rechnen, welche finanzielle Begünstigungen für das Rote Kreuz oder andere Einrichtungen der Kriegsfürsorge statuieren. So hat der Deutsche

---

[1] Die mit dem Kriege zusammenhängenden Fragen der Einkommensteuer behandelt ausführlich Dr. jur. G. Strutz in seiner Schrift „Einkommensteuerpflicht und Einkommensteuerveranlagung im Kriege", Berlin, Julius Springer, 1915.

Bundesrat in seiner Sitzung vom 8. August 1914 genehmigt, daß Zuwendungen zugunsten der von den deutschen Vereinen des Roten Kreuzes verfolgten Zwecke von der Schenkungssteuer befreit bleiben. In Österreich ist die Regierung durch eine Notverordnung vom 31. Oktober 1914 ermächtigt worden, gewisse Gebühren und Steuererleichterungen für alle Zuwendungen zu gewähren, welche der Kriegsfürsorge dienen. Ferner hat man hier die sonst im Frieden durch das Preßgesetz verbotene Kolportage von Kriegsnachrichten im Wege einer Notverordnung vom 11. August 1914 besonders geregelt und dieselbe zugleich mit einer Extrasteuer für Kriegsfürsorgezwecke belegt. Nicht unerwähnt darf schließlich bleiben, daß in Kriegszeiten die sonst bewilligte Stundung von Zöllen und Verbrauchssteuern zumeist wird aufhören müssen.

V. Die Kriegswirtschaftspolitik.

Das Gegenstück der theoretischen Kriegswirtschaftslehre bildet die Kriegswirtschaftspolitik. Ihre Aufgabe werden wir in der Durchführung aller jener Maßregeln erblicken müssen, welche auf die Beseitigung oder möglichste Milderung der durch den Krieg veranlaßten Störungen der Volkswirtschaft gerichtet sind. Sie ist also eine praktische Disziplin, kann aber ihr Ziel nur erreichen, wenn sie die durch die theoretische Forschung klargelegten Kriegsstörungen und Kriegsschäden studiert und sich zunutze macht. Hierbei ist es an sich gleichgültig, ob diese Forschungen in rein theoretischer Art mittels der abstrahierenden Methode betrieben werden oder sich, was oft viel leichter fallen wird, auf bereits vorliegende Erfahrungen und Tatsachen stützen. Nicht zur Kriegswirtschaftspolitik ist streng genommen die Kriegsbevölkerungspolitik zu zählen. Denn die Bevölkerungslehre ist kein bloßer Bestandteil der ökonomischen Wissenschaft, sondern sie gilt uns als eine selbständige Teildisziplin der Gesellschaftswissenschaften. Da es jedoch üblich geworden ist, die Bevölkerungslehre in einem Atem mit der Nationalökonomie abzuhandeln, so mögen hier auch einige Bemerkungen über die Beziehungen zwischen Krieg und Bevölkerung eingeschaltet sein. Die jeweilige Gestaltung der Bevölkerungsbewegung ist immer von mächtigem Einfluß auf die ökonomischen Interessengegensätze zwischen den einzelnen Völkern und Staaten gewesen und hat demgemäß als entferntere Ursache von Kriegen eine gewaltige Rolle gespielt. Nicht minder groß ist der Einfluß der Zusammensetzung und sonstigen Beschaffenheit der Bevölkerung eines Landes auf dessen Wehrverfassung und Heeresersatz. Es ist bekannt, zu welchen Befürchtungen die in der modernen Zeit so rasch zunehmende Verstadtlichung weiter Bevölkerungsschichten in militärischen Kreisen gegeben hat. Seitdem Brentano und Kuczynski diese Frage in die öffentliche Diskussion geworfen[1], ist sie eifrig von offizieller und privater Seite diskutiert, bisher aber wohl nicht in überzeugender Weise beantwortet worden, so daß der Kriegsbevölkerungspolitik hier noch ein weites Feld der Forschung offen steht.[2]

Da trotz aller Maßnahmen der Sozialpolitik die Schäden des Großstadtlebens und der gewerblichen Beschäftigung nicht vollständig zu beseitigen sein werden, so müssen alle auf die körperliche Tüchtigmachung unserer Jugend gerichteten Bestrebungen eifrig gefördert und möglichst verallgemeinert werden. Schulerziehung und Wehrkraft lassen sich auch in den heutigen Militärstaaten nicht trennen. Diese Auffassung hat seit längerer Zeit besonders in Frankreich zur Einrichtung militärisch organisierter Jugendwehren geführt und auch Italien, Schweden und Japan haben begonnen, dem Beispiele Frankreichs nachzueifern. In der Schweiz und in einzelnen Teilen Österreichs (Tirol und Vorarlberg) besteht seit alters her auf breitester Grundlage ein staatlicherseits unterstütztes Schießstandswesen. Seit dem Jahre 1911 sind in Österreich Bestrebungen im Gange, das Schützenwesen unter Förderung der Regierung weiter auszugestalten, wobei die Schießstätten sich ganz besonders auch der Heranbildung der wehrfähigen Jugend widmen und eine möglichst große Zahl von Jugendschützen ausbilden sollen. Schon vorher war der Schießunterricht an den höheren Schulen (Mittelschulen) Österreichs eingeführt worden. Über die Ziele, welche bei der Wehrhaftmachung unserer Jugend zu verfolgen sind, und die dabei einzuschlagenden Wege gehen aber die Auffassungen immer noch auseinander. Während auf der einen Seite vor allem für die französischen Einrichtungen Propaganda gemacht wird, hat der Zentralausschuß für Volks- und Jugendspiele in Deutschland bereits im Jahre 1910 gegen die Einrichtung der Jugendwehren und Jugendmilizen in einer dem preußischen Kriegsminister überreichten Eingabe Stellung genommen. Die darauf erflossene Antwort des Kriegsministers kennzeichnet sehr deutlich die Haltung der preußischen Heeresverwaltung in der ganzen Frage. Es wird darin das Hauptgewicht auf die planmäßige Durchbildung des Körpers gelegt, wodurch die eigentliche militärische Ausbildung während der jetzigen kurzen Dienstzeit wesentlich erleichtert werde, wogegen Beibringung der Anfangsgründe im Exerzieren und Schießen weniger Wert beizumessen

[1] „Die heutigen Grundlagen der deutschen Wehrkraft" (35. Stück der „Münchener volkswirtschaftlichen Studien", 1900).

[2] Vgl. auch die Schrift von Dr. Erich Wellmann „Abstammung, Beruf und Heeresersatz usw.", Duncker und Humblot, Leipzig, 1907.

sei. Seither sind in Deutschland die Bestrebungen der Jugendpflege in den Dienst der militärischen Vorbereitung gestellt worden und wir müssen lebhaft wünschen, daß dieselben auch während des gegenwärtigen Kriegszustandes nicht ruhen.[1]

Daneben hat sich die Kriegsbevölkerungsstatistik mit der Zahl der jeweils zum Heeresdienste ausgehobenen Personen sowie der im Felde stehenden Truppen, ferner mit den populationistischen Vorgängen in der Armee, den Kriegsverlusten und der Erneuerung der Bevölkerung nach dem Kriege zu beschäftigen. Es ist bekannt, daß sich dieser Ersatz durch eine erhöhte Geburtenziffer ziemlich rasch zu vollziehen pflegt. So betrug für das heutige Gebiet Deutschlands die Zahl der Geburten

im Jahre	insgesamt
1870	1635646
1871	1473492
1872	1692227

Indem wir uns jetzt der Besprechung der Maßnahmen der eigentlichen Kriegswirtschaftspolitik zuwenden, müssen wir vorerst betonen, daß auch diese Maßnahmen sehr stark durch den Grundsatz der Relativität beherrscht werden. Sie hängen vor allem von der ganzen wirtschaftsgeographischen Lage eines Landes und von dessen ökonomischen Verhältnissen ab. Von entscheidenster Bedeutung ist zunächst, ob der in Frage stehende Staat bereits in das Stadium der Industrialisierung eingetreten ist oder ob die Agrikultur noch seinen wirtschaftlichen Charakter beherrscht. Rückständige ackerbautreibende Staaten sind im allgemeinen leichter befähigt, die wirtschaftlichen Stürme eines Krieges auszuhalten als stark industrialisierte Länder, die einen großen Teil ihres Lebensmittelbedarfes aus anderen Wirtschaftsgebieten beziehen müssen und durch ihren Exportverkehr sehr stark in das Getriebe der Weltwirtschaft verwickelt sind. Es ist eine merkwürdige Erscheinung, daß gerade der moderne Hochkapitalismus die zum Kriege treibenden internationalen Gegensätze besonders leicht und scharf zuzuspitzen pflegt, obwohl die von ihm beherrschten Wirtschaftskörper schon infolge der Verflechtung in ein sehr empfindliches Kreditsystem durch den Ausbruch eines Krieges den furchtbarsten Erschütterungen ausgesetzt sein müssen.[2] Die Wirtschaft Deutschlands zeigt immer noch einen stark dualistischen Charakter, denn es ist noch immer Agrikultur- und Industriestaat zugleich. Seine Landwirtschaft

---

[1] Vgl. hierüber die Ausführungen in der „Sozialen Praxis", 23. Jahrgang 1914, Nr. 49 und 50.

[2] Plenge, Von der Diskontpolitik zur Herrschaft über den Geldmarkt, Berlin, 1913, S. 29f.

ist noch jetzt sehr stark und im ganzen gesund.[1] Die Fruchtbarkeit des Landes ist im allgemeinen ausreichend und es kann seinen Bedarf an Brotgetreide immer noch für den größten Teil des Jahres selbst decken. In der Kartoffelproduktion überragt es andere Staaten weitaus. Es verfügt über eine Fülle von Bodenschätzen, insbesondere an Kohlen und Eisen, so daß die darauf aufgebauten mächtigen Schwerindustrien so ziemlich auf eigenen Füßen zu stehen vermögen. Allerdings muß die starke Bevölkerungszunahme in Zukunft die mit der Einfuhr von Nahrungsmitteln verbundenen Gefahren immer mehr vergrößern. Durch diese Zufuhr und den gewaltigen Export von Fabrikaten, welche die außerordentlich reich gegliederte und viel verzweigte Industrie hervorbringt, ist Deutschland seit geraumer Zeit in immer größere Abhängigkeit vom Ausland geraten und mit der Weltwirtschaft immer enger verknüpft worden. Auch in Österreich vollzieht sich jetzt rasch der Übergang vom Agrikultur- zum Industriestaat und die Landwirtschaft hat gegenwärtig auch hier die Mehrheit in der Berufsteilung, die sie um die Jahrhundertwende noch besaß, bereits verloren. Dagegen ist Ungarn noch im wesentlichen ein Agrarland und so ergänzen sich beide Reichshälften in glücklicher Weise. Bei guten Ernten kann der Bodenertrag beider Staaten den Bedarf der Bevölkerung noch decken. Allein da die Landwirtschaft ihren Betrieb bisher nur wenig zu modernisieren vermochte, steuert auch Österreich immer mehr in das Fahrwasser eines Getreideeinfuhrlandes hinein.[2] Von wesentlicher Bedeutung ist es natürlich, ob die heimische Industrie ihren Rohstoff im Lande selbst zu decken vermag und ob sie mehr für den gewöhnlichen Bedarf arbeitet oder Luxuswaren erzeugt. Die notwendige Zufuhr der im internationalen Verkehre gehandelten Rohstoffe (Baumwolle, Schafwolle, Jute, Seide u. dgl. m.) kann im Kriegsfalle leicht gestört oder auch ganz unterbunden werden. Selbstverständlich hängt dabei sehr viel davon ab, ob der Krieg auch zur See geführt wird, was dann regelmäßig allerlei Blockade- und sonstige Absperrungsmaßregeln zur Folge haben wird. Ein ausgedehntes Eisenbahnnetz mit guten internationalen Verbindungen wird auch einem Staate von zentraler Lage über manche Schwierigkeiten der Kriegssituation hinweghelfen. Die Großindustrie mit ihrer vielseitigen Organisation wird sich den Kriegsnöten mehr gewachsen zeigen als das viel schwächere Handwerk, wogegen die Hausindustrie im Kriegsfalle sehr oft einen Rückhalt an der von ihr

---

[1] Vgl. hierüber und über das Folgende Völcker, Die deutsche Volkswirtschaft im Kriegsfall, Leipzig, 1909, S. 24ff.

[2] Vgl. hierüber den Aufsatz von Prof. Dr. Eugen v. Philippovich „Über Österreich-Ungarns Wirtschaft im gegenwärtigen Weltkriege (Allgemeine Lage der Finanzen und Volkswirtschaft in Österreich-Ungarn)“ im Bank-Archiv, XIV. Jahrgang (1914), Nr. 2.

noch betriebenen landwirtschaftlichen Produktion besitzen kann. Ein gut entwickelter Handel ist für die Versorgung eines Landes mit Nahrungsmitteln und Rohstoffen im Kriegsfalle von ausschlaggebender Bedeutung und seiner Findigkeit und Geschicklichkeit sind dann häufig ganz neue Aufgaben gestellt, da er genötigt wird, bisher nicht begangene Wege einzuschlagen und anderweitige Verbindungen aufzusuchen. Insbesondere kann er gezwungen sein, den Gütertransport über neutrale Staaten zu leiten, wodurch die Absperrung der eigenen Seehäfen vielfach wettgemacht werden wird. Für Deutschland ist dies schon deshalb von der größten Wichtigkeit, weil seine Seeschiffahrt und sein Seehandel seit dem Jahre 1870 sich sehr bedeutend entwickelt haben. Steht es doch unter den seeschiffahrttreibenden Staaten der Welt jetzt an dritter und unter den europäischen Seestaaten an zweiter Stelle, während sein Seehandel mehr als 70 Prozent seines gesamten Spezialhandels ausmacht. Daß Staaten mit gesunder und kräftiger Volkswirtschaft den Kriegsstürmen leichter zu trotzen vermögen werden als Länder, deren Wirtschaft sich schon im Frieden im Zustand einer gewissen Krise befinden, ist selbstverständlich und braucht hier nur angemerkt zu werden. Jedenfalls sollten aber alle diese Verhältnisse schon im voraus von einem sachverständigen Beirate, den wir mit Rießer den „volkswirtschaftlichen Generalstab“ nennen können[1], sorgfältig erwogen und studiert werden. Auch von der wirtschaftlichen Kriegsbereitschaft muß der Grundsatz gelten, daß sie so weit als möglich schon im Frieden in die richtigen Wege zu leiten ist, wenn anders Überstürzungen und Mißgriffe vermieden werden sollen. Was nicht rechtzeitig ins Werk gesetzt wird, kann leicht seinen Zweck vollständig verfehlen und manche Maßregel, die ohne Vorbedacht nach dem Kriegsausbruch dekretiert wird, erweist sich dann oft als überhastet und unzweckmäßig.

An die Spitze aller kriegswirtschaftspolitischen Maßregeln pflegt man hergebrachtermaßen die Vorsorge für ein möglichst ungestörtes Weiterfunktionieren des Geld- und Zahlungsverkehres sowie für ein entsprechendes Kriegskreditwesen zu stellen. Denn die Wirkungen des Krieges äußern sich schon vor seinem Ausbruche und dann unmittelbar nach demselben in einer allgemeinen Erschütterung des Geld- und Kreditverkehres. Die Kriegskrisis entsteht regelmäßig durch das Zusammenwirken verschiedener wirtschaftlicher Störungszustände. Sie umfaßt gewöhnlich eine Geldkrise, dann eine Produktions- und Absatzkrise, endlich eine Konsumtionskrise. Der Verlauf aller dieser Krisen hängt von sehr verschiedenen Umständen ab, namentlich von dem Ausfall des Waffenglückes, der Lage des Kriegsschauplatzes, besonders

---

[1] A. a. O., S. 193ff.

aber auch von der wirtschaftlichen Situation der kriegführenden Staaten.[1] In der Periode vor und unmittelbar nach dem Kriegsausbruche äußert sich die Geldkrise am stärksten und kann sich bis zu einer Kriegspanik steigern. Sie ist oft anschaulich geschildert worden. Ihre letzte Wurzel liegt in der durch den Krieg bewirkten allgemeinen Erschütterung des Vertrauens, welches die Grundlage des Kreditverkehres bildet. Jeder strebt nach dem Besitze von baren Zahlungsmitteln und sucht sich womöglich einen ausreichenden Vorrat an Metallgeld zu verschaffen. Die Wertpapiere werden mit Verlust losgeschlagen und ein starker Kurssturz ist davon die Folge. Es beginnt ein Sturm auf die Kreditbanken und Sparkassen, die oft nur mit Mühe alle diese Ansprüche zu befriedigen imstande sind oder ihre Schalter auch gänzlich schließen müssen. Die Industrie sucht sich durch Lombardierung ihrer Warenvorräte Betriebskapital zu verschaffen. An die Zentralnotenbank werden ganz außerordentliche Anforderungen gestellt und die Diskontosätze steigen daher rasch, ja oft bis zu einer unheimlichen Höhe. Die Außenstände sind nur mit Mühe oder gar nicht einzuziehen, viele Geschäftsaufträge werden storniert, der Absatz der Waren und namentlich auch der Export stockt, die Preise für unentbehrliche Nahrungsmittel und Rohstoffe gehen stark in die Höhe und infolge des allgemeinen Mißtrauens und Thesaurierungsbedürfnisses beginnt das Hartgeld oft gänzlich aus dem Verkehre zu verschwinden. Der starke Geldbedarf der Heeresverwaltung für Mobilisierungszwecke ist geeignet, die allgemeine Verwirrung noch zu vergrößern. Ist vollends das Geldwesen eines Staates in einem wichtigen Punkte vom kriegführenden Auslande abhängig oder fehlt es an einer Zentralnotenbank, wie beides im Jahre 1870 für die Schweiz der Fall war, so können dadurch auch für ein neutrales Land schwere Störungen im Zahlungsmittelverkehre und im Kreditwesen hervorgerufen werden.[2]

In Deutschland ist gerade dieser Teil der Kriegswirtschaftspolitik mit besonderer Liebe und Umsicht gepflegt und es sind demgemäß im Laufe der letzten Jahre schon im Frieden manche Maßnahmen zur Bekämpfung einer eventuellen Geldkriegskrise getroffen worden. Es tat dies um so mehr not, als selbst noch die Erfahrungen der letzten Jahre, namentlich auch diejenigen des Jahres 1911 während der Marokkokrise, die Kriegsbereitschaft des deutschen Geld- und Kapitalmarktes trotz mancher früherer Hinweise und Ratschläge, wie sie besonders auf der Bankenquete und auf den Bankierstagen erfolgt waren, nicht immer in einem ganz günstigen Lichte erscheinen ließen. Mit Recht hatte man vor allem an dem durch die mangelhafte Zahlungs-

---

[1] Vgl. hierüber und über das Folgende Völcker, a. a. O., S. 12ff.
[2] Vgl. hierüber Jöhr, a. a. O., S. 25ff.

organisation oft stark geschwächten Goldschatze der Reichsbank, die zeitweise übermäßig hohe Forderungen zu erfüllen hatte, Anstoß genommen, sowie die nicht ausreichende Liquidität der Kassen- und Kreditstellen bemängelt. Die Reichsbank kam mitunter bis an die Grenze ihrer Leistungsfähigkeit und die starke Goldzirkulation des Verkehres, wie sie sich in Deutschland in Erinnerung an die frühere Wirtschaft des zersplitterten Geldwesens seit der Neuordnung des Münzsystemes eingebürgert hatte, erschwerte ganz außerordentlich die so notwendige Goldkonzentration bei der Zentralnotenbank, wodurch ihre Stellung als Kriegsbank in einem höchst nachteiligen Sinne beeinflußt werden mußte. Der Gebrauch von Goldgeld hat sich in Deutschland viel tiefer als in England und in Frankreich eingebürgert. In England hat der Scheckzahlungsverkehr eine ganz außerordentliche Verbreitung gefunden und in Frankreich bezahlt man weit mehr mit Noten als im Deutschen Reiche. Dafür erfreute sich die französische Bank eines geradezu riesigen Goldvorrates, während die Deutsche Reichsbank oft genug einen harten Kampf um ihren Metallbestand führen und die Diskontoschraube zeitweise sehr stark anziehen mußte. Nach den Ausweisen des amerikanischen Münzdirektors wurde der Goldumlauf in Frankreich z. B. für das Jahr 1910 auf 1064, in Deutschland aber auf 2400 Millionen Mark geschätzt. Hingegen belief sich der Goldbestand der französischen Bank um dieselbe Zeit auf 2827, jener der Deutschen Reichsbank nur auf 801 Millionen Mark. Auch der jährlich auf 100 bis 120 Millionen Mark zu veranschlagende industrielle Verbrauch bedroht den Goldbestand der Reichsbank, da man für diesen Zweck in großem Umfange Goldmünzen dem Metallbestande der Bank zu entnehmen und sie durch Einschmelzen zu verwerten pflegt. Dazu kommt die Zersplitterung und Rückständigkeit des staatlichen Kassenwesens in Deutschland. Es bestehen hier unendlich viele Kassen nebeneinander und nur wenige derselben waren die längste Zeit in den bankmäßigen Zahlungsverkehr eingefügt. Ganz anders in England, Belgien und Holland, wo der staatliche Zahlungsverkehr in systematischer Weise an die Bank angeschlossen ist. Auch hinsichtlich der Liquidität der Kreditstellen ist uns der westliche Nachbar zum Teile voraus. Dies trifft insbesondere für die französischen Sparkassen zu, welche seit langem unter weitgehender Staatsvormundschaft stehen, ja geradezu als Regierungsinstitute anzusehen sind. Die französischen Großbanken besitzen ein reich entwickeltes Filialsystem, durch dessen Vermittlung sie die Geldbestände der Provinz leicht heranziehen können. Zudem zeigt das französische Wirtschaftsleben schon seit langer Zeit nicht jenen kräftigen Zug, wie er der deutschen Industrie und dem deutschen Handel eigen ist und wodurch sich der größere Geldbedarf der deutschen Wirtschaft leicht erklärt. Die Gründung von Kartellen und die Aufrichtung von Zahlungskonditionen hat überdies dazu beigetragen, den Bedarf an Geldmitteln ganz besonders zu bestimmten Terminen außerordentlich zu steigern.[1]

Dieser schon in normalen Zeiten so große Geldbedarf muß natürlich im Falle eines Krieges noch ganz andere Dimensionen annehmen. Am höchsten wird dieser Bedarf an Bargeld und an sonstigen Zahlungsmitteln in den ersten Wochen nach der Kriegserklärung, also zur Zeit der Mobilisierung und des Aufmarsches der Heere sein. Diese finanzielle Mobilmachung im weiteren Sinne des Wortes wird einmal umfassen den staatlichen Realbedarf für die Mobilisierung von Heer und Flotte, sodann den wirtschaftlichen Realbedarf für die verschiedenen großen Erwerbszweige und endlich den sogenannten Angstbedarf. Für alle drei Kategorien dieses Bedarfes haben wir in der deutschen Literatur mehr oder minder annehmbare Schätzungen. Insbesondere hat sich Rießer um die genauere Fixierung dieser Bedarfsmengen bemüht und ist zu einer Gesamtsumme von 3900 Millionen Mark für die ersten sechs Wochen gelangt. Davon sollten 1800 Millionen auf den staatlichen Mobilisierungsbedarf, 1500 Millionen auf den wirtschaftlichen Bedarf der verschiedenen Erwerbszweige und die Kriegslieferungen, endlich 600 Millionen Mark auf den eigentlichen Panikbedarf entfallen.[2] Rießer scheint indes bei seinen Berechnungen mehr von der Deckungsmöglichkeit als von dem Prius des Bedarfes ausgegangen zu sein und seine Annahmen haben daher namentlich durch Plenge mancherlei Anfechtung erfahren. Dieser schätzt die Erhöhung des gesamten Bargeldbedarfes, bei dessen Feststellung auch noch der Geldvorrat der ins Feld rückenden Heerespersonen berücksichtigt werden muß, auf 3000 Millionen und die Erhöhung des Kassenkapitales durch vermehrte Bankguthaben, also die Steigerung des Kreditbedarfes auf rund 2500 Millionen Mark. Auch hebt er sehr treffend hervor, daß der Panikbedarf nicht auf die Zeit unmittelbar nach dem Kriegsausbruche sich zu beschränken braucht. Eine solche Auffassung, wonach die Kriegspanik in wenigen Wochen immer überwunden sein müßte, könnte leicht durch die Tatsachen Lügen gestraft werden. Denn das Kriegsglück kann wechseln und die Panik bei einem unglücklichen Verlauf des Feldzuges abermals auftreten und dann noch ganz andere Dimensionen annehmen als zuvor. Man darf nicht, wie Ströll dies getan hat, auf das Beispiel Frankreichs verweisen, wo im Jahre 1870/71 alsbald nach den ersten Niederlagen ein Zustand tiefer wirtschaftlicher Resignation und Stagnation eintrat. Das hing aber mit dem ziemlich rasch erlassenen

[1] Vgl. über alle diese Dinge außer den Schriften von Rießer und Biermer (III. Vortrag) auch den Aufsatz von Felix Somary „Die Erfahrungen des letzten Jahres für die Kriegsbereitschaft des deutschen Geld- und Kapitalmarktes" in Schmollers Jahrbuch, 36. Band (1912), S. 557ff.

[2] Vgl. dessen Ausführungen a. a. O., S. 125ff. („Die finanzielle Mobilmachung").

Moratorium zusammen, indem die französische Volkswirtschaft von jeder weiteren Obsorge für die Zahlungsbereitschaft entbunden und dadurch ein weiteres Anschwellen der Kriegskrise verhindert wurde.[1]

Welches sind also die kriegswirtschaftspolitischen Aufgaben gegenüber unserem Geld- und Kreditwesen? Wir werden dieselben in schon während des Friedens zu treffende Bereitschaftsmaßnahmen einerseits und in die eigentlichen Maßregeln der Kriegsgeld- und Bankpolitik andererseits unterscheiden können. In der ersteren Beziehung wird es sich vor allem darum handeln müssen, das deutsche Volk an modernere Zahlungssitten zu gewöhnen. Es muß ein besseres Gleichgewicht zwischen dem Bedarf an Zahlungsmitteln und dem Gesamtbestand an solchen hergestellt werden. Dasselbe wird durch alle jene, welche kein Bankkonto besitzen und die ihnen zukommenden Zahlungen in barem Gelde verlangen, nur zu leicht gestört und die gesamte Liquidität der deutschen Volkswirtschaft dadurch beeinträchtigt. Es gilt also, den geldlosen Zahlungsverkehr kräftig weiter zu entwickeln. Hierbei kommt sowohl der für die Großindustrie und den Großhandel bestimmte Giro- und Abrechnungsverkehr als auch der auf die mittleren und kleineren Leute zugeschnittene Postüberweisungs- und Scheckverkehr in Betracht. Der letztere ist im Deutschen Reiche seit dem 1. Januar 1909 eingeführt und das Postscheckgesetz vom 26. März 1914 soll ihn weiter einbürgern helfen. An einer gut geleiteten Kriegsbank fehlt es Deutschland seit der Gründung der Reichsbank nicht mehr und seine Situation ist in dieser Hinsicht gegenüber dem Jahre 1870 jetzt eine wesentlich günstigere. Damals füllte die Preußische Bank nur notdürftig diese Lücke aus und neben ihr gab es 31 Privatbanken, welche alle Maßnahmen ohne gegenseitiges Einverständnis trafen. In letzter Linie wird der Reichsbank die Aufgabe zufallen müssen, in Kriegszeiten alle nötigen Zahlungsmittel und den erforderlichen Kredit zu gewähren. Sie dient zugleich als Stütze für die übrigen Kreditinstitute. Die Erfahrung hat längst erwiesen, daß die von einer gut geleiteten Zentralbank ausgegebenen Noten sich auch in Kriegszeiten viel besser als Zahlungsmittel eignen als anderes Papiergeld, das entweder gar nicht fundiert ist oder nur Steuerfundation besitzt. Aber diese Bank muß stark sein, sie muß über reichliche Mittel verfügen und diese dürfen nicht zeitweise ganz übermäßig in Anspruch genommen werden. Es führt dies schon im Frieden öfters zu einer ungeheueren Ausdehnung des Notenumlaufes, dem dann kein genügender Metallschatz mehr gegenübersteht. Neben der schon erwähnten, dringend erwünschten Verbesserung der Zahlungsorganisation ist es daher eine der wichtigsten Maßnahmen der finanziellen Kriegsbereitschaft, den Goldbestand der

[1] „Krieg und Panik", a. a. O., S. 273 ff.

Reichsbank durch Heranziehung von gelbem Metall aus dem inneren Verkehre und aus dem Auslande zu stärken. Die Bankleitung ist seit einer Reihe von Jahren bemüht gewesen, diesen wichtigen Grundsatz nicht nur in ihren theoretischen Auseinandersetzungen zu betonen, sondern auch in die Wirklichkeit zu übersetzen. Man suchte insbesondere durch die Ausgabe kleinerer Noten Gold aus dem inneren Verkehr zu ziehen. Auf Grund der Bankgesetznovelle vom Jahre 1906 wurden Noten zu 20 und 50 Mark dem Verkehre zugeführt. Das Publikum sollte dadurch zugleich an kleine Noten gewöhnt werden, was um so wichtiger ist, als im Kriege das Hartgeld nur zu leicht aus dem Verkehr verschwindet und es also auch hier einer unnötigen Beunruhigung vorzubeugen gilt. Auch in anderen Staaten (Rußland!) pflegen schon in Friedenszeiten in weit größerem Umfange kleine Noten zu zirkulieren. Verbessert werden kann die Position der Reichsbank ferner wesentlich noch dadurch, daß es gelingt, die Bilanz- und Kassenliquidität der deutschen Kreditbanken und aller neben ihnen noch zu nennenden Kredit- und Kassenstellen günstiger zu gestalten und jedes bedenkliche Übermaß in der Kreditanspannung zu vermeiden. Neben den eigentlichen Banken kommen hier namentlich noch die öffentlichen Sparkassen und Genossenschaften sowie die staatlichen Kassenstellen in Betracht. Die deutsche Literatur über die finanzielle Kriegsbereitschaft hat diesem Punkte große Aufmerksamkeit geschenkt und es ist darin seither auch manches besser geworden. Vor allem ist hier das preußische Gesetz vom 23. Dezember 1912 über die Anlegung von Sparkassenbeständen in Inhaberpapieren zu erwähnen und auch die Reichsversicherungsordnung sowie das Gesetz über die Angestelltenversicherung steuern in dieser Richtung. Rießer ist übrigens ein Gegner dieser staatlichen Zwangsmaßregeln und er möchte die notwendige Verbesserung lieber durch die eigene Initiative bewirkt sehen. So verspricht er sich insbesondere von der auf Anregung der Reichsbank erfolgenden Veröffentlichung der zweimonatlichen Rohbilanzen für die Liquidität der deutschen Kreditbanken ein gutes Resultat, denn eine derartige Publikation fordere zur gegenseitigen Kritik heraus und mache die Banken vorsichtiger. Nach Blaustein[1] hätte sich übrigens die Liquidität bei den deutschen Kreditbanken in der Zeit von 1893 bis 1911 von 85 auf 67 Prozent verschlechtert. Ende Juni 1913 betrug sie bei den Großbanken 57,2 gegen 61,2 im Vorjahre und wenn man nur die Deckung in liquiden Mitteln ersten Ranges ins Auge faßt, 41,0 gegen 39,6 im Vorjahre. Bei den Sparkassen sank die Liquidität sogar auf rund 25 Prozent und bei den Kreditgenossenschaften schwankte sie zwischen 41 und 61 Pro-

---

[1] „Deutschlands wirtschaftliche Kriegsbereitschaft", 7. Kriegsbank- und Finanzpolitik, S. 19ff.

zent. Österreich hat vor Deutschland zwar den Bestand einer gut geleiteten Postsparkasse voraus, welche das Verständnis für eine moderne Zahlungsorganisation in breiten Schichten des Volkes schon seit längerer Zeit geweckt hat und heute bereits im internationalen Zahlungsverkehr eine beachtenswerte Position besitzt, und man hat hier auch der Anlage der Sparkassengelder in Wertpapieren seitens der staatlichen Aufsichtsgewalt schon früher mehr Beachtung geschenkt, allein in diese Lichtbilder mischen sich mancherlei Schatten, da die österreichische Wirtschaft weit stärker immobilisiert ist und bei vielen Banken infolge des starken Vorwaltens nationaler Tendenzen sich häufig krisenhafte Erscheinungen ergeben. Die Zentralnotenbank Österreich-Ungarns hat es verstanden, im Zusammenhang mit der in den neunziger Jahren durchgeführten Währungsreform einen höchst bedeutenden Goldschatz anzusammeln, der den der Deutschen Reichsbank vor kurzem nicht unwesentlich überstieg. So betrug beispielsweise der durchschnittliche Goldbestand der Deutschen Reichsbank im Jahre 1912 nur 880,1 Millionen, am Ende dieses Jahres gar nur 776,6 Millionen Mark, während die Österreichisch-ungarische Bank um diese Zeit über einen Goldschatz von 1309,3 Millionen Mark verfügte. Bedenkt man, daß der Goldschatz der französischen Bank damals 2623,3 und jener der russischen Reichsbank gar 2954,9 Millionen Mark betrug, so wird man sich billig wundern müssen, daß man in Deutschland diesen Zustand der Dinge so lange ruhig hingenommen und erst in den letzten Zeiten vor dem Kriege Anstrengungen zur Erhöhung des Goldbestandes der Reichsbank gemacht hat, die denn auch nicht ohne Erfolg geblieben sind. Dank diesen auch während des gegenwärtigen Krieges energisch fortgesetzten Anstrengungen ist es der Reichsbank gelungen, ihren Goldschatz anfangs Dezember 1914 auf mehr als 2 Milliarden Mark zu steigern, wovon allerdings 205 Millionen aus dem Kriegsschatze, beziehungsweise der Kriegsreserve stammten.

Endlich können wir als eine schon im Frieden zu treffende Maßnahme der staatlichen Kriegsgeldpolitik noch die Ausstattung der Noten der Zentralbank mit gesetzlicher Zahlkraft (Währung) und die Ansammlung eines ausreichenden Bestandes von Golddevisen bezeichnen. Da die Noten der Zentralbank dazu bestimmt sind, im Kriegsfalle in der Hauptsache den Bedarf des Verkehres an Zahlungsmitteln zu befriedigen, müssen sie in Kriegszeiten unbedingt von jedermann zu vollem Nennwerte angenommen werden. Es sprechen daher gewichtige Gründe dafür, das Publikum schon im Frieden mit dieser Tatsache vertraut zu machen und so den Noten der Zentralbank von vornherein die Eigenschaft von Währungsgeld zu verleihen. Man wird dieses Privileg der Zentralnoteninstitute auch noch mit anderen ökonomischen Argumenten rechtfertigen können. Jedenfalls besitzen die Banknoten in England und Frankreich schon lange auch im Frieden volle Währung und es war demnach ein ganz richtiger Vorgang, wenn auch den Noten der Deutschen Reichsbank durch die Banknovelle vom 1. Juni 1909 gesetzliche Zahlkraft zugesprochen worden ist. Eine Lücke blieb nur insofern, als den neben den Banknoten zirkulierenden Reichskassenscheinen die gleiche Eigenschaft zunächst nicht zugebilligt worden ist, und in diesem Nebeneinanderbestehen metallisch oder bankmäßig gedeckter Banknoten mit voller Zahlkraft und nicht speziell gedeckter Reichskassenscheine sehen manche Theoretiker einen Schönheits- oder noch erheblicheren Fehler unseres deutschen Geldwesens, der besser vermieden werden sollte. Möglichste Goldkonzentration schon im Frieden und einheitliche Noten im Kriege müßten die Losung sein. Denn die im Kriegsfalle zu bewirkende Expansion der papierenen Geldzirkulation könne nur unter der Voraussetzung sicher ins Werk gesetzt werden, daß das Vertrauen gegen alle Teile des papierenen Notengeldes erhalten bleibe. Einheitlichkeit desselben und Vermeidung jeder unnötigen Komplikation sei daher ein wichtiges Erfordernis jeder richtigen Kriegsgeld- und Währungspolitik. Was aber die vielfach stark betonte Notwendigkeit betrifft, den Besitz der Zentralnotenbank an Golddevisen im Interesse einer Erhöhung ihrer Mittel zu stärken, so wird zwischen Theorie und Praxis hier die richtige Mitte gehalten werden müssen. Denn mit Recht hat namentlich Rießer darauf aufmerksam gemacht, daß diese Goldwechsel zu einem großen Teile aus englischen Devisen bestünden und daß deren Realisierbarkeit durch die alten Bestimmungen des englischen common law über das Verbot der Befriedigung feindlicher Forderungen in Kriegszeiten trotz der neuen Landkriegsordnung vom Jahre 1907 leicht in Frage gestellt werden könne. Wir werden später sehen, wie sehr die Tatsachen des jetzigen Weltkrieges die Vermutung Rießers bestätigt haben.

Weniger Übereinstimmung herrscht dagegen bis heute über die Maßnahmen der eigentlichen Kriegsgeld- und Bankpolitik. Es ist das auch nicht zu verwundern, wenn man bedenkt, daß die Lehre vom Bankwesen in der ersten Hälfte des 19. Jahrhunderts im wesentlichen als eine Friedenstheorie entwickelt und so auf Deutschland übertragen worden ist.[1] Das durch seine insulare Lage geschützte England kannte bislang die Kriegswirtschaftspolitik in vielen Punkten nur vom Hörensagen und so insbesondere auch keine Kriegsbankpolitik. Im äußersten Notfalle konnte man ja zur Suspension der Bankakte schreiten, wie dies schon während der französischen Revolutionskriege (1797) vorgekommen ist. Heute besteht darüber Übereinstimmung, daß die Regierung in der Lage sein muß, die Bank von ihrer gesetzlichen Einlösungs-

[1] Plenge, a. a. O., S. 30.

pflicht bezüglich ihrer Noten zu entbinden, also den Zwangskurs für diese zu statuieren, damit der Bank ihr Metallschatz erhalten werde und sie ihren Funktionen als Kriegsbank nachkommen könne. Manche Theoretiker wollen nicht sofort so weit gehen, sondern vorerst der Bank nur die Vollmacht zur teilweisen Einstellung der Barzahlungen erteilt wissen. Eine solche ist in der Weise denkbar, daß die Bank die Bareinlösung auf die Hauptanstalt beschränkt oder sonstwie individualisiert. Das sind aber immer Palliativmittel von zweifelhafter Wirksamkeit und bei Ausbruch eines ernsten Krieges mit allen Schrecken der Kriegskrise wird derartigen Mitteln die durchgreifende Suspension der Barzahlungspflicht vorzuziehen sein. In Deutschland ist demgemäß auch sofort nach Ausbruch des gegenwärtigen Weltkrieges die Einlösungspflicht der Reichsbank bezüglich ihrer Banknoten gänzlich suspendiert worden. Mit dieser durchgreifenden Maßregel der Kriegspolitik mußten noch weitere Änderungen im Bereiche des Münz- und Bankwesens in Verbindung gebracht werden. Auch die Reichskassenscheine mußten jetzt die Eigenschaft eines gesetzlichen Zahlungsmittels, also Währung erhalten und ebenso hatte es mit der Verpflichtung der Reichshauptkasse zu ihrer Einlösung bis auf weiteres ein Ende. Denn auch sie waren jetzt Kriegsgeld geworden und alle für ein solches erforderlichen Bestimmungen mußten daher unbedingt auch auf sie Anwendung finden. Natürlich wurde die Reichsbank auch von der Einlösung von Silber- und Kupfergeld gegen Gold enthoben und die noch bestehenden vier Privatnotenbanken (von Bayern, Sachsen, Württemberg und Baden) durften zur Einlösung ihrer Noten die jetzt uneinlöslichen Reichsbanknoten verwenden. Eine notwendige Konsequenz aller dieser Änderungen war die zeitweilige Außerkraftsetzung der Goldklausel, welche Maßregel durch eine Verordnung des Bundesrates vom 28. September 1914 für alle Verträge verfügt wurde. Später (November 1914) erfolgte auch das Verbot des Agiohandels mit Goldmünzen. Mit der Bestimmung der Reichsbank, jetzt in erster Linie dem Reiche und der Volkswirtschaft als Kriegsbank zu dienen, hängt es ferner zusammen, daß die Bank ihrer Steuerpflicht entbunden wurde und fortan auch Schuldverschreibungen des Reiches als Notendeckung dienen konnten. Dagegen wurde in Übereinstimmung mit der in Deutschland derzeit herrschenden Meinung an der geltenden Deckungspflicht der Bank (Dritteldeckung) festgehalten und auch an der Bankpublizität nicht gerüttelt. Für beides hat namentlich Rießer eine scharfe Lanze gebrochen, wobei er darauf hinwies, daß auch Rußland während des japanischen Krieges im Interesse seines Staatskredites und seiner Goldwährung davon Abstand nahm, die für seine Reichsbank geltenden Deckungsvorschriften zu überschreiten. Andere Ökonomen sind weniger ängstlich. So will insbesondere Plenge nicht an der Dritteldeckung kleben, die ja nur eine Friedensbestimmung sei, sondern will den sechsfachen Betrag an auszugebenden Noten als wirtschaftliche Toleranz und den neunfachen Betrag als Maximum angesehen wissen.[1] Ob hier vielleicht ein gewisser Niederschlag der von Knapp so lebhaft propagierten ametallistischen Theorie zu verspüren ist? Für die sofortige Suspension der Bankpublizität hat sich namentlich Ströll ausgesprochen und es liegt ja die Begründung nahe, daß man dem feindlichen Auslande den Einblick in den wahren Stand der Notenbank nicht gewähren dürfe. Allein wenn dieser ein guter ist, so liegt für eine solche Verheimlichung kein Anlaß vor und nur eine ganz außergewöhnliche Situation der Zentralnotenbank würde einen solchen Schritt rechtfertigen oder als zweckmäßig erscheinen lassen können. Deutschland hat während des jetzigen Weltkrieges weder die Bestimmung über die Dritteldeckung preisgegeben noch auch auf die Aufrechterhaltung der Bankpublizität verzichtet. Es kann aber vorkommen und ist anderwärts schon früher vorgekommen, daß der Staat in Kriegszeiten seine schwere Hand auf die Bank legen muß, und dann bleibt wohl nichts Anderes übrig, als selbst mit den Deckungsvorschriften und der Publizität der Bank für die Dauer des Krieges aufzuräumen. In Österreich ist die Regierung im Hinblick auf den jetzigen Kriegszustand durch eine Notverordnung vom 4. August 1914 ebenfalls ermächtigt worden, hinsichtlich der Geschäftsführung der Zentralnotenbank im Einvernehmen mit der ungarischen Regierung außerordentliche Maßnahmen zu treffen und zu diesem Zwecke auch von den Bankstatuten abweichende Bestimmungen in Wirksamkeit zu setzen. Nach der in den öffentlichen Blättern kundgemachten offiziellen Begründung sollte die Emissionsgrenze der Bank über den Rahmen ihres Statutes zu dem Ende erweitert werden, damit sie dem durch die kriegerischen Ereignisse gesteigerten Bedarfe an Zahlungsmitteln entsprechen könne. Dagegen war nicht beabsichtigt, die vorgeschriebene bankmäßige Deckung des Notenumlaufes zu ändern. Die Bank hat, um der Nachfrage nach kleinen Zahlungsmitteln zu genügen, alsbald unter Berufung auf diese Notverordnung kleine Banknoten zu 2 Kronen ausgegeben, gleichzeitig aber mit Beginn der Kriegsereignisse die Veröffentlichung der vorgeschriebenen Bankausweise eingestellt, so daß seitdem über ihren Stand und namentlich auch über die von seiten der Staatsverwaltung für Kriegszwecke an sie gestellten Anforderungen nichts Sicheres bekannt ist.[2][3]

---

[1] Ib., S. 322.

[2] Man durfte gespannt sein, ob gelegentlich des Jahresabschlusses eine Veröffentlichung des Bankstatus erfolgen werde. Die öffentlichen Blätter meldeten gegen Jahresschluß, daß die sonst im Februar stattfindende ordentliche Generalversammlung hinausgeschoben und in diesem Falle nur eine provisorische Jahresbilanz veröffentlicht werden solle. In der Tat ist die Bank durch die beiderseitigen Finanz-

Besonderer Vorsorgen bedürfen im Kriegsfalle gewöhnlich noch zwei Formen des Kredites, nämlich der Lombardkredit und der Personalkredit. Zwar ist die Zentralnotenbank im Frieden auch zur Pflege des normalen Lombardierungsgeschäftes ermächtigt, aber es sind ihr dabei nach den Grundsätzen der Bankverfassung engere Schranken gezogen. Sie darf das Lombardierungsgeschäft nur mit ihrem Aktienkapitale und ihren Reserven betreiben, aber nicht die lombardierten Effekten und Waren zur Deckung der Banknoten verwenden. Im Kriegsfalle hat sie in erster Linie als Kriegsbank zu fungieren und muß ihre Mittel daher zunächst für andere Zwecke bereithalten. Unter diesen Umständen wird es sich als ratsam erweisen, der Zentralnotenbank alle anormalen und bis zu einem gewissen Grade auch die normalen Lombardierungsgeschäfte abzunehmen. Das Bedürfnis nach anormaler Lombardierung entsteht in Kriegszeiten aus der die Kriegskrise begleitenden Absatzkrise. Es fehlt nicht an Gütern, aber dieselben können infolge der Stockung der Geschäfte nicht verkauft werden, was den empfindlichen Mangel an Zahlungsmitteln steigern muß. Schon im 18. Jahrhundert hat man sich mit diesen Dingen beschäftigt. Gelöst worden ist das Problem vor allem von der preußischen Verwaltung durch Errichtung von Kriegsdarlehenskassen. Mit diesen Kassen ist schon im Jahre 1848 ein Versuch gemacht worden. Ein Gesetz vom 21. Juli 1870 rief sie aufs neue ins Leben und ermächtigte ihre Leitungen zur Ausgabe von Darlehenskassenscheinen im Maximalbetrage von 30 Millionen Talern. Die Kassen haben damals anerkanntermaßen der Industrie, dem Handel und der Landwirtschaft gute Dienste geleistet, indem sie namentlich auch neue Zahlungsmittel für das stark

---

verwaltungen im Dezember 1914 von der Beobachtung der im Artikel 13 ihrer Statuten vorgesehenen Bestimmungen über die Abhaltung der regelmäßigen Jahressitzung bis auf weiteres enthoben worden und es sollte noch vor Genehmigung des Bilanzabschlusses durch die Generalversammlung eine weitere Abschlagszahlung auf die Dividende des Geschäftsjahres 1914 in dem mit den beiden Regierungen vereinbarten Ausmaße erfolgen. Dies ist mittlerweile auch geschehen.

[3] Erwähnung verdient noch, daß auch in Ungarn unter dem 29. Dezember 1914 eine Verordnung über die zeitweilige Ausschaltung der Goldzahlungen erflossen ist. Goldschulden gelten danach als gestundet und der Gläubiger hat die Wahl, entweder die Zahlung in Kronenwährung zu verlangen oder später nach dem Erlöschen der Verordnung den vollen Betrag nebst den gesetzlichen Zinsen zu verlangen. Die Geltung der Verordnung ist auf das Inland beschränkt. Die Zahlungen im Auslande werden dadurch nicht berührt und speziell die Einlösung der Staatsschuldenkoupons erfolgt im Auslande wie bisher in den zugesagten ausländischen Werten. In Österreich werden die Koupons der Goldrente und der sonstigen das Goldversprechen tragenden Papiere, was das Inland betrifft, auf Grund jeweiliger Verfügung des Finanzministers ebenfalls nicht in Gold, sondern in Kronenwährung nach dem von Fall zu Fall festgesetzten Umrechnungskurs eingelöst und nur im Auslande geschieht die Einlösung in den versprochenen Werten.

abströmende Edelmetallgeld schufen. Auch die Regierung benutzte die Kassen, um zeitweise bei ihnen Schatzanweisungen unterzubringen. Die so erprobte Institution ist bei Ausbruch des gegenwärtigen Weltkrieges sofort durch ein Notgesetz vom 4. August 1914 für ganz Deutschland in Wirksamkeit gesetzt worden. Nach einer Bekanntmachung vom 6. August 1914 sollten die Darlehenskassen an 99 Orten des Reiches zur Errichtung gelangen. Das Gesetz regelte einige nähere Modalitäten der Einrichtung. Die Verwaltung der Kassen übernahm auf Rechnung des Reiches die Reichsbank, jedoch unter Absonderung von ihren übrigen Geschäften. Die allgemeine Verwaltung hatte von Berlin aus durch eine besondere Bankabteilung unter der Bezeichnung „Hauptverwaltung der Darlehenskassen", bei jeder einzelnen Kasse aber durch einen besonderen Vorstand zu erfolgen. Die Geschäftsanweisung für die Kassen hatte der Reichskanzler zu bestimmen. Darlehen sollten nur im Betrage von wenigstens 100 Mark und in der Regel nicht auf längere Zeit als 3 Monate, ausnahmsweise bis zu 6 Monaten erteilt werden. Das Ausmaß der Belehnbarkeit und die sonst zu leistende Sicherheit ist im Gesetze nur in allgemeinen Umrissen bestimmt. Der Zinsfuß der Darlehen sollte in der Regel höher fixiert werden als der öffentlich bekannt gemachte Diskont der Reichsbank.[1] Der Gesamtbetrag der Scheine wurde im Notgesetze mit einem Höchstbetrage von 1500 Millionen Mark fixiert, doch konnte diese Summe vom Bundesrat auch erhöht werden und dieselbe ist später verdoppelt worden. Nach dem Notgesetze sollten zunächst Darlehenskassenscheine zu 5, 10, 20 und 50 Mark ausgegeben werden, doch gelangten bald auch solche zu 1 und 2 Mark in den Verkehr. Ihre Ausstellung erfolgte durch die Reichsschuldenverwaltung, die Kontrolle über ihre Ausfertigung und Ausgabe hatte die Reichsschuldenkommission zu üben. Der Betrag der umlaufenden Scheine war monatlich durch den Reichskanzler zur allgemeinen Kenntnis zu bringen. Die Kassen sollten die Rechte juristischer Persönlichkeit sowie Stempel- und Gebührenfreiheit genießen. Obwohl sie eine spezielle Fundierung besitzen, ist ihnen keine volle Währung zuerkannt worden. Nur die Kassen des Reiches und der Bundesstaaten sind verpflichtet, sie zu vollem Nennwerte in Zahlung zu nehmen, wogegen im Privatverkehr kein Zwang zur Annahme Platz greift. Nach Wiederherstellung des Friedens sind die Scheine einzuziehen, und zwar dient hierzu zunächst der Zinsenertrag der Kassen, der sich nach Deckung der Verwaltungskosten und etwaiger Ausfälle ergibt. Ein Überschuß

[1] Der von den Darlehenskassen berechnete Zinsfuß betrug seit ihrer Eröffnung $6^1/_2$ Prozent, ohne daß hierin lange Zeit eine Änderung eintrat. Dies hing offenbar mit dem stabil gebliebenen Reichsbanksatze zusammen. Erst vom 23. Dezember 1914 ab ist der Zinsfuß der Kassen auf $5^1/_2$ Prozent (für Kriegsanleihedarlehen auf $5^1/_4$ Prozent) herabgesetzt worden.

fällt an die Reichskasse. Die ganze Einrichtung war in Deutschland schon im Frieden sorgfältig vorbereitet worden und konnte daher hier sofort in Wirksamkeit gesetzt werden.

Nicht so günstig stand es in Österreich und es bedurfte hier erst einer nachhaltigen Anregung aus den Kreisen der Interessenten, und zwar vor allem der Handelskammern, um die Dinge in Fluß zu bringen. Erst nachdem eine Kommission von Delegierten nach Berlin zum Studium der dortigen Einrichtungen entsendet worden war und einen günstigen Bericht darüber erstattet hatte, konnte auch in Österreich sowie gleichzeitig in Ungarn an die Gründung von Darlehenskassen geschritten werden.[1] Dieselben wurden hier ebenfalls als Annexinstitute der Zentralnotenbank ins Leben gerufen. Die Bank übernahm wie in Deutschland ihre Verwaltung und stellte auch ihre Räumlichkeiten hierfür zur Verfügung. Die Kassen sollten für die belehnten Effekten und Waren ebenfalls Scheine ausgeben, welche zwar der Annahmepflicht im Verkehr und des Zwangskurses entbehren, aber von der Notenbank jederzeit gegen Banknoten umzutauschen sind. Ihr Betrag wurde für Österreich mit 500 Millionen Kronen limitiert und eine entsprechende Höchstbegrenzung (290 Millionen Kronen) auch für die ungarischen Darlehenskassenscheine vorgesehen. Sie sollten vorzugsweise als Steuergeld bei den staatlichen Finanzkassen Verwendung finden. Berechnet war die Institution vor allem für die Zuckerindustrie, deren Export fast vollständig stockte, ferner für die Textil- und die Mühlenindustrie. Nachdem das für die Leitung der Kassen bestimmte Direktorium die nötigen Bedingungen über die Darlehenserteilung (Zinsfuß, belehnbare Papiere, Art der Warenverpfändung) festgestellt hatte, konnte auch in Österreich im Oktober 1914, also bedeutend später wie in Deutschland, mit der Krediterteilung seitens der Darlehenskassen begonnen werden. Die Lombardierung der Effekten ging alsbald auch glatt vonstatten. Dagegen bereitete die Belehnung von Warenvorräten wegen der hierfür notwendigen Abschätzungen größere Mühe, zumal auch für die Handhabung dieser Kreditart geringere Erfahrungen vorlagen. Die Österreichisch-ungarische Bank hatte zwar nach ihrem Statut schon früher, ähnlich wie die Deutsche Reichsbank, das Recht gehabt, den Warenkredit zu pflegen, allein die Warenbelehnung war durch die sehr rigorosen Bestimmungen über die Eskomptierung von Lagerscheinen sehr erschwert. Nur bezüglich ganz weniger Warensorten

[1] In Österreich erfolgte die Errichtung der Darlehenskasse durch eine Notverordnung vom 19. September 1914. Der Umlauf der Darlehenskassenscheine unterliegt der Kontrolle der Staatsschuldenkontrollkommission. Die konstituierende Versammlung fand am 26. September 1914 statt. In Ungarn geschah die Gründung der Kasse zunächst im Wege einfacher Verordnung, doch wurde in der Novembersession des ungarischen Reichstages ein bezüglicher Gesetzentwurf eingebracht und verabschiedet.

konnte in normalen Zeiten davon Gebrauch gemacht werden. Gerade aber diese Waren konnte man in der Kriegszeit am leichtesten verkaufen, während für andere die Sache um so ungünstiger lag und deshalb eben für diese Branchen Abhilfe geschaffen werden mußte. Durch das noch zu besprechende Moratorium wurden in Österreich die Schwierigkeiten im ganzen Zahlungs- und Kreditverkehre noch bedeutend vermehrt.

Im Gegensatze zu diesen von Staats wegen gegründeten Darlehenskassen sind die Kriegskreditbanken autonome Schöpfungen der Interessenten. Die Gründung dieser Kreditinstitute war in Deutschland trotz des sonst hier vorhandenen mustergültigen Banksystems eine Notwendigkeit, weil zahlreiche kleinere und mittlere Industrielle und Handelsleute sowie die größeren Gewerbetreibenden in Kriegszeiten stark auf Personalkredit angewiesen sind. Dieses neue Kreditbedürfnis ist dadurch entstanden, daß einerseits die regelmäßigen Eingänge auf gelieferte Waren oder geleistete Arbeiten ausbleiben und andererseits der bisherige Warenkredit entzogen wird, so daß neue Einkäufe und Bezüge nur gegen Barzahlung gemacht werden können. Hierbei ist es ganz gleichgültig, ob der betreffende Geschäftsmann in normalen Zeiten einen Bankkredit genossen hat oder nicht. Es muß für ihn in Kriegszeiten neuer Kredit geschaffen werden und diesen Kredit kann ihm keine Lombardkasse, sondern nur ein auf bankmäßiger Grundlage aufgebautes und geführtes Kreditinstitut gewähren. Als Unterlage kommen dabei in erster Linie Kundenwechsel und Buchforderungen in Betracht. Die Mittel der Kriegskreditbanken sind zunächst von den Interessenten aufgebracht worden, und zwar in Gestalt eines Aktienkapitals und eines Garantiefondes. Vorbildlich hat dabei vor allem die Kriegskreditbank von Groß-Berlin gewirkt, welche auf Anregung des preußischen Handelsministers nicht lange nach dem Ausbruche des Weltkrieges durch Zusammenwirken der Großbanken, der Industrie sowie der kaufmännischen Korporationen und einzelner Großkaufleute mit der Reichsbank gegründet worden ist. Sie wurde als Aktiengesellschaft mit einem Kapitale von 18 Millionen Mark ins Leben gerufen, wovon zunächst 25 Prozent eingezahlt worden sind. Dazu kamen Garantiebeiträge von seiten der Berliner und Potsdamer Handelskammer sowie der Ältesten der Kaufmannschaft in der Höhe von mehr als 10 Millionen Mark, welche durch das Umlagenrecht dieser Korporationen ihre Deckung fanden. Die Reichsbank stellte der neuen Kriegskreditbank von vornherein einen Reeskomptekredit in der fünffachen Höhe des eigenen und des Garantiekapitals zur Verfügung, so daß die Bank mit einem benützbaren Kredit von 150 Millionen Mark rechnen konnte. Die Leitung der Geschäfte übernahm ein ehrenamtlich funktionierendes Direktorium von angesehenen Fachmännern. Die Dividende der Aktionäre wurde auf 4 Prozent des eingezahlten Kapitals beschränkt und der Mehrertrag des gemeinnützigen Unternehmens patriotischen Zwecken gewidmet. Als Bedingung für die Gewährung eines Kredites war festgesetzt, daß dieser nicht zur Rückzahlung von bestehenden Bankkrediten benützt werde, denn die Aufgabe der Kriegskreditbank sollte nicht in der Verschiebung von Krediten, sondern in der Schaffung neuer Kreditquellen zwecks Aufrechterhaltung des Betriebes der Geschäfte und der ganzen Volkswirtschaft bestehen. In Österreich ergriff die Wiener Handelskammer die Initiative im Interesse der Errichtung eines ähnlichen Institutes und um die Mitte des Monats September 1914 war die Errichtung desselben bereits gesichert. Das Aktienkapital der neuen Bank wurde vorerst mit 6 Millionen Kronen in Aussicht genommen. Außerdem verpflichteten sich die Gemeinde Wien und die nieder-österreichische Handelskammer, eine Garantie für Ausfälle bis zur Höhe von 4 Millionen Kronen zu leisten. Die Notenbank erklärte sich auch hier bereit, die von der Kriegskreditbank begebenen Wechsel bis zu einem mehrfachen Betrage des Aktienkapitales zu reeskomptieren. Auch in Ungarn schritten die Interessenten alsbald zur Gründung einer ähnlichen Kriegskreditbank.

Alle Kreditbedürfnisse konnten aber auch auf diesen beiden Wegen noch nicht befriedigt werden. Insbesondere für zahlreiche Kleingewerbetreibende und Detaillisten war die neue Kreditquelle gar nicht oder nicht leicht erreichbar und doch war gerade die Situation dieser Geschäftsleute nach Ausbruch des Krieges infolge der Zurückhaltung vieler Kreditgeber und der scharfen Handhabung der Zahlungskonditionen von seiten mancher Kartelle und Grossisten nicht gerade eine günstige. Gegen dieses nicht zu rechtfertigende Vorgehen der Konditionenkartelle schritten die deutschen Staatsbehörden alsbald mit allem Nachdruck ein und insbesondere der preußische Handelsminister drohte den Kartellen, daß der Bundesrat gegen eine derartige rücksichtslose Überspannung der Konventionen mit gesetzgeberischen Maßnahmen einschreiten würde. Das half und es wurde so tatsächlich erreicht, daß die bestehenden Konventionsbedingungen während des Krieges nicht verschärft werden sollten und sogar einzelne Bestimmungen für die Dauer des Krieges außer Kraft traten. Fruchtbar gemacht konnte aber den kleinen Gewerbetreibenden und Händlern der Personalkredit in der Mehrzahl der Fälle nur gemacht werden durch den Anschluß an bestehende Kreditgenossenschaften oder durch die Neugründung von eigenen Kriegskreditgenossenschaften. Solche sind denn auch in den verschiedenen deutschen Staaten bald nach dem Ausbruche des Krieges ins Leben gerufen worden und fanden Anschluß teils an die neuen Kriegskreditbanken, teils, wie namentlich in Preußen, bei der staatlichen Zentralgenossenschaftskasse.[1]

[1] Vgl. auch die Schrift „Genossenschaftliche Kriegshilfe". 3 Vorträge von Dr. R. Deumer. J. Guttentag, Berlin, 1914.

In Österreich griff die Staatsverwaltung zu dem etwas veralteten und weniger aussichtsreichen Mittel, den kleineren Gewerbs- und Handelsleuten für die Aufrechterhaltung ihres Geschäftes den Personalkredit der Sparkassen in erweitertem Umfange nutzbar zu machen. Ein im September 1914 hinausgegebener Erlaß des Ministeriums des Innern ermächtigte jene österreichischen Sparkassen, welche bereits früher Vorschußabteilungen errichtet hatten, die Dotation dieser Abteilungen, sofern genügende, nicht gebundene Reserven zur Verfügung standen, zu erhöhen. Sparkassen, welche bisher noch keine Vorschußabteilungen für Personalkredit besaßen, konnten solche ohne weitere Formalität errichten. Reichten die Mittel der Vorschußabteilungen nicht aus, so konnte die Gewährung weiterer Personalkredite unter ganz bestimmten Kautelen ausnahmsweise auch auf Rechnung der Einlegerfonde erfolgen. Die Sparkassen wurden überdies ermächtigt, anerkannte Forderungen gegen den Staat, die Länder, Bezirke und Gemeinden zessionsweise zu übernehmen. Die Gesamtsumme der zu Lasten der Einlegerfonde zu gewährenden Personalkredite durfte aber die Summe von 1 Prozent der Gesamtguthaben der Einleger nicht übersteigen. Da bei sämtlichen österreichischen Sparkassen zu Ende des Jahres 1912 rund 6,6 Milliarden Kronen eingelegt waren, so wäre an sich die Erteilung von Personalkrediten in der Höhe von etwa 60 Millionen Kronen für ganz Österreich möglich gewesen. In Wirklichkeit freilich dürfte die mit vielen Vorsichten umgebene Einrichtung solchen Erwartungen durchaus nicht entsprochen haben. Die Darlehen durften im einzelnen Falle höchstens 400 Kronen betragen und es mußte darüber ein notarieller, sofort exekutionsfähiger, von drei kreditfähigen Personen mit Solidarhaftung unterzeichneter Schuldschein ausgestellt werden. Der Rückzahlungstermin sollte nicht über ein Jahr hinausgehen. Jedenfalls hat man es hier mit höchst anerkennenswerten Aktionen der Mittelstandspolitik zu tun, die gewiß manchen kleinen Gewerbetreibenden und Kaufleuten die Aufrechterhaltung ihres Geschäftes in den schwierigen Kriegszeiten erleichtert und dadurch viel Nutzen gestiftet haben.[1] Im großen und ganzen

[1] Erwähnung verdient an dieser Stelle auch die von der Kriegszentrale des Hansabundes begründete „Kriegskreditkasse für den deutschen Mittelstand". Diese Schöpfung beruht auf dem Gedanken, daß die Gemeinden und andere Selbstverwaltungskörper mit gewissen Summen die Garantie für die Kredite übernehmen sollen, welche von den Gemeinden und den übrigen Körperschaften ihren Angehörigen gewährt würden, und daß daraufhin von der Kriegskreditkasse den Gemeinden usw. durch Vermittlung der Reichsbank Kreditmittel flüssig gemacht werden. Den Vorsitz im Aufsichtsrate hat Geheimrat Rießer übernommen. Auch in Österreich ist die Schaffung einer Kriegskreditkasse für die gewerblichen und landwirtschaftlichen Kreditinstitute des Mittelstandes im Dezember 1914 angeregt worden, zumal sich die bisherigen Kreditquellen infolge der großen Einzahlungen auf die Kriegsanleihe vielfach ihrer Mittel entblößt sahen.

haben die deutschen Kreditinstitute den Stoß des Krieges mit bewundernswürdiger Kraft ausgehalten und wenn es auch an manchen Klagen gegen die Privatbanken, insbesondere gegen die Großbanken, nicht gefehlt hat, so muß doch konstatiert werden, daß das deutsche Kreditsystem sich den Stürmen der Kriegspanik wohl gewachsen gezeigt hat.

Aber nicht nur speziell von dem deutschen Kreditsystem, sondern von der gesamten deutschen Volkswirtschaft konnte dies gesagt werden. Sie hat bei Ausbruch des Krieges den Stürmen der Panik weit besser getrotzt als die Wirtschaft der übrigen kriegführenden Staaten und selbst mancher neutraler, vom Kriege nicht unmittelbar berührter Länder. Sogar das reiche, den Welthandel beherrschende England empfand den Stoß des Krieges weit schwerer als Deutschland. Binnen wenigen Tagen mußte die englische Bank ihren Diskont auf 10 Prozent verdoppeln, während in Berlin der Satz nicht über 6 Prozent hinausging. Die Noten der Bank von England verloren vorübergehend ihre Zahlkraft und die Mehrzahl der großen Londoner Akzeptfirmen wurde notorisch zahlungsunfähig. In Deutschland konnten die Börsengeschäfte zu Ende des Monates Juli ohne ernstliche Zwischenfälle abgewickelt werden. In London aber war von einer Liquidation der Börsengeschäfte, deren Höhe auf mehr als 3 Milliarden Mark geschätzt ward, zunächst keine Rede. Auch in Frankreich wurden alte und hervorragende Kreditinstitute auf das bedenklichste erschüttert. In London sah sich die Regierung sogar genötigt, gegenüber der Bank von England sämtliche Diskontwechsel zu garantieren. Sowohl in Großbritannien wie auch in Frankreich, Rußland, Österreich-Ungarn und zahlreichen anderen europäischen wie überseeischen Ländern griff man angesichts der durch den Krieg bewirkten Störung der Wirtschaft und speziell des Geldmarktes zur Statuierung eines allgemeinen Zahlungsaufschubes im Wege der Notgesetzgebung. Solche Generalmoratorien sind ein altes Inventarstück aus der Rüstkammer der Kriegswirtschaftspolitik. Schon das ältere Recht kennt die Einrichtung der Spezial- und der Generalindulte. Während das zugunsten einzelner Personen gewährte Spezialindult durch die neuere Rechtsentwicklung beseitigt worden ist und heute im allgemeinen nur noch der Richter dem einzelnen Schuldner einen derartigen Aufschub aus persönlichen Gründen gewähren kann, hat sich das Generalmoratorium durch die ganze neuere Zeit in der Praxis als Mittel zur Erleichterung der wirtschaftlichen Kriegsnot erhalten.[1] Man kann nicht sagen, daß sich die moderne Rechts- oder Wirtschaftswissenschaft mit diesem so tief in alle Verhältnisse einschneidenden Institute in ausreichender Weise befaßt hätten. Man

---

[1] Vgl. den Artikel „Indult" („Moratorium") von E. Löning im Handwörterbuch der Staatswissenschaften, 3. Aufl. V. Band (1910), S. 606 ff.

nahm das Übel des Moratoriums zumeist als etwas Unvermeidliches hin und tröstete sich damit, daß man es eben mit einem vorübergehenden Ausnahmszustande zu tun habe. Die durch das Moratorium heraufbeschworene allgemeine Unsicherheit im Zahlungs- und Wirtschaftsverkehr wurde mit ebensolcher Resignation hingenommen wie die dadurch bewirkte Rechtsverwirrung, die zuletzt nur zu häufig den faulen Zahler vor dem gewissenhaften Schuldner begünstigt. Deutschland war daher vortrefflich beraten, als es zu Beginn des gegenwärtigen Weltkrieges von der Erlassung eines allgemeinen Moratoriums Abstand nahm. Die Reichsregierung entschied sich vielmehr für die Aufrechterhaltung der allgemeinen Zahlungspflicht und Zahlungsleistung und hat dies auch in offiziösen Ausführungen näher begründet. Ein allgemeines Moratorium hätte nach ihrer Ansicht leicht die Räder des deutschen Wirtschaftslebens zum Stillstand bringen können und es wäre überdies kaum vollständig durchführbar gewesen. Sehr viele, nach Milliarden zählende Zahlungsverpflichtungen hätten auch von einem allgemeinen Moratorium ausgenommen werden müssen. Das Reich, die Bundesstaaten und die sonstigen öffentlichen Körperschaften, ferner die Versicherungsanstalten und andere Institute hätten auf die Einziehung der ihnen geschuldeten Beträge ebenso wenig verzichten können, wie sie selbst ihre Zahlungen nicht verweigern durften. In gleicher Weise könnten auch die produzierenden Gewerbe sich nicht davon entbinden, die Gehälter und Löhne ihrer Angestellten und Arbeiter sowie die für die Produktion benötigten Rohstoffe zu bezahlen, wenn sie nicht ihren Betrieb stillegen wollten. Ähnliches hätte auch für den Bedarf an Lebensmitteln und den Unterhalt der ganzen Bevölkerung gelten müssen. Da die Kriegsanleihe des Reiches vom deutschen Volke allein aufgebracht werden mußte, so war es auch aus diesem Grunde nötig, einen sehr erheblichen Teil der von der Bevölkerung bei den Banken und Sparkassen angelegten Kapitalien flüssig zu machen und flüssig zu erhalten. Auch mit einem Teilmoratorium hätte es sich nicht viel anders verhalten, sei es, daß man bestimmte Kreise der Bevölkerung davon ausgenommen, sei es, daß man es auf bestimmte Forderungen, z. B. auf alle Wechselforderungen, beschränkt hätte. Die Wirkung des Moratoriums wäre immer die gewesen, daß man den Schuldner geschützt, den Gläubiger aber, der zwar seinen notwendigen Zahlungsverpflichtungen hätte nachkommen müssen, jedoch nicht mehr sicher auf den Eingang seiner Forderungen rechnen durfte, belastet und bedroht haben würde. Durch die Stellung der Reichsbank sowie durch die neu geschaffenen Kriegskreditorganisationen war alle Gewähr dafür geboten, daß nicht leicht Lücken in der finanziellen Kriegshilfe eintraten. Sache der lokalen Selbsthilfe war es, sich etwa doch einstellende Schwierigkeiten durch Eingreifen und Zusammenarbeiten der beteiligten Interessentenkreise zu beseitigen. In Frage kam dabei namentlich, die festgelegten Hypotheken in andere Kreditformen umzugießen oder flüssiger zu machen, was durch das Entgegenkommen der Hypothekenbanken auch gelang. Im übrigen hat man in Deutschland, von wenigen Ausnahmen abgesehen, das ganze Gewicht auf die Berücksichtigung der individuellen Verhältnisse gelegt und zu diesem Ende durch die Notgesetzgebung zwei Rechtsinstitute, nämlich die gerichtliche Stundung und die Einführung einer Geschäftsaufsicht, ins Leben gerufen.

Zunächst mußte für alle jene Personen eine gesetzliche Vorsorge getroffen werden, welche infolge des Krieges an der Wahrnehmung ihrer Rechte gehindert erschienen. Demgemäß wurde durch ein Notgesetz vom 4. August 1914 bestimmt, daß das Verfahren in den bürgerlichen Rechtsstreitigkeiten mit Einschluß der vor den Gewerbegerichten und Kaufmannsgerichten anhängig zu machenden Rechtssachen unterbrochen werde, sofern eine Partei zu den mobilen Truppen der Land- und Seemacht oder zur Besatzung einer armierten Festung gehört, als Kriegsgefangener oder Geisel sich in der Gewalt des Feindes befindet oder sich endlich im Auslande dienstlich aus Anlaß der Kriegführung des Reiches aufhält. Diese Begünstigung gilt aber nicht, wenn die Partei durch einen Prozeßbevollmächtigten oder durch eine andere zur Wahrnehmung ihrer Rechte berufene Person vertreten wird.[1] Desgleichen ist gegen Parteien der genannten Art die Zwangsvollstreckung wegen privatrechtlicher und öffentlichrechtlicher Geldforderungen insoweit eingeschränkt, als eine Versteigerung oder die anderweitige Verwertung beweglicher körperlicher Sachen sowie die Feilbietung von Gegenständen, welche der Zwangsvollstreckung in das unbewegliche Vermögen unterliegen, regelmäßig ausgeschlossen sind. Ferner ist die Eröffnung des Konkursverfahrens über das Vermögen der genannten Personen nur auf deren Antrag zulässig und wenn das Konkursverfahren schon eröffnet war, so kann das Konkursgericht über Antrag des Gemeinschuldners dasselbe aussetzen. Weitere Schutzvorschriften sind zu gunsten der in Rede stehenden Personen für den Fall getroffen, daß diese sonst an einem Konkurs-, Aufgebots- oder Ver-

[1] Nach einer Verordnung des Bundesrates vom 14. Januar 1915 kann der Vorsitzende des Prozeßgerichtes einem Kriegsteilnehmer, der ohne Vertreter ist, auf Antrag des Gegners einen geeigneten Vertreter bestellen, der die Rechte und Verpflichtungen des Kriegsteilnehmers im Rechtsstreit wahrzunehmen hat. Die Bestellung ist nur zulässig, wenn sie zur Verhütung offenbarer Unbilligkeiten erforderlich erscheint. Vor der Bestellung soll der Vorsitzende, soweit tunlich, Verwandte des Kriegsteilnehmers oder andere Personen hören, die mit dessen Verhältnissen vertraut sind. Die Bestellung des Vertreters soll dem Kriegsteilnehmer unverzüglich mitgeteilt werden. Der Kriegsteilnehmer kann dem Vertreter die Vertretungsbefugnis entziehen, soweit er einen anderen Vertreter bestellt.

teilungsverfahren sowie an einer Zwangsversteigerung oder Zwangsverwaltung von Gegenständen des unbeweglichen Vermögens beteiligt sind. Bis zur Beendigung des Kriegszustandes, beziehungsweise bis zum Aufhören des militärischen oder sonstigen Verhältnisses ist außerdem die Verjährung zu gunsten der bereits genannten Personen und ihrer Gegner gehemmt. Das gleiche gilt auch von den gesetzlich für die Beschreitung des Rechtsweges vorgeschriebenen Präklusivfristen und der im § 203 des bürgerlichen Gesetzbuches (Gerichtsstillstand und höhere Gewalt) vorgesehenen Rechtsbehinderung.

Während diese Bestimmungen im praktischen Ergebnisse zumeist den Schuldnern zugute gekommen sind, hatten mehrere Vorschriften über die Fristverlängerung im Wechsel- und Scheckverkehr das Interesse der Gläubiger im Auge. Durch die Verkehrsstockungen infolge des Krieges hätten große Härten bei der Nichtwahrnehmung von Protestfristen sich ergeben können. Durch ein weiteres Notgesetz vom 4. August 1914 ist deshalb verfügt worden, daß, wenn in Veranlassung kriegerischer Ereignisse die zur Ausübung oder Erhaltung des Wechselrechtes und des Regreßrechtes aus dem Scheck vorgeschriebene Handlung durch höhere Gewalt verhindert werde, sich die gesetzlichen Fristen um so viel verlängern, als erforderlich ist, um nach Wegfall des Hindernisses die Handlung vornehmen zu können, die Verlängerung zum mindesten aber bis zum Ablauf von sechs Werktagen zu betragen habe. Durch kaiserliche Verordnung konnten diese Fristen unter Zustimmung des Bundesrates für das ganze Reich oder für einzelne Teile desselben um einen bestimmten Zeitraum verlängert werden. Schon am 6. August 1914 entschloß sich aber der Bundesrat, ein beschränktes Moratorium für den Wechsel und Scheckverkehr anzuordnen, durch welches die Fristen in diesem Zahlungsverkehre ganz allgemein um dreißig Tage hinausgeschoben wurden.

Was nun die beiden neu geregelten Rechtsinstitute betrifft, so kann nach der Verordnung des Bundesrates vom 7. August 1914 das Prozeßgericht in allen bürgerlichen Rechtsstreitigkeiten dem Beklagten auf seinen Antrag einen Zahlungsaufschub bis zu drei Monaten im Urteile bestimmen. Voraussetzung ist, daß die Lage des Beklagten eine solche Maßnahme rechtfertigt und dem Gläubiger dadurch nicht ein unverhältnismäßiger Nachteil zugefügt wird. Ein solcher Antrag ist nur zulässig, wenn der Gegenstand des Rechtsstreites eine vor dem 31. Juli 1914 entstandene Geldforderung ist. Die gerichtliche Stundung kann für den Gesamtbetrag der Forderung oder für einen Teilbetrag derselben erfolgen, auch von der Leistung einer Sicherheit abhängig gemacht werden, welche das Gericht nach freiem Ermessen bestimmt. Ebenso kann nach der gleichen Verordnung des Bundesrates auch das Vollstreckungsgericht die Exekution in das Vermögen des Schuldners auf dessen Antrag für die Dauer von längstens drei Monaten einstellen. Um einen Rechtsstreit zu vermeiden, ist der Schuldner, sofern er die Forderung anerkennt, befugt, den Gläubiger vor das zuständige Amtsgericht zu laden und im Falle des Erscheinens des Gläubigers ebenfalls die Bewilligung einer Zahlungsfrist zu beantragen, die dann in dem zu erlassenden Anerkennungsurteil festgesetzt wird. Die Regierungen der Bundesstaaten und so insbesondere auch der preußische Handelsminister, haben übrigens darauf hingewirkt, daß zwischen den kleineren Gewerbetreibenden, welche die gerichtliche Prozedur zumeist sehr scheuen, und ihren Gläubigern durch die Vermittlung der Handwerkskammern womöglich ein außergerichtliches Arrangement über die Bewilligung annehmbarer Zahlungsfristen zustande gebracht werde, ein Vorgehen, welches mehrfach Erfolg gehabt hat. Auch in den Kreisen der Hausbesitzer zeigte sich vereinzelt das Streben, mit in Notlage geratenen Mietern zu ähnlichen Arrangements zu gelangen. In Dresden entschloß man sich, damit notleidenden Mietern noch auf andere Weise Hilfe gebracht werden könne, unter Mitwirkung der Stadtverwaltung zur Einrichtung einer eigenen Mietdarlehenskasse.

Das zweite der neu eingeführten Rechtsinstitute verfolgt den Zweck, jene soliden Geschäftsleute, welche durch die kriegerischen Ereignisse in vorübergehende Zahlungsschwierigkeiten geraten sind, vor den Folgen der Konkurseröffnung und der Vernichtung ihrer wirtschaftlichen Existenz durch Anordnung einer Geschäftsaufsicht zu bewahren. Nach der Verordnung des Bundesrates vom 8. August 1914 kann nämlich jeder durch den Krieg insolvent gewordene Schuldner beim Gerichte diese Maßnahme zur Abwendung des Konkursverfahrens beantragen. Mit dem Antrag ist ein Verzeichnis der Gläubiger und eine Übersicht des Vermögensstandes vorzulegen. Das Gericht hat dem Antrag stattzugeben, wenn die Behebung der Zahlungsunfähigkeit nach Beendigung des Krieges in Aussicht genommen werden kann. Die Aufsicht wird durch gerichtlich bestellte Personen ausgeübt. Diese Aufsichtspersonen haben die Geschäftsführung des Schuldners zu überwachen und zu unterstützen, ferner auch besonders dafür zu sorgen, daß das Vermögen den Gläubigern erhalten bleibe. Arrest und Zwangsvollstreckung sowie die Konkurseröffnung sind dann ausgeschlossen. Andererseits ist dem Schuldner untersagt, ohne Zustimmung der Aufsichtspersonen unentgeltliche Verfügungen oder Anordnungen über Grundstücke und Rechte an solchen vorzunehmen. Er darf nicht auf eigene Faust Ansprüche befriedigen oder sicherstellen noch auch andere als solche Verbindlichkeiten eingehen, die zur Fortführung des Geschäftes oder zu einer bescheidenen Lebensführung erforderlich sind. Die überschüssigen Mittel sind zur Befriedigung der Gläubiger zu verwenden. Die Aufsichtspersonen können auch die Geschäftsführung ganz oder teilweise einem Dritten übertragen. Der Schuldner ist verpflichtet, jeder Aufsichtsperson Einsicht in seine Geschäftsbücher und seine sonstigen Aufzeichnungen zu gewähren sowie Auskunft über den Stand seines Vermögens und über seine Geschäfte zu geben. Die Aufsichtspersonen haben gegen den Schuldner Anspruch auf Erstattung angemessener barer Auslagen und auf Vergütung für ihre Geschäftsführung. Hypothekargläubiger werden von dem Verfahren nicht betroffen und können daher trotz desselben die Zwangsversteigerung betreiben, wobei aber dem Schuldner die Rechtswohltat des gerichtlichen Zahlungsaufschubes gewahrt bleibt. Die Verpflichtung der Geschäftsführer sowie der Vorstände von Aktiengesellschaften und von Gesellschaften mit beschränkter Haftung, bei Eintritt der Zahlungsunfähigkeit sogleich die Eröffnung des Konkurses zu beantragen, ist durch eine gleichzeitige Verordnung des Bundesrates aufgehoben. Da auch öffentliche Bekanntmachungen nicht stattzufinden haben, so ist auf diesem Wege für die reelle Geschäftswelt die Möglichkeit geschaffen worden, sich über augenblickliche finanzielle Schwierigkeiten hinwegzuhelfen. Die Reichsregierung hat damit nur eine Bahn eingeschlagen, die von manchen Theoretikern auch für normale Zeiten empfohlen worden ist.[1]

Einer besonderen Vorsorge bedurfte es nur noch gegenüber den vom Ausland her geltend zu machenden vermögensrechtlichen Ansprüchen und gegenüber Auslandswechseln. In ersterer Beziehung war eine besondere Verfügung deshalb unerläßlich, weil beim Ausbruch des Krieges in den feindlichen Staaten und auch für einen großen Teil des übrigen Auslandes allgemeine Moratorien angeordnet worden waren. Es war daher nur ganz billig und gerecht, wenn der Bundesrat unter dem 7. August 1914 die Anordnung traf, daß bis auf weiteres (zunächst für drei Monate) vom Auslande her vermögensrechtliche Ansprüche, die vor dem 31. Juli 1914 entstanden wären, auch in Deutschland nicht geltend gemacht werden dürften. Gleichzeitig wurde der Reichskanzler ermächtigt, aus Gründen der Vergeltung die Wirksamkeit dieser Bestimmung für Angehörige und juristische Personen eines ausländischen Staates noch weiter auszudehnen, so daß sie also ohne Rücksicht auf den Wohnsitz der Personen und Gesellschaften anwendbar sein sollten.

Für die Auslandswechsel erwies sich die Erlassung eines Moratoriums als unerläßlich, weil dem Exporthandel die Eingänge aus dem Auslande sowie die Hereinholung und Verwertung seiner Rimessen abgeschnitten waren. Demgemäß wurde durch eine Verordnung des Bundesrates vom 10. August 1914 die Fälligkeit aller Wechsel, die im

[1] Vgl. z. B. den Aufsatz „Stundungsämter" von Martin Bürgel in Schmollers Jahrbüchern, 36. Jahrgang (1912), S. 69ff.

Auslande vor dem 31. Juli 1914 ausgestellt worden und im Inland zahlbar, am 31. Juli 1914 aber noch nicht verfallen waren, ebenfalls bis auf weiteres hinausgeschoben. Diese Durchbrechung des sonst gegenüber einem Moratorium festgehaltenen ablehnenden Grundsatzes war zum Ausgleich großer Unbilligkeit im Verhältnis zum Auslande unbedingt erforderlich. Denn es ist dadurch vermieden, daß die am Auslandshandel beteiligten inländischen Geschäftsleute durch Protesterhebungen und Wechselklagen auf Grund ausländischer Wechsel geschädigt werden, da sie umgekehrt ihre Wechsel im Auslande nicht protestieren lassen können.

Während es so im Deutschen Reiche dank diesen Maßregeln gelungen ist, den Zahlungsverkehr und sohin das Wirtschaftsleben in verhältnismäßig gutem Gange zu erhalten, ging die Nachbarmonarchie Österreich-Ungarn alsbald bei Beginn des Krieges mit der Erlassung eines allgemeinen Moratoriums vor. Schon unter dem 31. Juli 1914 wurde für Österreich ziemlich unerwartet eine recht kurz gefaßte Notverordnung über die Stundung privatrechtlicher Forderungen vom Kaiser genehmigt. Sie bestimmte, daß die vor dem 1. August 1914 entstandenen privatrechtlichen Geldforderungen, sofern sie vor diesem Tage fällig geworden, bis zum 14. August 1914, wenn sie aber zwischen dem 1. und dem 14. August fällig würden, auf vierzehn Tage vom Fälligkeitstermine angefangen gestundet sein sollten. Desgleichen wurde die Zahlungszeit für Wechsel und Schecks, die in der Zeit vom 1. bis zum 14. August 1914 fällig würden, ebenso wie die Frist für die Präsentation zur Annahme oder zur Zahlung und für die Protesterhebung um vierzehn Tage hinausgeschoben. Nur wenige Arten von Forderungen wurden von der Wirksamkeit dieses Moratoriums ausgenommen. Insbesondere galt dies für die Rückforderung von Einlagen bei Kreditinstituten und für Forderungen gegen diese aus laufender Rechnung bis zum Betrage von 200 Kronen, für Forderungen aus Dienst- und Lohnverträgen sowie aus Mietverträgen, ferner für Rentenforderungen und Ansprüche auf Leistungen des Unterhaltes, endlich für Ansprüche auf Zahlung von Zinsen und Kapitalsrückzahlungen aus Staatsschulden und staatlich garantierten Verpflichtungen. Gleichzeitig ward die Regierung ermächtigt, noch weitere Ausnahmen durch einfache Verordnung festzusetzen. Für die Zeit, um welche die Zahlung infolge der Stundung hinausgeschoben wurde, waren die gesetzlichen oder die nach dem Vertrage gebührenden höheren Zinsen zu entrichten. Bei der Berechnung der Verjährungsfrist und der gesetzlichen Fristen zur Erhebung der Klage war die Dauer der Stundung nicht einzurechnen. Diese offenbar in aller Hast redigierte erste Moratoriumsverordnung gab sofort, wie dies bei ihrem vollständig ungenügenden Inhalte füglich nicht anders erwartet werden durfte, zu vielen Klagen und Zweifeln Anlaß. Man forderte ihre schleunige Abänderung, wenn dadurch die Opfer des Krieges nicht noch eher vermehrt werden sollten. In den Kreisen der Fabrikanten und Kaufleute wurde begreiflicherweise jene Bestimmung am schwersten empfunden, welche die Banken von der Verpflichtung entband, aus dem Guthaben ihrer Kunden in laufender Rechnung mehr als 200 Kronen für die ganze Dauer von vierzehn Tagen auszuzahlen. Zwar hatten die Banken beschlossen, freiwillig diesen Betrag zu erhöhen, allein die ganze Bestimmung widersprach auf das ärgste der modernen Geldwirtschaft und war nur geeignet, die schon bestehende allgemeine Knappheit der Geldmittel noch zu vermehren. Ebenso schlimm war es, daß die Moratoriumsverordnung zahllose Fragen ungelöst ließ und dadurch das schon gestörte Wirtschaftsleben Österreichs in noch größere Verwirrung zu stürzen drohte. Man erkannte in Regierungskreisen auch alsbald den begangenen Fehler und schon unter dem 13. August 1914 erschien eine zweite Notverordnung, welche ein neues Moratorium bis Ende September 1914 verfügte, zugleich aber gegenüber den früheren Bestimmungen wesentliche Verbesserungen brachte. Die neue Stundungsvorschrift war viel eingehender gearbeitet und nahm auf zahlreiche Detailpunkte Rücksicht. Sie entsprach schon dadurch den Wünschen der Kaufmannschaft, weil diese vor allem eine sichere und ausreichende Rechtsbasis als Grundlage für ihre Tätigkeit zu haben wünschte. Aus diesem Grunde hatten die Interessenten auch verlangt, daß die Ausnahmsverfügungen für eine längere Zeitperiode, also zum mindesten für einige Monate getroffen würden. Diesem Wunsche der Interessenten glaubte die Regierung nicht entsprechen zu können, weil sonst der Wiedereintritt normaler Zahlungsverhältnisse allzu weit hinausgeschoben worden wäre. Wichtig war es, daß auch jetzt als Stichtag für die Prolongierung der Forderungen der 31. Juli 1914 unverändert festgehalten wurde, sohin auch fortan nur die bis zu diesem Tage entstandenen Forderungen gestundet sein sollten, während alle vom 1. August 1914 an entstandenen Forderungen den normalen gesetzlichen Bestimmungen unterlagen. Es ist klar, daß man damit eine allmähliche Wiederkehr des Vertrauens anbahnen und insbesondere bewirken wollte, daß die aus unbegründeter Angst den Geldinstituten entnommenen Beträge wieder eingelegt würden. Das durfte um so mehr erwartet werden, als eben solche nach dem 1. August 1914 erfolgte Einlagen jederzeit in normaler Weise zurückgezahlt werden mußten. Die Zahl der vom Moratorium ausgenommenen Forderungen wurde in bemerkenswerter Art erweitert. Insbesondere waren nunmehr auch die Forderungen aus Pachtverträgen als außerhalb des Moratoriums stehend erklärt und ebenso war auf die Hypothekargläubiger dadurch Rücksicht genommen, daß auch die Zinsen und Annuitäten nicht von der Verordnung getroffen wurden, insoweit die eingegangenen Miet- und Pachtzinse nach Abzug der Steuern hierzu ausreichten. Diese neue, freilich etwas merkwürdig gefaßte Bestimmung war nur zu billigen, da doch nicht zugelassen werden konnte, daß die Realitäteninhaber den vollen Zinsbetrag einhoben, ohne den ihren Hypothekargläubigern zustehenden Teil abzuführen. Neu geregelt wurden ferner die Verpflichtungen der Lebensversicherungsgesellschaften und die Zahlungen der Banken in Beziehung auf die Forderungen aus laufender Rechnung. Die Verordnung akzeptierte hier größtenteils einfach jene Übung, welche sich schon in den ersten Tagen des Moratoriumszustandes teils aus der eigenen Initiative der Banken und sonstigen Kreditinstitute, teils über Intervention der Interessenvertretungen herausgebildet hatte. Ebenso wurden für die Einlagebücher verbesserte Normen festgesetzt. Wichtig war es auch, daß die neue Verordnung das gerichtliche Verfahren bezüglich der gestundeten Forderungen jetzt ausdrücklich regelte, was beim ersten Moratorium gänzlich unterblieben war, und daß zum Schlusse auch eine Reziprozitätsklausel gegenüber den Moratorien anderer Staaten aufgenommen wurde. Nach Beginn der Wirksamkeit des Moratoriums sollten Klagen auf gestundete Forderungen nicht eingebracht werden können, so daß bezüglich derselben ein Rechtsstillstand eintrat. Wenn auch ein berechtigtes Interesse auf seiten der Gläubiger bestehen konnte, schon während des Moratoriums festzustellen, ob sie nach Ablauf desselben Anspruch auf Zahlung hätten oder nicht, so mußte doch die Schaffung einer übermäßig großen Zahl von Exekutionstiteln im Interesse der Schuldner vermieden werden, welche durch eine Fortsetzung des gerichtlichen Verfahrens während der Stundungsdauer sich leicht hätte ergeben können. Bei der Reziprozitätsklausel handelte es sich augenscheinlich in erster Linie um eine Gleichstellung der österreichischen Industriellen und Kaufleute mit ihren ungarischen Geschäftsgenossen. Denn das ungarische Moratorium ging weiter als das österreichische und stundete insbesondere auch alle Lieferungs- und Übernahmsverpflichtungen. Es griff also auch auf Forderungen über, deren Gegenstand eine Sachleistung war. Auf Grund der Reziprozitätsklausel konnte nun der österreichische Käufer von seiner Übernahme gegenüber dem ungarischen Verkäufer und ebenso der österreichische Verkäufer von seiner Lieferungspflicht gegenüber dem ungarischen Käufer sich entbinden. Die Regierung wurde neuerdings ermächtigt, weitere Ausnahmen von der allgemeinen Stundung anzuordnen, dagegen enthielt auch die neue Moratoriumsvorschrift noch keine Normen für den Übergang von der allgemeinen Stundung zu normalen Verhältnissen.

Nachdem bald darauf durch zwei nachfolgende Verordnungen vom 25. August und vom 5. September 1914 weitere Ausnahmen statuiert worden waren, befestigte sich in den maßgebenden Kreisen mehr und mehr die Ansicht, daß man mit der ganzen Maßregel, die sich zu einem schwer übersehbaren Dickicht ausgewachsen hatte, endlich aufräumen müsse, wenn in den Zahlungsverkehr und in die wirtschaftlichen Verhältnisse Österreichs wieder Ordnung einziehen sollte. Vor der einfachen Aufhebung schreckte aber die Regierung aus begreiflichen Gründen zurück und so entschloß man sich zu einem „stufenweisen Abbau" des Moratoriums. Eine kaiserliche Verordnung vom 27. September 1914 schob zwar die Verpflichtung zur Zahlung der vor dem 1. August 1914 entstandenen Geldforderungen abermals, und zwar bis zum 30. November 1914 hinaus, bestimmte aber zugleich, daß die Stundung diesmal nur 75 Prozent der einzelnen Forderung zugute kommen, ein Viertel der Forderung also samt den Zinsen und sonstigen Nebengebühren je nach dem Ablauf der Stundung oder der Fälligkeit vom 14. Oktober ab bar bezahlt werden sollte. In jedem Falle waren mindestens 100 Kronen zu begleichen und es wurde demnach für Geldforderungen bis zu diesem Betrage das Moratorium überhaupt aufgehoben. Die nach Tilgung eines Viertels verbleibenden Beträge wurden, falls die Forderung vor dem 1. Oktober 1914 fällig würde, bis zum 30. November 1914, sonst aber für 61 Tage vom Fälligkeitstermin ab gestundet. Analoge Normen mit einigen aus der Natur der Sache sich ergebenden Besonderheiten galten auch für die Forderungen aus Wechseln und Schecks. Damit auch jenen Fällen Rechnung getragen werden könne, in denen durch die Kriegsereignisse eine auch nur teilweise Befriedigung der Gläubiger sich als unmöglich erwies, rezipierte die neue Verordnung zugleich das Rechtsinstitut der richterlichen Stundung. Der Schuldner sollte dadurch in die Lage versetzt werden, auch bezüglich der vom Moratorium ausgenommenen Beträge für sich eine individuelle Stundung zu erwirken. Voraussetzung sollte dabei sein, daß der Schuldner trotz seiner Solvenz sich infolge der kriegerischen Ereignisse in der Unmöglichkeit befand, auch nur Teilzahlungen zu leisten. Schon vorher hatte sich die österreichische Regierung entschlossen, auch das andere deutsche Rechtsinstitut, nämlich die Geschäftsaufsicht, zu übernehmen. Eine kaiserliche Verordnung vom 17. September 1914 traf hierüber die entsprechenden Anordnungen, die sich aber von dem deutschen Vorbild in mehrfacher Beziehung wesentlich unterschieden. Die deutsche Geschäftsaufsicht sollte hauptsächlich dem Interesse eines zahlungsunfähigen Schuldners an dem Unterbleiben der Konkurseröffnung und der Exekutionen dienen. Der Antrag kann demnach in Deutschland nur vom Schuldner gestellt werden. Nach den der österreichischen Verordnung zugrunde liegenden Intentionen wird auch durch sie in erster Linie der Zweck verfolgt, die Zerstörung von Vermögenswerten zu hindern, welche die Eröffnung von Konkursen als Konsequenzen des Moratoriums und überhaupt der Geschäftsstockung nach sich zu ziehen geeignet erscheint. Allein die österreichische Geschäftsaufsicht kann vom Gerichte nicht bloß angeordnet werden, wenn infolge des Krieges Zahlungsunfähigkeit beim Schuldner eingetreten ist, sondern auch dann, wenn der Gläubiger während der gesetzlichen Stundung durch das Verhalten oder Vorgehen des Schuldners gefährdet wird. In diesem letzteren Falle haben wir es mit einer zunächst im Interesse des Gläubigers eingerichteten Zwangsgeschäftsaufsicht zu tun. Es soll dieser dadurch gegen fraudulöses Gebaren des Schuldners geschützt werden. Möglicherweise wird damit die durch das Moratorium in der Gläubigerschaft erzeugte Unruhe sich etwas legen und auch der weitere Vorteil sich daraus ergeben, daß die Lieferanten nicht mehr so ängstlich die Zahlungsfähigkeit des Bestellers prüfen oder anzweifeln und daß sie nicht mehr so oft Zug um Zug Zahlung fordern werden. Wie immer dem auch sei, alle diese verschiedenen Zwecke werden sich durch ein Rechtsinstitut schwerlich gleichmäßig erreichen lassen und es liegt ein arger Widerspruch darin, auch Schuldnern, die es nicht verdienen, das Moratorium zu gewähren und ihnen auf der anderen Seite diese Rechtswohltat mit all den mißlichen Folgen einer Zwangsaufsicht oder gar Zwangsverwaltung zu belasten.[1]

Aber auch mit der Notverordnung vom 27. September 1914 trat in den durch das Moratorium aufgewühlten und in Verwirrung gebrachten Maschen des österreichischen Zahlungsverkehres noch keineswegs die so wünschenswerte Ruhe und Ordnung ein, vielmehr ergaben sich alsbald neue Schwierigkeiten, und zwar insbesondere auch aus dem Verhältnis zu Ungarn und zu den vom Feinde besetzten Gebietsteilen. In der Kaufmannschaft wurde überhaupt der Besorgnis Ausdruck gegeben, daß die mit 25 Prozent bemessene Rückzahlungsquote mit Rücksicht auf die Kriegslage, welche vielfach die Einziehung von Außenständen hinderte, zu hoch gegriffen sei. Man wies ferner darauf hin, wie sehr die Detailhändler durch die sofortige Fälligkeit aller Forderungen bis zu 100 Kronen geschädigt werden müßten, weil sie ja genötigt seien, ein aus allerlei Warengattungen zusammengesetztes Warenlager zu halten, und also an viele Lieferanten auf einmal sehr zahlreiche kleine Beträge von 100 bis zu 200 Kronen zu entrichten hätten.

[1] Eine Ende Dezember 1914 erlassene Durchführungsvorschrift hat die Geschäftsaufsicht in einigen Punkten noch näher geregelt, insbesondere auch verfügt, daß sie nicht weiter bestehen soll, wenn eine Gesundung der Wirtschaftslage des Schuldners nicht zu erwarten ist. Diese Anordnung konnte um so eher getroffen werden, als am 1. Januar 1915 ein neues Konkurs- und Ausgleichsverfahren in Kraft getreten ist, dessen Bestimmungen die Folgen der Zahlungsunfähigkeit gegenüber dem bisher geltenden Konkursrechte wesentlich mildern und es dem Schuldner erleichtern, einen Ausgleich mit seinen Gläubigern unter Erhaltung seiner wirtschaftlichen Existenz abzuschließen.

So ergebe sich für sie die mißliche Folge, daß sie die gesamten oder den weitaus größten Teil ihrer Schulden mit einem Schlage begleichen müßten, während gerade die größeren und kapitalkräftigeren Unternehmungen zunächst nur einen weit geringeren Teil ihrer Verbindlichkeiten zu erfüllen genötigt wären. Diese Schwierigkeiten wurden noch dadurch verstärkt, daß zwischen dem neuen österreichischen Moratorium einerseits und den ungarischen Stundungsnormen andererseits nicht unbeträchtliche Verschiedenheiten stattfanden. Während speziell nach der österreichischen Verordnung am 14. Oktober 1914 bereits 25 Prozent entrichtet werden mußten, waren in Ungarn am 15. Oktober 1914 nur 10 Prozent und am 15. November 1914 weitere 10 Prozent, insgesamt also nur 20 Prozent zu bezahlen. Die österreichischen Kaufleute konnten bei den ungarischen Abnehmern demnach zunächst nur 10 Prozent einkassieren, mußten aber selbst volle 25 Prozent bezahlen, ein Widerspruch, der zu lebhaften Klagen führte. In Österreich konnte ferner der Richter, wie wir bereits wissen, im Falle eines Prozesses und sogar noch im Exekutionsstadium mit Rücksicht auf die wirtschaftliche Lage des Schuldners und unter der Voraussetzung, daß der Gläubiger dadurch keinen unverhältnismäßigen Nachteil erlitt, auch bezüglich des nicht mehr unter das allgemeine Moratorium fallenden Teiles der Schuld die Zahlungsfrist bis zur Beendigung des Moratoriums fallweise erstrecken. Die ungarische Stundungsverordnung kannte hingegen eine solche Norm nicht und es mußten daher die nicht weiter gestundeten Teile einer Forderung in diesem Lande unbedingt gezahlt werden. Der österreichische Kaufmann mußte in zwei Raten zahlen, während die ungarischen Kunden ihre Schuld in zehn Terminen abtragen konnten. Für Galizien und die Bukowina endlich forderten die dortigen Interessenten mit Rücksicht auf die Heimsuchung dieser Länder durch den Krieg die Aufrechterhaltung des ursprünglichen Moratoriums, so daß für diese Gebiete alle privatrechtlichen Forderungen bis zum 30. November 1914 gestundet sein sollten. Es hat für die vorliegende Studie keinen Zweck, den weiteren Verlauf dieser Moratoriumsgesetzgebung, die sich überdies auch auf Bosnien und die Herzegowina, das dritte Rechtsgebiet der österreichisch-ungarischen Monarchie, ausgedehnt hatte, in allen verwickelten Einzelheiten zu verfolgen. Viele hatten von Anfang an bestritten, daß das Wirtschaftsleben der Donaumonarchie ein derartiges gewaltsames und das Vertrauen erschütterndes Eingreifen der Gesetzgebung wirklich erheischt habe. Wenn, wie man sich in eingeweihten Kreisen erzählte, einige Kreditinstitute vom Ausbruch des Krieges überrascht und in schwierige Lage versetzt worden waren, so hätte man wohl auch mit einem billigeren Auskunftsmittel zu helfen vermocht. Einer der geistvollsten österreichischen Juristen, Franz Klein, der frühere Justizminister, hat über dieses ganze Gesetzgebungswerk mit Recht ein vernichtendes Urteil gesprochen.[1] Wir können nicht umhin, seine so treffenden Worte hier kurz zu reproduzieren. Für Verbindlichkeiten an das Ausland oder für eine bestimmte Kategorie von Forderungen, sagt er, mag das Moratorium gelegentlich angehen oder unentbehrlich sein, aber als eine Norm für den gesamten inneren Verkehr taugt es nichts und ist nur mit wahllos treffenden Härten durchführbar. Denn der moderne Wirtschaftsverkehr ist so verknotet, an offenen und verborgenen Bedingtheiten so reich und infolge Großbetriebes, Arbeitsteilung, Spezialisierung und Geldwirtschaft sind so unendlich viele Personen stets zugleich Gläubiger und Schuldner, daß ein genereller Zahlungsaufschub nichts Anderes ist, als würde eine auf beiden Seiten geschliffene Klinge einem Menschen durch den Leib gestoßen. Es gibt keinen Gesetzgeber, der den wirtschaftlichen Organismus so durchblicken könnte, um mit einer solchen Norm nirgends zu schaden, und es gibt kein Gesetz, das Aufrechthalten und Hemmen des Wirtschaftslebens so genau voneinander abgrenzen könnte, daß die Wirtschaft hierdurch nicht im letzten Ergebnisse benachteiligt würde. In der Tat wird darüber wohl kaum ein Zweifel herrschen können, daß das österreichische Moratorium zuletzt mehr Schaden als Nutzen gebracht hat. Am meisten haben natürlich die auf die Borgwirtschaft angewiesenen ärmeren Schichten und sodann die kleineren und finanziell schwächeren Geschäftsleute gelitten. Die ersteren erhielten jetzt weiter keinen Kredit und ebenso mußten sich die letzteren nunmehr sehr verschärften Zahlungsbedingungen unterwerfen. Nicht zuletzt trug das Moratorium ganz besonders auch dazu bei, die baren Zahlungsmittel aus dem Verkehr zu verdrängen und die allgemeine Not an solchen zu vergrößern, da ohne bares Geld oft nichts zu erhalten war und man keine Sicherheit besaß, bei den Banken und Sparkassen in genügendem Maße Bargeld abheben zu können.[2]

---

[1] „Die wirtschaftlichen und finanziellen staatlichen Kriegsmaßregeln in Österreich" im Bank-Archiv, XIV. Jahrgang (1914), Nr. 2.

[2] Seither ist unter dem 25. November 1914 eine neue, und zwar die vierte Stundungsverordnung erschienen. Dieselbe bestimmte, daß die Schuldner im Dezember 1914 25 Prozent der Forderungen, die am 1. August 1914 bereits fällig waren oder im Laufe des August fällig wurden, zu bezahlen haben. Im Januar 1915 sind weitere 25 Prozent der vor dem 1. August 1914 entstandenen, im September und Oktober 1914 fällig gewesenen Forderungen abzustatten. Der Rest der Forderungen, die bis einschließlich zum 30. November 1914 fällig geworden sind, sowie die im Dezember 1914 und im Januar 1915 fälligen Forderungen sind vorläufig bis zum 31. Januar 1915 gestundet. Überdies sind in der Verordnung wichtige Neuerungen hinsichtlich der Forderungen an Kreditinstitute und bezüglich der Leistungen von Versicherungsgesellschaften getroffen. Für die Zahlung von Mietzinsen wurden Erleichterungen geschaffen. Exporteuren und Personen, die vorwiegend auf Einkünfte aus dem Fremdenverkehr angewiesen sind, wurde die richterliche Stundung auch für Forderungen gewährt, die sonst vom Moratorium ausgenommen sein sollten. Für

Ein zweiter wichtiger Komplex von kriegswirtschaftspolitischen Maßnahmen, die allgemeine Bedeutung besitzen, bezieht sich auf die Versorgung der Wirtschaften und Betriebe mit den nötigen Bedarfsartikeln. Wir werden diesen Abschnitt als Kriegskonsumtionspolitik bezeichnen können. Im Vordergrunde steht hier die Deckung des nötigen Nahrungsbedarfes der Bevölkerung zu angemessenen Preisen, aber nicht allein um die Ernährung des Volkes im Kriegsfalle handelt es sich, sondern eventuell auch um die Beschaffung mancher anderer Bedarfsartikel für die Haushaltungen sowie für Fabriks- und Verkehrsbetriebe. Wir nennen in dieser Beziehung nur Kohlen und Petroleum. Auch die Bedarfsartikel für den tierischen Konsum dürfen daneben nicht vergessen werden.

Für Deutschland hat ohne Zweifel die eigentliche Ernährungsfrage die größte Wichtigkeit. Sie ist schon vor dem Ausbruch des jetzigen Weltkrieges mit steigendem Interesse besprochen worden und immer dringender wurde der Appell an die Reichsregierung, auf daß diese entscheidende Maßnahmen ergreife. Deutschlands Situation beim Ausbruch eines großen Krieges, zumal nach mehreren Fronten, kann nämlich unter Umständen rücksichtlich der Nahrungsmittelversorgung eine schwierige werden. Vor allem wird dies dann zutreffen, wenn der Ausbruch des Krieges in das Frühjahr fällt, wo unsere Getreidevorräte auf die Neige gehen. Besser steht es, wenn der Krieg, wie diesmal, kurz vor der Ernte ausbricht und diese ein reichliches oder genügendes Erträgnis geliefert hat.[1] Aber auch dann kann Deutschlands Lage bei einem zukünftigen Kriege eine recht ernste werden, weil unsere Landwirtschaft die fortdauernd noch stark anwachsende Bevölkerung aus eigener Kraft nicht mehr ganz leicht zu ernähren imstande ist. Zwar darf der deutschen Landwirtschaft das Lob nicht versagt werden, daß sie ihre eigene Produktion in den letzten Dezennien stark gesteigert hat, stärker sogar, als das Wachstum der Bevölkerung sich gestaltete. Es ist ausgerechnet worden, daß der Ertrag der landwirtschaftlichen Produktion im Deutschen Reiche seit dem Jahre 1870 um 36, die Bevölkerung aber nur um 18 Prozent zugenommen habe. Die starke Zunahme unserer Getreideeinfuhr steht damit nicht im Widerspruche, wenn man erwägt, daß der Wohlstand in den breiten Schichten der deutschen Bevölkerung seither wesentlich gestiegen ist und der Konsum sich demgemäß

Galizien und die Bukowina blieb auch weiterhin das volle Moratorium aufrecht. In Ungarn wurde gleichzeitig das Moratorium für alle Geldverpflichtungen, welche nicht ausdrücklich von der Stundung ausgenommen waren, ebenfalls bis zum 31. Januar 1915 verlängert. Vom 1. Februar 1915 ab mußte natürlich abermals Vorsorge für den weiteren „Abbau" der Moratorien getroffen werden und dies ist denn auch zuerst in Ungarn und dann in Österreich geschehen.

[1] Vgl. hierüber und über das Folgende Völcker, a. a. O., S. 129ff.

sehr beträchtlich vermehrt haben muß. Es ist nicht leicht mit Sicherheit zu sagen, bis zu welchem Maße der heimische Getreidebau unsere Bevölkerung in normalen Zeiten zu ernähren vermag. Denn unsere Erntestatistik beruht im wesentlichen auf Schätzungen, die je nach der Sachkunde der Erhebungsorgane recht verschieden ausfallen können. Während bis zum Jahre 1898 mit der Aufnahme der Ernteerträgnisse die Gemeinde- und Gutsvorsteher betraut waren, ging diese Arbeit mit dem Jahre 1898 auf eigens hierfür bestellte Berichterstatter über, die im allgemeinen gute Landwirte und daher sehr geneigt sind, die Erträge höher einzuschätzen. Kein Wunder, daß in der Literatur optimistische und ungünstige Auffassungen die Frage beherrschen. Uns will scheinen, daß übermäßiger Optimismus für den Fall eines großen Krieges weder jetzt noch gar in Zukunft gerechtfertigt ist. Es geht nicht an, sich mit dem Hinweis darauf zu trösten, daß bei der Lage Deutschlands inmitten vieler anderer Staaten seine völlige Abschließung nicht zu besorgen und eine lange Dauer der Kriege in Zukunft nicht anzunehmen sei. Dieser letzteren Annahme mußte schon früher von uns auf Grund des Urteils militärischer Autoritäten widersprochen werden und niemand vermag uns im Falle eines ausgedehnteren Krieges dafür zu bürgen, daß die Getreideeinfuhr selbst über neutrale Länder und Häfen ernstliche Störungen erleide. Wir neigen also eher der Auffassung der Pessimisten zu, aber nicht damit die Hände in den Schoß gelegt, sondern damit ernste Vorbeugungsmaßregeln in Zukunft ergriffen werden. Nach Fröhlich[1] haben wir in Deutschland mit einer heimischen Jahresproduktion an Weizen und Roggen von 12 bis 16 Millionen Tonnen zu rechnen, wovon aber 1,36 Millionen Tonnen für Saatgetreide abzurechnen sind. Diese Jahresproduktion an Brotgetreide genügt trotz aller Fortschritte der deutschen Landwirtschaft nicht mehr für den heimischen Bedarf und wir sind genötigt, für diesen Zweck alljährlich $1^1/_2$ bis $2^3/_4$ Millionen Tonnen Getreide aus dem Auslande einzuführen. Ein Fünftel unseres Bedarfes muß also durch

[1] „Deutsche Volksernährung im Kriege" in Schmollers Jahrbüchern, 36. Jahrgang (1912), S. 575ff. Fröhlich hat das wichtige Thema kurz vor dem Kriege auch in mehreren Nummern der „Leipziger Neuesten Nachrichten" in populärer Form behandelt. Sehr pessimistische Äußerungen enthält Ballods unter dem gleichen Titel in den „Preußischen Jahrbüchern" (Band 157) erschienener Aufsatz. Vgl. auch die beiden Artikel „Die Lebensmittelversorgung des deutschen Volkes während des Krieges" im „Deutschen Statistischen Zentralblatt", 6. Jahrgang (1914), Nr. 9 und 10. In der letzteren Nummer wird die vor nicht langer Zeit erschienene Schrift des Vorstandes der Landwirtschaftsabteilung im bayerischen Staatsministerium Friedrich v. Braun „Kann Deutschland durch Hunger besiegt werden?" angezeigt und näher gewürdigt. Nicht mehr benutzt werden konnte die von Paul Eltzbacher herausgegebene Denkschrift „Die deutsche Volksernährung und der englische Aushungerungsplan", Druck und Verlag von Friedr. Vieweg u. Sohn, Braunschweig, 1914.

diese auswärtige Zufuhr gedeckt werden. Sind aber die Schätzungen unserer eigenen Ernte zu hoch, dann müßte das aus dem Ausland zu deckende Manko unseres Getreidekonsums sogar auf ein Viertel berechnet werden und nur bei ganz außergewöhnlich guten Ernten würde sich das Verhältnis günstiger stellen. Neben dem Getreide kommt in Deutschland für die Massenernährung noch die Kartoffelproduktion in Betracht, die bei uns eine ganz außerordentliche Ausdehnung besitzt. Allerdings unterliegt die Kartoffelernte sehr starken Schwankungen und bedeutende Mengen dieser Frucht verderben leicht infolge schlechten Wetters, aber immerhin fällt ihr Ertrag für die Volksernährung auch bei reduzierten Quantitäten merklich ins Gewicht. Nicht außer acht bleiben darf bei der Beurteilung der Größe dieser Vorräte an Nahrungsstoffen, daß beträchtliche Mengen davon durch den tierischen Konsum sowie durch die Verwendung für gewerbliche Zwecke (Brennspiritus!) in Wegfall kommen. Allein auf der anderen Seite handelt es sich bei den genannten Stoffen um unentbehrliche Nahrungsmittel. Diesen werden wir auch den Zucker zuzählen können und ebenso sind wohl manche Kolonialwaren (Kaffee u. dgl.) als nur schwer entbehrliche Genußmittel aufzufassen. Bezüglich der Zuckerproduktion steht Deutschland stark voran, so daß es bekanntlich beträchtliche Quantitäten zu exportieren vermag. Die hohen Produktionsmengen an Kartoffeln und Zucker dürfen jedoch nicht überschätzt werden, weil diese beiden Nahrungsstoffe nur Kohlenhydrate, aber fast kein Eiweiß enthalten. Neben dem Getreide liefert dieses vor allem das Fleisch und schon hieraus ergibt sich die große Wichtigkeit einer genügenden Versorgung eines Landes mit Schlachtvieh für den Fall kriegerischer Verwicklungen. Für Deutschland hat die Frage der Fleischversorgung seit geraumer Zeit bekanntlich schon in Friedenszeiten eine solche Bedeutung erlangt, daß hier speziell vom Standpunkte der Kriegswirtschaftspolitik wenig mehr hinzuzufügen ist. Allerdings kann der in Deutschland in starker Zunahme begriffene Fleischkonsum — er wird vom kaiserlichen Gesundheitsamte auf 54 Kilogramm für den Kopf der Bevölkerung, von Vertretern der Wissenschaft, wie z. B. von Ballod und Eßlen, auf 5 bis 8 Prozent weniger berechnet — vorübergehend wohl eine Einschränkung erfahren können, aber die Frage kompliziert sich doch in Kriegszeiten ganz wesentlich durch die Schwierigkeit, die nötigen Futtermittel in ausreichender Menge zu beschaffen. Denn ein sehr großer Teil dieser Futtermittel (Mais, Kleie, Malzkeime, Ölfrüchte und Ölkuchen, Buchweizengrütze, Hirse) kommt aus dem Auslande. Man will festgestellt haben, daß diese Auslandseinfuhr bis zu 60 Prozent ausmacht, was also einem Bedarf für sieben Monate gleichkäme. Nicht zu übersehen ist endlich, daß in Kriegszeiten für die unter die Waffen gerufenen Millionenheere ein beträchtlich gesteigerter Bedarf an Nahrungsmitteln entsteht und daß auch für die vielen tausend Militärpferde mit einem bedeutend größeren Haferverbrauch als im Frieden gerechnet werden muß. Dazu kommt dann noch der Bedarf für die Verpflegung der Kriegsgefangenen, deren Zahl mit mehreren hunderttausend Mann angenommen werden muß. Ein Blick auf die Statistik kann uns die Tragweite der ganzen Frage noch viel eindringlicher zu Gemüte führen. Mehr als 30 Prozent der gesamten deutschen Einfuhr im Werte von rund 3 Milliarden Mark entfiel in den letzten Jahren auf Nahrungs- und Genußmittel mit Einschluß von Vieh. Unsere Seeeinfuhr überragt im allgemeinen weitaus den Import zu Lande (67 gegen 33 Prozent) und gerade an der so leicht zu unterbindenden Seeeinfuhr ist der Nahrungsmittelhandel sehr stark beteiligt. Österreich-Ungarn ist in der ganzen Frage besser daran als Deutschland, weil, wie wir bereits wissen, die beiden Staatsgebiete sich wirtschaftlich trefflich ergänzen und bei normaler oder guter Ernte ihren Gesamtbedarf noch selbst zu decken vermögen. Weit ungünstiger steht es dagegen, wenigstens was die Versorgung der Bevölkerung mit Brotgetreide anlangt, um die ganz zentral gelegene Schweiz, zumal hier der Getreidebau im Laufe der Zeit immer mehr zu gunsten der Viehzucht eingeschränkt worden ist.[1]

Die Verproviantierungsfrage ist also danach nicht bloß eine Aufgabe der wirtschaftlichen Heeresverwaltung und es handelt sich im Kriegsfalle nicht nur um die Deckung des nötigen Nahrungsbedarfes für das Heer, sondern die Frage ist eine allgemein-volkswirtschaftliche, d. h. sie muß für die gesamte Bevölkerung ins Auge gefaßt und, soweit es eben im Bereich des Möglichen liegt, schon im Frieden vorbereitet und gelöst werden. Es handelt sich dabei einmal um die Beschaffung genügender Nahrungsvorräte, dann aber auch um eine Organisation zwecks richtiger Verteilung derselben über das ganze Reich. Es erhebt sich hier eine solche Fülle von Einzelfragen, daß diese nur durch das Zusammenwirken von Vertretern der Theorie mit Männern der Praxis bewältigt werden kann. Für einen „wirtschaftlichen Generalstab“ läge hier ein ebenso weites als wichtiges Tätigkeitsfeld vor. Derselbe müßte schon im Frieden als eine dauernde Institution in Wirksamkeit treten, denn gerade hier liegt in der rechtzeitigen, also vorbeugenden Betätigung das ganze Geheimnis des Erfolges. Ein derartiger Gedanke ist in den letzten zwei Jahren in der deutschen Theorie und auch in den Kreisen der Praxis schon mehrfach ventiliert worden. Was ist nun aber bis zum Ausbruch des gegenwärtigen Weltkrieges und seither im Deutschen Reiche zur Sicherstellung der Volksernährung geschehen und was hätte sonst noch dafür geschehen können?

---

[1] Vgl. hierüber Jöhr, a. a. O., S. 45ff und S. 130ff.

Allem Anscheine nach hat die deutsche Reichsregierung die außerordentliche Bedeutung der ganzen Frage schon vor Ausbruch des Krieges richtig erkannt. Wir werden nicht fehlgehen, wenn wir das unter dem 20. Mai 1914 erlassene Reichsgesetz, welches statistische Aufnahmen über die Vorräte von Getreide und Erzeugnissen der Getreidemüllerei verfügt hat[1], damit in Zusammenhang bringen. Einschneidendere Maßregeln sind indes, wie es scheint, von der Reichsregierung im Frieden nicht getroffen worden. Gleich bei Beginn des Krieges ermächtigte aber ein Notgesetz vom 4. August 1914 den Bundesrat, während des Kriegszustandes eine ganze Reihe wichtiger Nahrungs- und Genußmittel zollfrei eingehen zu lassen. Nach Artikel 1 des Notgesetzes zählten zur Liste dieser begünstigten Nahrungs- und Genußmittel Getreide, Reis, Hülsenfrüchte, Kartoffeln, Rüben, Grün- und Rauhfutter, Küchengewächse, Vieh, Fleisch- und Fleischwaren, Fische, Speisefette, Käse, Eier, Mehl und andere Müllereierzeugnisse, gewöhnliche Backwaren, eingedickte Milch sowie andere Nahrungs- und Genußmittel. Unter dem gleichen Datum erfloß ferner ein Notgesetz, wonach während der Dauer des Krieges für Gegenstände des täglichen Bedarfes, insbesondere für Nahrungs- und Futtermittel aller Art sowie für rohe Naturerzeugnisse, Heiz- und Leuchtstoffe Höchstpreise festgesetzt werden konnten. Mit der Durchführung des Notgesetzes wurden die Landeszentralbehörden oder die von diesen näher zu bestimmenden Organe betraut. Weigerung von seiten der Warenbesitzer, die Gegenstände zu den festgesetzten Höchstpreisen zu verkaufen, gab den Behörden das Recht, die Vorräte zu übernehmen und für Rechnung der Besitzer zu den angeordneten Höchstpreisen zu veräußern.[2] Auch wurde die Verheimlichung der Vorräte sowie jede sonstige Zuwiderhandlung gegen die Vorschriften des Gesetzes mit Strafe bedroht. Von diesen beiden Maßnahmen der Reichsregierung hat aber nur die erstere zunächst

---

[1] Solche Aufnahmen sind zuerst für den 1. Juli 1914 und dann wegen des Krieges für den 1. Dezember 1914 angeordnet worden.

[2] Dieses Enteignungsverfahren ist erst später (Dezember 1914) vom Bundesrate wirksamer gestaltet worden. Die betreffenden Anordnungen gewähren für den gedachten Zweck ein summarisches Zwangsverfahren, welches die zuständigen Behörden, aber auch gemeinnützige Organisationen durchführen können. Danach bekommt der Besitzer einer Ware einfach eine Aufforderung von der Behörde oder der gemeinnützigen Organisation mit der Bekanntgabe der Bedingungen, unter welchen die Ware übernommen werden soll. Erfolgt eine Verständigung, so ist damit die Sache von selbst geregelt. Ist eine Einigung dagegen nicht möglich, so ordnet die Behörde die Überlassung der Gegenstände mit der Wirkung einer Beschlagnahme an. Rechtsgeschäfte und Verfügungen über die beschlagnahmten Gegenstände sind nichtig. Der Besitzer, der die behördliche Aufforderung bekommen hat, ist verpflichtet, die Gegenstände, eventuell gegen eine Vergütung, bis zum Ablauf einer behördlich bekanntgegebenen Frist zu verwahren.

ihren Zweck erreicht. Es muß anerkannt werden, daß die deutsche Reichsregierung in diesem Punkte mit außerordentlicher Raschheit gehandelt hat und daß bei Annahme des Gesetzes auch die agrarischen Kreise ihre sonst mit außerordentlicher Hartnäckigkeit, ja mit Eigensinn verfochtenen Sonderinteressen bereitwillig auf dem Altar der allgemeinen Wohlfahrt geopfert haben. Nicht so glatt vollzog sich die Aufhebung der Getreidezölle dagegen in Österreich-Ungarn. Hier leisteten vielmehr namentlich die agrarischen Kreise Ungarns dieser Maßregel längere Zeit heftigen Widerstand und nur der allgemeine Unwille über die sich stetig aufwärts bewegenden Preise konnte denselben endlich brechen. Auch die Landwirtschaft Österreich-Ungarns hatte sich an die vor Jahrzehnten eingeführten Getreidezölle so sehr gewöhnt, daß sie sich an diesen Zollschutz auch dann noch hartnäckig klammerte, als sie desselben wenigstens in dem bisherigen Ausmaße nicht mehr bedurfte. Denn die Zeit, wo sie im Wettbewerbe mit den überseeischen Produktionsländern und dem europäischen Osten unbedingt den kürzeren hätte ziehen müssen, lag doch schon etwas weiter zurück. Gleichwohl war noch im Jahre 1906 in Nachahmung des deutschen Beispieles der Weizen- und Kornzoll wesentlich erhöht und zugleich als Minimalzoll gesetzlich festgelegt worden. Obwohl die Getreidepreise allmählich eine steigende Richtung anzunehmen begannen, ließ die unter dem starken Einflusse der agrarischen Interessenten stehende Gesetzgebung doch auch weiterhin die hohen Getreidezölle fortbestehen und daraus mußte sich schließlich eine unhaltbare Situation ergeben. Die fortschreitende Zunahme der Bevölkerung und die wesentliche Steigerung ihrer Lebenshaltung hatte einen mit raschen Schritten vorwärtseilenden Mehrverbrauch von Weizen hervorgerufen, mit dem die Produktion nicht mehr das Gleichgewicht zu halten vermochte. Außer der Konsumzunahme hatte natürlich auch noch die bedeutende Steigerung der Produktionskosten zur Erhöhung der Getreidepreise beigetragen. Infolge der kriegerischen Ereignisse und noch mehr vielleicht durch die spekulative Zurückhaltung vieler Vorräte stiegen die Getreide- und Mehlpreise in Österreich-Ungarn weit über das Niveau des deutschen Wirtschaftsgebietes, ja sie überragten sogar den Preisstand mancher Länder, die auf große Getreideeinfuhren angewiesen sind. Österreich-Ungarn, ein Ländergebiet, das sich für gewöhnlich bei normaler Ernte noch selbst zu ernähren vermag und nur in Zeiten aufsteigender wirtschaftlicher Konjunktur in bescheidener Menge Brotfrüchte einführen muß, sah sich jetzt ungünstiger gestellt als seine Nachbarländer. Nicht ein übermäßiger Rückgang des Angebotes oder eine außerordentliche Steigerung der Nachfrage, sondern hauptsächlich ein ganz ungerechtfertigtes Zurückhalten von Getreidevorräten auf den Feldern durch die Landwirte und in den Lagern von seiten des Handels wurde ganz allgemein in den Tagesjournalen als die Ursache des Notstandes bezeichnet.[1] Der Bogen war zu straff gespannt worden und mußte schließlich brechen. Nachdem die österreichischen Landwirte schon früher erklärt hatten, der Aufhebung der Getreidezölle nicht entgegentreten zu wollen, mußte schließlich auch die ungarische Regierung ihre Zustimmung zu der Maßnahme geben und so wurden im Einvernehmen mit dieser vom 9. Oktober 1914 ab die Zölle für Getreide, Hülsenfrüchte, Mehl und andere Mahlprodukte in beiden Staatsgebieten der österreichisch-ungarischen Monarchie bis auf weiteres außer Kraft gesetzt. Leider ist die Maßregel hier in der Hauptsache zu spät gekommen und sie hat daher die erhoffte Wirkung nur in bescheidenem Umfange gebracht. In Deutschland war es dank der sofort nach Kriegsausbruch erfolgten Aufhebung der Getreidezölle für die Händler und Konsumenten möglich gewesen, sich noch zu halbwegs erträglichen Preisen mit ausländischem Getreide zu versorgen. In Österreich-Ungarn hatte es dagegen $2^1/_2$ Monate gedauert, bis die Regierungen entscheidende Entschlüsse faßten, und in dieser Zwischenzeit waren die Getreidepreise hier zu einer nie gekannten Höhe emporgeschnellt. Die Wirkung der schließlich verfügten Zollaufhebung mußte dadurch wesentlich beeinträchtigt werden. Immerhin war die Maßregel auch jetzt noch nicht ganz bedeutungslos. Denn die Aufhebung der Zölle eröffnete die Möglichkeit, Getreideimporte zu mehr erschwinglichen Bedingungen heranzuziehen, sie mußte kalmierend auf die unausgesetzt steigenden Preise wirken und man durfte erwarten, daß dadurch gar manche zurückgehaltene Getreidevorräte aus ihren Verstecken hervorgeholt und dem Konsum zugeführt würden. Jedenfalls schien dadurch einer weiteren Steigerung der Getreidepreise zunächst ein Riegel vorgeschoben zu sein.

Allein diese Annahme erwies sich bald als irrig. Das Zurückhalten der Vorräte dauerte in beiden Kaiserreichen fort und so durften die Regierungen hier wie dort auch vor einschneidenderen Maßnahmen nicht zurückschrecken. Sie waren durch die Gesetzgebung schon bei Beginn des Kriegsausbruches mit gewissen Befugnissen hierzu ausgerüstet worden. In Deutschland hatten die Landeszentralbehörden, wie wir bereits wissen, schon durch das Notgesetz vom 4. August 1914 die Ermächtigung erhalten, selbst oder durch ihre untergeordneten Organe Höchstpreise für Nahrungs- und gewisse andere Bedarfsartikel festzusetzen. Man hatte dabei augenscheinlich zunächst nur an die Fälle einer gewissen lokalen Verteuerung von Lebensmitteln und anderen Bedarfsartikeln gedacht. Da die deutsche Gewerbeordnung in § 72 polizeiliche

[1] Die Preisbewegung der wichtigsten Nahrungsmittel in Österreich in den Monaten seit dem Beginn des Jahres 1914 ist näher dargestellt in einem Aufsatze von Dr. Karl Klofetz „Die Gestaltung der Lebensmittelpreise" (im „Economist" der „Neuen Freien Presse" vom 15. Oktober 1914, Nr. 18011).

Preistaxen im allgemeinen, von gewissen gesetzlichen Ausnahmen abgesehen, nicht zuläßt, so mußte diese Lücke für die Zeit der kriegerischen Ereignisse eben im Wege der Notgesetzgebung ausgefüllt werden. In der Tat verfügten einzelne Behörden, gestützt auf das erwähnte Notgesetz vom 4. August 1914, bald nach Kriegsausbruch, zum Teil auch später die Festsetzung von Höchstpreisen für gewisse Nahrungsmittel. Es war hierbei vor allem auf den Detailhandel abgesehen. Auch im Großhandel hat das Notgesetz in der ersten Zeit einige gute Dienste getan, allein die so festgesetzten Höchstpreise verloren bald ihren Effekt und mußten aufgehoben werden, als die anfängliche Isolierung der einzelnen Orte und Bezirke infolge der Besserung der Transportmöglichkeiten nach dem Abschlusse der Mobilisierung wieder aufhörte und die Getreideversorgung durch die Einführung von Staffeltarifen in neue Wege geleitet war. Seitdem stiegen die Getreidepreise in Deutschland so stark, daß allgemein in den Kreisen der Konsumenten wie der beteiligten Erwerbsstände neuerlich das Verlangen nach Festsetzung von Höchstpreisen auftrat. Die Landwirtschaft war im Herbste vollauf mit der Bestellung der nächsten Ernte beschäftigt und brachte nur wenig Getreide auf den Markt. Man konnte feststellen, daß die augenblickliche Preishöhe weder in dieser vorübergehenden Knappheit noch überhaupt in dem gesamten Verhältnis zwischen den vorhandenen Getreidevorräten einerseits und dem Getreidebedarf andererseits ihre Rechtfertigung finde. Da die Einfuhr fast ganz weggefallen und die Ausfuhr untersagt war, also für die Ernährung des deutschen Volkes während der Kriegszeit fast nur die eigene Ernte zur Verfügung stand, so war eine solche Feststellung leicht durchzuführen und sie ergab, daß der Bedarf an Roggen, Hafer und Kartoffeln ganz wohl gedeckt werden könne, während sich beim Weizen ein Fehlbetrag von etwa 2 Millionen Tonnen und bei der Gerste ein solcher von etwa 5 Millionen Tonnen herausstellte. Wenn die bei den Händlern, Müllern und Bäckern lagernden Vorräte mit veranschlagt wurden, so durfte man rechnen, mit dem Gesamtertrag bis zu der nächsten Ernte unter der Voraussetzung aushalten zu können, daß es gelang, gewisse Verschiebungen im Verbrauche der einzelnen Getreidearten sicherzustellen. Denn da England den Krieg gegen Deutschland vor allem als einen Wirtschaftskrieg führt, mußte unbedingt darauf Bedacht genommen werden, auch in das nächste Jahr mit denselben Vorräten hinüber zu gelangen, welche die deutsche Wirtschaft vor Beginn des laufenden Erntejahres besaß.

Nachdem die einschlägigen Verhältnisse durch zahlreiche schriftliche Umfragen und mündliche Erörterungen mit den Interessenten geklärt worden, entschloß sich der Bundesrat auf Grund der vorstehenden Erwägungen zu einem ganzen Komplexe einschneidender Maßnahmen, in dem die Höchstpreise nur den einen Bestandteil bildeten. Zunächst sollte die Weizenmehlmenge „gestreckt" werden, was dadurch erreicht wurde, daß die Mühlen künftig mehr Mehl aus dem Weizen durch geänderte Mahlweise ziehen sollten. Damit die kleinen Mühlen nicht geschädigt würden, schrieb man die Mehlausbeute mit nur 75 Prozent vor, während es leistungsfähigeren Mühlen überlassen blieb, auch größere Mehlmengen auszumahlen. Sodann mußten zur Ersparung von Weizen dem Weizenbrote mindestens 10 Prozent Roggenmehl zugesetzt werden. Indem man überdies den Weizenpreis erheblich höher als den Roggenpreis ansetzte, sollte zugleich ein Anreiz gegeben werden, dem Weizenbrot noch größere Mengen von Roggenmehl zuzusetzen und der in vielen Bäckereien üblichen Weizenmehlverschwendung zu steuern. Hand in Hand mit diesen Vorschriften ging ein Verbot, Brotgetreide an das Vieh zu verfüttern. Es sollte dadurch vor allem die bei der Knappheit der Futtermittel sehr naheliegende Verfütterung des Roggens verhütet und dieser möglichst für die menschliche Ernährung gesichert werden. Die Landeszentralbehörden konnten von diesem Verbote Ausnahmen zu gunsten der kleineren Landwirte machen und diesen gestatten, selbsterzeugten Roggen an das eigene Vieh zu verfüttern, wenn sie dieses anders nicht erhalten könnten. Als Ersatzfuttermittel sollten Kleie und Gerste zu niedrigen Preisen zur Verfügung gestellt werden. Eine weitere Ersparnis an Roggen ergab sich durch die Einschränkung der Spiritusbrennerei auf 60 Prozent des Normalbrandes, wodurch 0,16 Millionen Tonnen Roggen für die menschliche Ernährung erspart wurden. Ferner schrieb man auch für den Roggen ein schärferes Ausmahlen bis zu mindestens 72 Prozent und einen Zusatz von Kartoffeln zum Roggenbrot vor. Zu diesem Ende richtete man mit finanzieller Unterstützung der Bundesregierungen und unter der technischen Führung der Spirituszentrale zahlreiche Kartoffeltrocknereien ein, die zwecks Niedrighaltung des Preises der von ihnen erzeugten Zusatzprodukte in ein eigenes Syndikat unter Staatsaufsicht zusammengefaßt wurden. In jedem Roggenbrote mußten mindestens fünf Gewichtsteile Kartoffeln enthalten sein; war der Zusatz höher, so mußte eine gewisse Deklarationsbezeichnung stattfinden. Alle diese Maßnahmen waren aber nur unter gleichzeitiger Regulierung der Getreidepreise durchführbar und so entschloß sich der Bundesrat trotz aller einer solchen Maßregel an sich entgegenstehenden Schwierigkeiten zu diesem tiefgehenden Eingriffe in das Wirtschaftsleben. Höchstpreise wurden aber zunächst nur für Roggen, Weizen, Gerste und Kleie vom Bundesrate selbst festgesetzt, hingegen ward die Fixierung der Mehlpreise in Anbetracht der technischen Schwierigkeiten den Landeszentralbehörden überlassen. Keine Höchstpreise sind vorerst für die Kartoffeln und anfangs auch für den Hafer festgesetzt worden. Bezüglich des Hafers hatte die Heeresverwaltung erklärt, ihren Bedarf zu angemessenen Preisen decken zu können. Um so mehr mußte die Festsetzung von Höchstpreisen für die Kartoffeln bald in den Bereich der Notwendigkeit rücken, da die Preise dieses Produktes im Herbste sprunghaft in die Höhe gingen, zumal infolge des Mangels ausländischer Futtermittel große Quantitäten für die Viehfütterung verwendet wurden. Es erschien aus diesem letzteren Grunde und weil die Kartoffel ein Hauptnahrungsmittel für weite Schichten der Bevölkerung bildet, unerläßlich, auch sie auf einem angemessenen Preisniveau zu halten. Der Bundesrat hat sich demgemäß die Erlassung ergänzender Vorschriften vorbehalten. Der ganze Komplex der eben geschilderten Maßnahmen trat bereits am 4. November 1914 in Kraft. Auf ihr weiteres Detail kann hier nicht eingegangen werden. Es ist aber höchst interessant zu sehen, in welch geschickter Art im Wege einer Verschiebung des Nahrungsbedarfes eine Sicherstellung der gesamten Volksernährung mit Brotgetreide bis zur nächsten Ernte und selbst darüber hinaus angestrebt wurde. Ohne eine gewisse gewaltsame Reglementierung konnte es dabei natürlich nicht abgehen. Immerhin ist darauf Bedacht genommen worden, dem Handel auch noch innerhalb der festgesetzten Höchstpreise einen gewissen Spielraum zu nützlicher Betätigung zu lassen. Die aus den örtlichen Preisdifferenzen, namentlich zwischen dem Osten, Süden und Westen, dann die aus den zeitlichen Schwankungen der Preise sich ergebenden Schwierigkeiten hat man dadurch zu überwinden gesucht, daß man Berlin als Normalort ins Auge faßte und zeitliche Preiszuschläge vom 1. Januar 1915 ab gestattete. Für die übrigen Orte Deutschlands ist nach dem Vorgange der Spirituszentrale ein Tarif aufgestellt, in dem die Differenzen zu den Berliner Preisen in der Art angegeben sind, daß die Preise nach Osten hin fallen und gegen Westen steigen. Bei der Kleie hatten sich die Verhältnisse durch den Wegfall der Einfuhr so vereinfacht, daß für das ganze Gebiet des Reiches ein einheitlicher Preis fixiert werden konnte. Am schwierigsten gestalteten sich die Dinge beim Mehle, weshalb es hier, wie bereits erwähnt, bei der bezirksweisen Festsetzung von Höchstpreisen durch die Landeszentralbehörden sein Bewenden haben mußte. Durch die ganze Aktion sollten in erster Linie die Großhandelspreise getroffen werden. Einzelne bundesstaatliche Regierungen haben versucht, dieselbe noch durch Detailanordnungen zu unterstützen. So sind in Preußen die Oberpräsidenten anfangs November 1914 nach den Berichten öffentlicher Blätter vom Handelsminister und vom Minister des Innern angewiesen worden, darauf hinzuwirken, daß in den Gast- und Speisewirtschaften den Gästen nicht mehr Brot oder anderes Gebäck zum beliebigen Genusse ohne besondere Bezahlung zur Verfügung gestellt werde, weil dadurch nur ein verschwenderischer und gedankenloser Verbrauch von Brot die Folge sei.

Dieses wichtige Werk der Reichsregierung war aber mit den unter dem 28. Oktober 1914 erlassenen fünf Verordnungen des Bundesrates noch nicht abgeschlossen, sondern erfuhr bald in den bereits oben angedeuteten Beziehungen eine Ergänzung. Für Hafer wurden schon vom 9. November 1914 ab ebenfalls Höchstpreise fixiert. Sie gelten für den Großhandel, und zwar nur für inländischen Hafer. Dabei sind die örtlichen und zeitlichen Verschiedenheiten der Preise berücksichtigt. In der Sitzung vom 23. November 1914 genehmigte der Bundesrat sodann auch Höchstpreise für Speisekartoffeln. Diese Preise hatten für die Produzenten zu gelten und das Reich wurde für diesen Zweck mit Rücksicht auf die Verschiedenheit der Produktionskosten in vier Preisbezirke eingeteilt. Man unterschied dabei zugleich die Preise für die besten Sorten von den übrigen. Die Landeszentralbehörden waren ermächtigt, noch andere Sorten in die erste (beste) Gruppe zu versetzen. Diesen Behörden blieb nach wie vor die Fixierung von Höchstpreisen für den Kleinhandel in Gemäßheit des Notgesetzes vom 4. August 1914 überlassen. Nur wenige Tage später folgte dieser Preisfixierung für Speisekartoffeln auch eine solche für Fabrikations- und Futterkartoffeln.

Trotz dieser Anordnungen dauerten die Klagen über den wenig sparsamen Verbrauch des Publikums namentlich an Weißbrot- und Kuchengebäck fort und so mußte sich die Reichsregierung im Interesse der Streckung der deutschen Getreidevorräte bald noch zu schärferen Maßnahmen entschließen. Dieselben wurden durch mehrere Bundesratsverordnungen vom 5. Januar 1915 verfügt. Insbesondere ward jetzt eine reichlichere Mischung des Weizenmehles dekretiert und bestimmt, daß das Morgengebäck nur noch im altbackenen Zustand auf den Tisch kommen dürfe. Die neuen verschärften Vorschriften sollten auch nicht auf dem Papiere stehen bleiben, sondern es sind für ihre strenge Durchführung die entsprechenden Kontrollmaßregeln getroffen.[1] Eine staatliche Beschlagnahme und Enteignung von Getreide-

[1] Der Inhalt der neuen Vorschriften ist im wesentlichen folgender: Roggen ist künftig mindestens bis zu 82 Prozent, Weizen bis 80 Prozent durchzumahlen, wobei die Landeszentralbehörden bei einer einzelnen Mühle aus besonderen Gründen eine Ausnahme zulassen können. Sie können ferner wie bisher Roggen- und Weizenauszugmehle, aber nur bis zur Höhe von 10 Prozent zulassen. Weizenmehl darf von den Mühlen künftig nur in einer Mischung abgegeben werden, die auf 30 Teile Roggenmehl 70 Teile Weizenmehl enthält. Dies gilt auch für die Kunden- und Lohnmüllerei. Die Vorschriften über das Verfütterungsverbot sind ebenfalls verschärft, so daß mahlfähiger Roggen und Weizen nicht mehr verfüttert oder geschrotet und auch nicht mehr zur Futtermittelbereitung verwendet werden darf. Das Verbot erstreckt sich auch auf Roggen und Weizen, der mit anderer Frucht gemischt ist, sowie auf Roggen- und Weizenmehl, das, allein oder mit anderen Mehlen gemischt, zur Brotbereitung geeignet ist. Endlich darf auch kein Brot mehr verfüttert werden, mit Ausnahme von verdorbenem Brot und Brotabfällen. Die Landeszentralbehörden können die Verwendung

vorräten ist anfangs nur in bescheidenem Umfange ins Auge gefaßt und zu diesem Ende von der preußischen Regierung unter starker Beteiligung der Großstädte und eines Teiles der Großindustrie eine Kriegsgetreidegesellschaft mit beschränkter Haftung ins Leben gerufen worden. Diese mit dem Rechte der Enteignung ausgestattete gemeinnützige Gesellschaft übernahm die Aufgabe, für eine angemessene Verteilung der Getreidevorräte und vor allem für die Sicherstellung des Bedarfes in den kritischen Monaten vor Hereinbringung der neuen Ernte zu sorgen. Allein schon unter dem 25. Januar 1915 entschloß sich der Bundesrat zur Einführung eines beschränkten Getreidemonopoles für ganz Deutschland. Vom 1. Februar 1915 ab wurden die im Reiche vorhandenen Vorräte von Weizen und Roggen zu gunsten der Kriegsgetreidegesellschaft, die Vorräte von Weizen-, Roggen-, Hafer- und Gerstenmehl aber für die Kommunalverbände beschlagnahmt. Eine eigene Reichsverteilungsstelle wurde mit der Bestimmung errichtet, für die Verteilung der zu ermittelnden Vorräte über das Reich für die Zeit bis zur nächsten Ernte nach den vom Bundesrat aufzustellenden Grundsätzen zu sorgen. Die Kommunalverbände erhielten die schwierige Aufgabe zugewiesen, den Verbrauch der

---

von Roggen und Weizen sowie von Roggen- und Weizenmehlen zu anderen Zwecken als zur menschlichen Nahrung noch weiter beschränken oder verbieten. Zur Bereitung von Roggen- und Weizenbrot dürfen Auszugmehle nicht verwendet werden. Weizenbrot muß 30 Prozent Roggenmehl enthalten, Weizenmehl kann dabei bis 20 Prozent durch Kartoffelstärkemehl ersetzt werden. Roggenbrot muß auf 90 Teile Roggenmehl 10 Teile Kartoffelflocken, Kartoffelwalzmehl oder Kartoffelstärkemehl oder 30 Teile gequetschte oder geriebene Kartoffeln enthalten. Bei größerem Kartoffelzusatz muß das Brot mit der Bezeichnung „K" versehen werden. Statt Kartoffeln kann Gerstenmehl, Hafermehl, Reismehl oder Gerstenschrot zugesetzt werden. Reines Roggenbrot, zu dessen Herstellung der Roggen bis zu mehr als 93 Prozent durchgemahlen ist, braucht keinen Kartoffelzusatz zu enthalten. Weizenbrot darf nur in Stücken bis höchstens 100 Gramm hergestellt werden. Die Landeszentralbehörden können hierüber zur Einschränkung des Weizenbrotverbrauches anders bestimmen und können auch für Roggen- und Weizenbrot bestimmte Formen und Gewichte vorschreiben. Bei der Kuchenbereitung darf nicht mehr als die Hälfte des Gewichtes des verwendeten Mehles oder mehlartigen Stoffes aus Weizen bestehen. Die Landeszentralbehörden können die Kuchenbereitung auf bestimmte Wochentage beschränken. Den Bäckereien und Konditoreien, einschließlich Hotelbäckereien, und ähnlichen Betrieben wird alle Nachtarbeit verboten. Roggenbrot von über 50 Gramm Gewicht darf erst 24 Stunden nach Beendigung des Backens aus der Bäckerei abgegeben werden. Backfähiges Mehl darf nicht mehr als Streumehl zur Isolierung der Teigware verwendet werden. Zur genauen Durchführung dieser Vorschriften erhalten die Polizeibeamten und hierfür besonders beauftragte Sachverständige das Recht, in Mühlen, in Bäckereien, in Lager- und Geschäftsräume und in Futterräume jederzeit einzutreten, Besichtigungen vorzunehmen und Proben zu entnehmen.

Die Verordnung über das Ausmahlen des Brotgetreides sowie das Verfütterungsverbot ist am 11., die Verordnung über die Bereitung der Backware am 15. Januar 1915 in Kraft getreten.

Vorräte in ihren Bezirken zu regeln, was längere Zeit erfordern wird.[1]

Einschneidende Maßnahmen erflossen auch hinsichtlich des Zuckerkonsums. Die Reichsregierung hatte zunächst nur ein Ausfuhrverbot zur Verhinderung übermäßigen Zuckerexportes als Kriegsmaßregel erlassen, ohne aber weiter in die Zuckerfrage einzugreifen. Von dem Verbote konnten fallweise Ausnahmen gemacht werden. In den Kreisen der Volkswirte wurden jedoch gegen diese zurückhaltende Stellung der Reichsregierung mit Rücksicht auf die Volksernährung sowie die Unterhaltung des Viehstandes Bedenken erhoben und so entschloß sich die Reichsregierung Ende Oktober 1914, der Frage einer Reglementierung des Zuckerverbrauches und der Zuckerpreise näherzutreten, welche Maßregel auch bald nachher in Kraft gesetzt wurde. Danach hat für die Herstellung und für den Verbrauch von Inlandzucker ein Kontingent zu gelten und es sollten bis zum 1. Januar 1915 zunächst nur 25 Prozent dieses Kontingentes zum steuerpflichtigen Inlandskonsum abgelassen werden. Was bis zum 31. August 1915 sodann noch weiter abgegeben werden soll, wird später vom Bundesrat bestimmt werden. Der übrige Zucker ist, sofern er nicht ausgeführt oder steuerfrei abgelassen wird, von der Steuerverwaltung unter Sperre zu halten. Für den zum steuerpflichtigen Inlandskonsum freigegebenen Zucker sind Höchstpreise festgesetzt und die Zuckerkontrahenten dürfen von den Kaufverträgen nicht zurücktreten, sondern müssen sie zu den festgesetzten Preisen erfüllen.

Weniger tief griffen die Maßnahmen auf dem Gebiete der Fleischversorgung. Der deutsche Bundesrat hat sich in dieser Beziehung begnügt, ein Verbot für die vorzeitige Schlachtung von jungem Rindvieh für eine gewisse Frist zu statuieren, und er hat außerdem die Landeszentralbehörden ermächtigt, auch bei der Schlachtung von Schweinen Beschränkungen eintreten zu lassen. Es sollte dadurch in gleicher Weise für die Sicherung der Fleischkonsumtion wie für einen fortdauernden Schutz des heimischen Viehstapels gesorgt werden. Diese Maßregel ist von mancher Seite mit dem Hinweise bemängelt worden, daß es besser gewesen wäre, jene Viehbestände, die man nicht für die Nachzucht brauchte und bei dem herrschenden Futtermangel doch nicht gut erhalten konnte, rechtzeitig abzuschlachten und zu Dauerware zu verarbeiten. Diese Auffassung hat nunmehr dadurch ihre Bestätigung ge-

[1] Eine kritische Würdigung aller dieser Maßnahmen der deutschen Reichsregierung lag nicht im Rahmen dieser Studie. Vgl. für diesen Zweck u. a. den Aufsatz von Prof. Dr. Julius Wolf „Die Deckung des deutschen Brotgetreidebedarfs während des Krieges“ in der Wochenschrift „Das neue Deutschland“, III. Jahrgang, siebente Kriegsnummer vom 21. Januar 1915, und den Aufsatz von Georg Gothein „Kriegsgetreidemonopol in Deutschland“ in der „Neuen Freien Presse“ vom 9. Februar 1915, Nr. 18127.

funden, daß der Bundesrat unter dem 25. Januar 1915 im Interesse einer ausreichenden Fleischversorgung den größeren Stadt- und Landgemeinden die Verpflichtung auferlegt hat, für die Beschaffung einer genügenden Menge von Dauerware Sorge zu tragen.

In Österreich hat die Approvisionierungsfrage sofort nach Kriegsausbruch ebenfalls lebhafte Wellen geworfen; ist aber hier immer erst im Gefolge der deutschen Maßnahmen Gegenstand tiefgreifenderer Verfügungen gewesen. Wir sahen schon, wie spät hier die Aufhebung der Getreidezölle verfügt wurde und wie sehr diese Maßregel dadurch ihren praktischen Effekt verlor. An den nötigen gesetzlichen Handhaben zu einem weitergehenden positiven Eingreifen fehlte es von Anfang an keineswegs. Im Gegensatze zu der deutschen Gewerbeordnung hatte das österreichische Gewerbegesetz im § 51 an der Berechtigung der Behörden, für den Kleinverkauf von Artikeln des täglichen Unterhaltes Maximalpreise vorzuschreiben, festgehalten. Schon vor dem Ausbruch des Krieges wurden lebhafte Besorgnisse hinsichtlich der weiteren ungestörten Approvisionierung der Stadtgemeinden und namentlich der Reichshauptstadt laut. Man glaubte mit der erwähnten Bestimmung der Gewerbeordnung nicht mehr das Auslangen finden zu können und so erfloß bereits unter dem 1. August 1914 eine Notverordnung, durch welche für die Dauer des Kriegszustandes im Interesse der Versorgung der Bevölkerung mit unentbehrlichen Bedarfsgegenständen außerordentliche Verwaltungsmaßregeln in Aussicht genommen wurden. Danach konnten die politischen Landesbehörden anordnen, daß von Zeit zu Zeit oder regelmäßig eine Aufnahme der Vorräte an unentbehrlichen Bedarfsgegenständen stattfinde. Als solche Gegenstände hatten jene Waren zu gelten, welche zur Befriedigung der notwendigen Lebensbedürfnisse der Menschen sowie als Nahrungsmittel für Haustiere dienen. Sobald die Anordnung der politischen Landesbehörde kundgemacht worden, sollten alle Erzeuger, Händler, Lagerhäuser und Verkehrsunternehmungen zur Angabe der Vorräte verpflichtet sein. Außer dieser allgemeinen Aufnahme der unentbehrlichen Bedarfsartikel war vorgesehen, im Wege der politischen Bezirksbehörden auch von einzelnen Personen oder Unternehmungen Auskünfte über ihre Vorräte zu verlangen. Ferner konnten die politischen Landesbehörden zum Zwecke der Versorgung der Gemeinden mit unentbehrlichen Bedarfsgegenständen die Erzeuger und Händler zur Abgabe ihrer Vorräte verpflichten, wenn die Waren auf andere Weise nicht zu beschaffen wären. Die Preise sollten von Sachverständigen bestimmt werden, gegen eine solche Preisfestsetzung jedoch eine gerichtliche Beschwerde zulässig sein. Angemessene Strafen sollten die Durchführung dieser Bestimmungen sichern und zugleich der sich immer mehrenden Preistreiberei entgegenarbeiten.

An gesetzlichen Handhaben für die Durchführung einer ausreichenden Approvisionierung fehlte es also in Österreich nicht, aber die positiven Maßnahmen der Regierung erfolgten im allgemeinen nur sehr zögernd, da in der Regel erst weitläufige Verhandlungen mit Ungarn gepflogen werden mußten, und sie haben darum nicht immer den gewünschten Effekt gezeitigt. Die durch die Notverordnung vom 1. August 1914 in Aussicht genommene Aufnahme der Vorräte beschränkte sich anfangs, wie öffentliche Blätter zu melden wußten, nur auf einzelne Getreidefirmen und erst im Oktober 1914 ist vom Ministerium des Innern auf Grund der genannten Notverordnung eine allgemeine Vorratsaufnahme für Getreide und Mehl angeordnet worden, die sich sowohl auf Erzeuger wie auf Händler zu erstrecken hatte und auch die bäuerlichen Wirtschaften umfaßte. In dem gleichen Monate erfloß eine Verordnung der beteiligten Ministerien, wodurch die Verwendung von Brotfrüchten und Kartoffeln zur Spirituserzeugung gewissen Beschränkungen unterworfen wurde. Das Ziel war auch hier darauf gerichtet, die als unentbehrliche Nahrungsmittel dienenden Stoffe, also neben den Kartoffeln Weizen, Roggen, Buchweizen, Mais und Reis der Verarbeitung zu Spiritus möglichst zu entziehen. Demgemäß sollten in Brennereien, in welchen zum Absatze bestimmte Preßhefe nicht erzeugt würde, die genannten Getreidearten, in gewerblichen Brennereien aber auch Kartoffeln nicht mehr zur Branntweinerzeugung verwendet werden dürfen. Die Verwendung von Gerste und Hafer ward nur in der zur Gewinnung des Malzes erforderlichen Menge gestattet. In Preßhefebrennereien sollten die genannten Stoffe zwar in Verbindung mit der Preßhefeerzeugung auch weiterhin verwendet werden dürfen, aber die zu erzeugende Alkoholmenge hatte sich auf 90 Prozent des in der vorhergehenden Betriebsperiode produzierten Alkoholquantums zu beschränken. Es sollte dadurch die Beschaffung der für die Broterzeugung unentbehrlichen Preßhefe gewährleistet werden. Auf der anderen Seite war aber im Interesse der für die Volksernährung so wichtigen Viehhaltung auf die landwirtschaftlichen Brennereien entsprechende Rücksicht zu nehmen und es ward daher diesen Brennereien zwar die fernere Verwendung von Kartoffeln gestattet, zugleich aber sollten die Überwachungsorgane darauf hinwirken, daß in ihnen keinesfalls zu menschlichem Genusse geeignete und haltbare Kartoffeln zur Verarbeitung gelangten und die dadurch entstehenden Lücken durch Verwendung von Zuckerrüben ausgefüllt würden. Weiters verfügte eine Ministerialverordnung vom 31. Oktober 1914, daß vom 1. Dezember 1914 angefangen der Weizen- und Korngehalt des Brotgebäckes aller Art im Maximum 70 Prozent nicht überschreiten dürfe und als Rest der Mischung Gersten-, Mais- oder Kartoffelwalzmehl, beziehungsweise Kartoffelbrei verwendet werden müsse. Zusätze der letzteren Art waren für den Käufer ersichtlich zu machen. Das eigentliche Weißgebäck blieb von dieser Bestimmung ausgenommen. Als gesetzliche Grundlage diente für die Verfügung eine kaiserliche Verordnung vom 10. Oktober 1914, durch welche die österreichische Regierung mit Rücksicht auf die Kriegslage ermächtigt worden war, von sich aus alle notwendigen Verfügungen zur Förderung des wirtschaftlichen Lebens, insbesondere der Landwirtschaft, der Industrie, des Handels und Gewerbes sowie auch im Interesse der Approvisionierung der Bevölkerung zu treffen. Die ungarische Regierung folgte alsbald dem österreichischen Beispiel und ordnete an, daß fortan nur zweierlei Mehlsorten geliefert werden sollten, nämlich feines Gebäckmehl und Brotmehl, welch letzteres bis zu 33 Prozent mit Gerstenmehl und bis zu 30 Prozent mit Mais-, Kartoffel- oder Reismehl vermengt werden durfte. Die Nachahmung des deutschen Vorbildes ist bei diesen Anordnungen unverkennbar, nur ist man in unserem Nachbarreiche, wie schon aus der früheren Darstellung erhellt, insofern sogleich weitergegangen, als eine stärkere Mischung des zur Broterzeugung verwendeten Weizenmehles angeordnet wurde. Ebenso sind in Österreich im Oktober 1914 in Nachahmung der deutschen Bestimmungen neue Vorschriften über Kälberschlachtungen erlassen worden, wodurch auch hier das unrationelle Schlachten einer übergroßen Anzahl von jungen Tieren verhütet werden sollte. Ende Dezember 1914 hat die Regierung die Wirksamkeit der neuen Vorschriften dann weiter erstreckt und sie namentlich in der Absicht erweitert, daß dem ganz besonders bedauerlichen Schlachten von hochträchtigen Tieren ein Ziel gesetzt werde. Diese Maßnahmen waren für Österreich schon deshalb unerläßlich, weil hier die Bevölkerung eine ganz besondere Vorliebe für den Genuß von Kalbfleisch besitzt, während sie sich gegen das Hammelfleisch sehr ablehnend verhält. Österreich verfügt über große Quantitäten vorzüglicher Fleischschafe, aber dieselben werden in normalen Zeiten zumeist in das Ausland exportiert. Es liegt nahe, die Bevölkerung in Kriegszeiten auf eine stärkere Verwendung von Hammelfleisch aufmerksam zu machen, damit der Konsum von Rind-, Kalb- und Schweinefleisch möglichst entlastet werde, zumal ja der Export von Hammeln in der Kriegszeit fast vollständig aufgehört hat. Da aber einmal gegen das Hammelfleisch in Österreich schwer zu bekämpfende Vorurteile bestehen, so darf man sich von derartigen Ratschlägen keinen allzu großen Erfolg versprechen.

Am längsten gezögert haben die Regierungen von Österreich und Ungarn mit der Einführung von Höchstpreisen für die wichtigsten Lebensmittel. Die Aufhebung der Getreidezölle hatte in Österreich-Ungarn in der Hauptsache, wie schon bemerkt werden mußte, ihre Wirkung verfehlt und die Getreide- und Mehlpreise bewegten sich auch weiterhin in einer derart aufsteigenden Linie, daß daraus eine allgemeine Kalamität zu entstehen drohte. Die österreichischen Interessenten forderten daher von der Regierung mit Nachdruck weitere Vorkehrungen zur Verbilligung der Lebensmittelpreise. Ende Oktober 1914 verdichteten sich diese Forderungen immer mehr zu dem Verlangen nach Festsetzung von Höchstpreisen. Die Maßregel verzögerte sich indes infolge der notwendigen Verhandlungen mit Ungarn, weil hier die Stimmung für die Einführung von Maximalpreisen weniger günstig war. Eine einseitige Festsetzung von Höchstpreisen für Österreich allein erschien zwar technisch durchführbar, wäre aber praktisch fast wirkungslos geblieben. In Ungarn hatte schon der Gesetzartikel LXIII aus dem Jahre 1912 (§ 7, al. 4ff.) der Regierung das Recht gegeben, die Preise von Konsumartikeln, falls dieselben infolge von Truppenkonzentrierungen oder auch nach dem Abmarsch des Militärs eine unverhältnismäßige und unbegründete Steigerung erführen, durch die Verwaltungsbehörden festsetzen zu lassen. Indes erschien diese Gesetzesbestimmung der ungarischen Regierung nicht als eine ausreichende Unterlage für die allgemeine Festsetzung von Höchstpreisen und auch sonst machten sich auf dieser Seite längere Zeit Widerstände oder Bedenken gegen die Maßnahme geltend, denn die Beratungen der beiderseitigen Regierungen zogen sich vorerst in die Länge, ohne daß ein Versuch unternommen wurde, die bei den Landwirten oder bei den Händlern vorhandenen Getreidevorräte auf diesem Wege für den Konsum der Bevölkerung verfügbar zu machen. Wenn es in Deutschland gelungen war, die mit dieser Maßnahme verbundenen sehr bedeutenden Schwierigkeiten zu überwinden oder sich wenigstens darüber hinwegzusetzen, so durfte solches auch für die österreichisch-ungarische Monarchie erwartet werden. Schwierigkeiten hat man namentlich in den sehr großen Qualitätsunterschieden einzelner Getreidearten sowie ferner darin erblickt, daß den einzuführenden Höchstpreisen eventuell auch rückwirkende Kraft beigelegt werden müßte. Allein Höchstpreise führen naturgemäß zu einer allmählichen Wertnivellierung der verschiedenen Qualitäten und die Frage der rückwirkenden Kraft der Maßnahme gegenüber bereits geschlossenen Lieferungsverträgen konnte immerhin durch Statuierung eines billigen Ausgleiches zwischen den Kaufinteressenten gelöst werden. Da Österreich-Ungarn im Jahre 1914 eine Ernte von mehr als 90 Millionen Meterzentnern Brotgetreide gehabt haben soll, aber kaum zwei Monate nach der österreichischen und knapp drei Monate nach der ungarischen Ernte der Handel und die Müllerei vielfach vergebens nach Ware Ausschau hielten, so lag der Notstand klar zutage und es durfte mit einschneidenden Maßregeln nicht mehr länger zugewartet werden. Erst Ende November 1914 gelang es nach schwierigen Verhandlungen, ein Einvernehmen zwischen der österreichischen und der ungarischen Regierung zu erzielen. Nachdem hierauf der ungarische Reichstag in seiner Novembersession einer weiteren Fassung des bereits erwähnten Ausnahmsgesetzes vom Jahre 1912 zugestimmt hatte, konnten in der Donaumonarchie die zwischen beiden Regierungen vereinbarten Verordnungen über Höchstpreise für Getreide und Mehl sowie über die Mehlerzeugung in Kraft gesetzt werden. Dazu traten noch Höchstpreise für Kartoffeln, welche die beiderseitigen Regierungen unabhängig voneinander festsetzen konnten.[1] Unter dem 21. Dezember 1914 verfügte ferner die österreichische Regierung die Festsetzung von Höchstpreisen auch für Hafer und verbot anfangs Januar 1915 das Verfüttern von mahlfähigem Roggen und Weizen sowie mahlfähiger Gerste. Desgleichen wurde die Verfütterung von zur Brotbereitung geeignetem Roggen- und Gerstenmehl untersagt. Einzelne Landesbehörden, wie z. B. jene von Niederösterreich, suchten durch Reglementierung der Gebäckverabfolgung in den Gastwirtschaften und Kaffeehäusern das ihrige zur Einschränkung des Brotverbrauches beizutragen. Es wurde auf Grund des § 54, Absatz 2, der Gewerbeord-

---

[1] Für Österreich sind diese Maßnahmen auf Grund der Notverordnung vom 10. Oktober 1914 durch zwei Ministerialverordnungen vom 28. November 1914 getroffen worden. Die Anordnungen weichen in mancher Beziehung von den deutschen Vorschriften ab. Man ist in Österreich nicht, wie in Deutschland, bis zur Festsetzung absoluter Höchstpreise vorgedrungen, sondern die Fixierung der Preise wurde den politischen Landesbehörden überlassen. Dieselben hatten die Maximalpreise für den Großhandel nach einer in der betreffenden Ministerialverordnung angegebenen Richtschnur zu bestimmen. Die Grundlage hierfür hatte beim Weizen und Roggen der Durchschnitt der letzten zwei Wochen des Monats Oktober 1914, bei Gerste und Mais jener der ersten zwei Wochen des Novembers 1914 zu bilden. Die Überprüfung dieser Höchstpreise blieb dem Handelsministerium im Einvernehmen mit dem Ackerbauministerium vorbehalten. Die Höchstpreise für Mehl bestimmen sich durch Normierung einer in Prozenten des Getreidepreises ausgedrückten Spannung, welche bei jeder Mehlsorte zum Getreidehöchstpreise zuzuschlagen ist und auf Grundlage der normalen Mahllöhne ermittelt wird. Die politischen Landesbehörden sind ermächtigt, auch die Kleinhandelspreise unter Rücksichtnahme auf die Höchstpreise festzusetzen. Die Besitzer der in der Verordnung genannten Artikel können aufgefordert werden, diese, insoweit sie nicht für ihren Hausgebrauch notwendig sind, zu den festgesetzten Höchstpreisen zu liefern. Im Weigerungsfalle kann die Behörde die betreffenden Gegenstände auf Rechnung des Besitzers verkaufen. Die Verordnung bezieht sich nicht auf Getreide und Mehl aus dem Zollausland. Bezüglich der Mehlerzeugung wird bestimmt, daß Weizen zum Zwecke der Mehlherstellung bis höchstens 80 Prozent durchzumahlen ist. Daraus dürfen nur drei Mehlsorten erzeugt werden; aus Roggen ist nur Gleichmehl zu erzeugen. Weizenkochmehl, Maismehl und Roggenmehl dürfen nur in Mischung mit Gerstenmehl, Maismehl, Kartoffelmehl und Reismehl in den Verkehr gebracht werden. In Ungarn hatte die Festsetzung der Höchstpreise komitatsweise zu erfolgen.

In diesem Zusammenhange sei noch hervorgehoben, daß in Österreich anfangs Dezember 1914 für Wien auch Höchstpreise für Wildpret unter gleichzeitiger temporärer Aufhebung der Linienverzehrungssteuern festgesetzt worden sind. Die letztere Verfügung wurde durch eine Notverordnung vom 6. Dezember 1914 ins Werk gesetzt.

nung untersagt, das Gebäck auf den Tischen zur beliebigen Auswahl bereitzuhalten, vielmehr sollte dasselbe künftig den Gästen nur von Fall zu Fall verabfolgt werden.

Allein die an die Fixierung der Höchstpreise geknüpften Hoffnungen erfüllten sich zunächst nicht. Im Gefolge dieser behördlichen Maßnahme trat vorerst auf den Produktenbörsen und den Getreidemärkten eine tiefe Stille ein. Ganz besonders klagten die österreichischen Müller über die zu hohe Fixierung der Getreidepreise in Ungarn, wodurch ihnen die Versorgung mit ungarischem Getreide sehr erschwert oder unmöglich gemacht würde. Die Zurückhaltung der Getreidevorräte dauerte in einem so bedenklichen Maße fort, daß schließlich ein weiteres Eingreifen der Regierungen in Form staatlicher Requisitionen unvermeidlich werden mußte. Die ungarische Regierung schritt Mitte Januar 1915 zur Erlassung einer Requisitionsverordnung und suchte gleichzeitig durch Schaffung einer entsprechenden Einkaufsorganisation den Weg zu eröffnen, auf welchem die vorhandenen Vorräte planmäßig dem Konsum zugeführt werden konnten. Zugleich wurde nach dem Vorbilde der deutschen Bestimmungen dem Handel durch Gewährung einer anderthalbprozentigen Kommission eine Betätigungsmöglichkeit erschlossen sowie durch entsprechende Anordnungen über das Sackgewicht einer Umgehung der Höchstpreisnormen vorgebeugt. Überdies nahm man auf die landwirtschaftlichen Interessen dadurch Rücksicht, daß die Kleievorräte behufs Abtretung an die neugebildete Einkaufskommission angemeldet werden mußten und für die Kleie ebenfalls Höchstpreise festgesetzt wurden. Für die österreichische Bevölkerung haben diese neuen Maßnahmen der ungarischen Regierung indirekt ebenfalls eine hohe Bedeutung, indem es auf dieser Grundlage möglich sein wird, die in Ungarn vorhandenen Getreideüberschüsse festzustellen und zur Deckung des Bedarfes der diesseitigen Reichshälfte heranzuziehen. Für die Nutzbarmachung der in Österreich selbst lagernden Vorräte genügen die schon früher erwähnten Requisitionsvorschriften vollauf; es muß nur von ihnen praktischer Gebrauch gemacht werden. Es wird damit eigentlich nur eine ganz notwendige Konsequenz aus der staatlichen Fixierung von Höchstpreisen gezogen. Zur leichteren Durchführung der Brotversorgung ist die Gründung einer österreichischen Getreideeinkaufsgesellschaft geplant, welche auch die ungarischen Mehl- und Getreideüberschüsse übernehmen soll. Neue Mehl- und Backvorschriften sind bestimmt, einen sparsamen Gebrauch mit den vorhandenen Getreidemengen in noch erhöhtem Maße zu sichern.[1]

[1] Die Vorschriften verbieten die Verwendung von feinem Weizenbackmehl und Weizenkochmehl zur Broterzeugung vollständig. Die zur Broterzeugung verwendete Mehlmenge darf in Zukunft nur bis zu 50 Prozent aus Weizenbrotmehl, Weizengleichmehl oder Roggenmehl oder beliebigen Mischungen dieser Mehle bestehen, während

Werden diese Maßnahmen der Kriegskonsumtionspolitik ausreichen, um die Ernährung unseres Volkes jetzt und im Falle eines künftigen Krieges sicherzustellen? Mit unbedingter Zuverlässigkeit vermag wohl niemand diese schwerwiegende Frage für den Augenblick zu beantworten. Für die Zukunft aber wird sie wohl, wenigstens was Deutschland betrifft, verneint werden müssen. Die immer weiterschreitende Industrialisierung des Deutschen Reiches ist nicht aufzuhalten und ebensowenig ist hier schon jetzt trotz deutlicher Anzeichen eines sich steigernden Geburtenrückganges der Kulminationspunkt in der Bevölkerungsvermehrung erreicht. Kein Zweifel, daß seine Situation bezüglich der Versorgung mit den unentbehrlichen Nahrungsmitteln fortdauernd schwieriger werden muß. Schon jetzt hat sich in diesem Punkte seine Lage gegenüber dem Jahre 1870 sehr bedenklich verschoben. Deutschland war damals noch ein viel Getreide produzierendes und ein Getreide ausführendes Land. Es trat daher zu jener Zeit keine Preissteigerung, sondern eher das Gegenteil ein, weil infolge der Erlassung eines Ausfuhrverbotes ein Preisdruck erzeugt wurde. Dadurch litten allerdings zahlreiche Geschäftsleute und ebenso wurden die Versandgeschäfte schwer mitgenommen, weil ihre Verbindungen in großem Umfange unterbrochen waren. Aber die Volksernährung hat sich damals in Deutschland ohne nennenswerte Schwierigkeiten abgewickelt. Es ist ein großes Glück für Deutschland gewesen, daß die Reichsverwaltung sich rechtzeitig zum Schutze der Landwirtschaft aufgerafft und sich aus dieser Richtung ihrer Agrarpolitik trotz mancher Überspannung nicht hat herausdrängen lassen. Wo ständen wir heute, wenn die deutsche Landwirtschaft der Torheit einzelner Industriefanatiker geopfert worden wäre? Aber immer drohender erhebt sich in der Ferne das Gespenst eines wachsenden Mangels an einheimischen Nahrungsmitteln und es muß als eine überaus ernste Aufgabe der Kriegswirtschaftspolitik bezeichnet werden, diesen Mangel für den Fall eines zukünftigen Krieges mit allen Mitteln auszugleichen. Man hat für diesen Zweck bereits mehrfach mit Nachdruck eine größere Intensivierung unserer heimischen

---

der Rest aus Surrogaten bestehen muß, als welche die Vorschriften Gersten-, Mais-, Hafer-, Reis-, Kartoffelwalz-, Kartoffel-Stärkemehl und Kartoffelbrei vorsehen. Des weiteren wird eine Beimischung von Zucker, und zwar bis 5 Prozent des Mehlgewichtes zugelassen. Die Vorschriften beschränken ferner die Kleingebäckerzeugung, zu der feines Weizenbackmehl nur bis zu 50 Prozent, Weizenkochmehl nur bis zu 70 Prozent des Gesamtmehlgewichtes verwendet werden darf, während der übrige Teil des Gesamtgewichtes der zu verarbeitenden Mehlmenge aus den angeführten Surrogaten bestehen muß. Die Erzeugung jeder anderen Art von Gebäck ist verboten. Die Vorschriften über Brot- und Gebäckerzeugung gelten nicht nur für die gewerbsmäßige Erzeugung, sondern auch für die Hauswirtschaften. Zur gewerbsmäßigen Erzeugung von Guglhupf und Kuchen usw., die auf zwei Tage der Woche beschränkt wird, darf feines Weizenmehl ebenfalls nur bis zu 50 Prozent verwendet werden.

Landwirtschaft gefordert, die bei besserer Verteilung des Grundbesitzes sowie bei ausgiebiger Heranziehung der vielen Ödländereien noch weit ertragreicher gestaltet werden könnte. Ebenso würde durch entsprechende Hebung der Viehzucht, namentlich auch durch Begünstigung der Schweinemast, noch manches zur Erleichterung der Fleischversorgung geschehen können. Es wird geklagt, daß die Schweinehaltung in Stadt und Land vielfach durch kleinliche polizeiliche Maßnahmen eingeengt und behindert werde. Auch die Fischzucht ist in Deutschland durch die Abwässer der Fabriken und der Städte an vielen Orten fast ganz vernichtet worden, da unsere heimatlichen Flüsse vielfach geradezu den Charakter von Kloaken angenommen haben. Nicht richtig war es ferner, durch das System der Einfuhrscheine die Produktion und die Ausfuhr von Roggen so sehr zu begünstigen, denn, da unmittelbar nach der Ernte auf Grund des Einfuhrscheinsystemes große Mengen deutschen Roggens nach Rußland und nach dem sonstigen Auslande ausgeführt zu werden pflegen, so müssen der deutschen Volksernährung diese Getreidequantitäten je nach der Zeit des Kriegsausbruches ganz oder teilweise abgehen. Auch die Physiologen und Hygieniker haben sich in der Frage bereits zum Worte gemeldet und ernste Vorwürfe gegen viele Mängel und Unsitten unserer üblichen Ernährungsweise erhoben. Dahin gehört vor allem die ungeheuere Verschwendung von Nährwerten, von denen große Mengen unausgenützt bleiben oder direkt vergeudet werden. Manche Mediziner sind geneigt, auch in dem übermäßigen Fleischkonsum einzelner deutscher Volksschichten eine unnötige Verschwendung zu sehen. In keinem Lande Europas soll heute so viel Fleisch gegessen werden als in Deutschland und es soll der Fleischkonsum der deutschen Bevölkerung, der noch zu Anfang des 19. Jahrhunderts sich in bescheidenen Grenzen bewegte, gegenwärtig sogar jenen der englischen Volksmassen übertreffen. Nicht mit Unrecht wird auch gegen den übermäßigen Verbrauch an Fett geeifert, von dem ein großer Teil einfach mit dem Schleusenwasser abfließe. Größere Sparsamkeit mit den vorhandenen Nahrungsstoffen und eine Änderung in der Richtung der Ernährung sind die gewichtigen Schlagworte, welche auch jetzt die Vertreter der genannten Fachwissenschaften dem deutschen Volke bei der Erörterung des Ernährungsproblemes vom Standpunkte der Kriegspolitik zurufen.

Man wird die Richtigkeit aller dieser Vorschläge kaum bestreiten können, allein ihre Verwirklichung erfordert lange Zeiträume und in keinem Falle darf von solchen auf eine sehr ferne Zukunft berechneten Maßnahmen alles Heil erwartet werden. Es dürfte daher für Deutschland nichts erübrigen, als schon in der nächsten Zeit auf jene Vorkehrungen zu greifen, welche man für die Zwecke einer ausreichenden Volksernährung in der Schweiz teils bereits ergriffen, teils schon eifrig diskutiert hat.[1] Gerade die Schweiz befindet sich wegen ihrer abgeschlossenen Lage bezüglich der Verproviantierung in noch ungünstigeren Verhältnissen. Es ist daher begreiflich, daß das Problem hier mit besonderem Eifer angefaßt worden ist. Die Zahl der gemachten Vorschläge ist nicht gering und sie haben sich selbst bis zur Ansammlung stärkerer Getreidevorräte von seiten der Bundesverwaltung sowie zur Einführung eines Getreide- und Mehlmonopols auch schon für den Friedenszustand verstiegen.[2] Man hat ferner vorgeschlagen, den Handel und die Lagerung von Getreide durch verschiedene Maßnahmen zu begünstigen, auch wohl den Getreidehandel als ein konzessioniertes Gewerbe zu erklären und die Händler gleichzeitig zu verpflichten, ausreichende Vorräte auch für die Zivilbevölkerung im Lande zu halten. Auch Fröhlich ist energisch für die rechtzeitige Ansammlung von eisernen Friedensvorräten eingetreten, die in sicheren Erdsilos zu verwahren wären und zeitweilig an die Heeresverwaltung abgegeben werden könnten. Beachtenswert ist auch dessen Vorschlag, durch Verbreitung der Elektrizität in der Landwirtschaft die Zahl der in dieser verwendeten Zugtiere zu vermindern, weil dadurch Futtermittel gespart würden. Speziell für die Mobilisierungszeit ist ferner die Anlegung von Mehlspeichern in den Großstädten empfohlen worden, da die Eisenbahntransporte während dieses Zeitraumes ganz gesperrt oder sehr erschwert sind. Der sächsische Mühlenverband hatte schon am 8. Juni 1914 in seiner zu Dresden abgehaltenen Generalversammlung eine derartige Entschließung gefaßt, indem er dabei von der Auffassung ausging, daß diese Speicher zwar mit städtischer Unterstützung erbaut, dann aber den Müllern mietweise gegen die Verpflichtung zur Haltung einer Mindestmenge Mehl überlassen werden sollten; der direkte Kauf von Getreide oder Mehl durch die Großstädte wurde hingegen vom Verbande entschieden abgelehnt. Allein nicht nur diese Ansammlung eiserner Proviantvorräte wird in Zukunft ein wichtiges Problem der Kriegskonsumtionspolitik zu bilden haben, sondern auch eine emsige Fürsorge für die angemessene Verteilung aller Vorräte auf das ganze Reich. Der deutsche Osten produziert bekanntlich weit mehr Getreide als der Westen und Süden und es bedarf demgemäß besonderer Vorkehrungen, um auch in Kriegszeiten einen möglichst ungehinderten Ausgleich zwischen diesen verschiedenen Produktionsgebieten herbeizuführen. Staffeltarife können hier manches bewirken, aber sie können in der Zeit der eigentlichen Mobilisierung vielleicht sehr wenig und selbst nachher nicht immer Genügendes leisten.

---

[1] Vgl. hierüber Jöhr, a. a. O., S. 133ff.

[2] Nach den Meldungen öffentlicher Blätter soll die schweizerische Bundesverwaltung während des jetzigen Krieges vor kurzem in der Tat, um die Getreideeinfuhr gegenüber den englischen Absperrungsmaßregeln zu sichern, eine derartige Einrichtung dekretiert haben.

Die verschiedenen Kanal- und Schiffahrtspläne, die bisher auf eine so heftige agrarische Opposition gestoßen sind, gewinnen von diesem Gesichtspunkte aus eine sehr erhöhte Bedeutung. Auch die Einrichtung von besonderen Massengüterbahnen dürfte aus demselben Grunde in Zukunft wenigstens für die Hauptverkehrsrouten nicht länger abzuweisen sein. Hiermit eröffnet sich aber ein neues selbständiges Gebiet der Kriegswirtschaftspolitik, das Kriegsverkehrswesen, worüber später noch einiges zu sagen sein wird.[1] Nicht verschwiegen werden soll in diesem Zusammenhange auch noch, daß die Ansammlung eines Kriegsschatzes von Lebensmitteln, ganz abgesehen von den Anlagekosten, einen recht erheblichen Aufwand infolge der Zinsenverluste und Silotrocknungskosten sowie wegen Mankos verursachen würde. Man hat diesen Aufwand auf 24 Millionen Mark jährlich berechnet.

Ob sich auch für Österreich in naher oder fernerer Zukunft die Notwendigkeit ähnlicher Vorkehrungen herausstellen wird, läßt sich nicht so ohne weiteres sagen. Die Vertreter der Landwirtschaft sind geneigt, ein solches Bedürfnis zu negieren. Noch jüngst hat Professor Stoklasa in einem viel bemerkten Aufsatze die Bodenproduktivität Österreich-Ungarns für den Nahrungsmittelbedarf auf Grund der Ernteergebnisse des Jahres 1913 als genügend bezeichnet[2] und dabei den gewaltigen Fortschritt gerühmt, den die durchschnittliche Produktivität der österreichischen Landwirtschaft in den letzten hundert Jahren gemacht habe. Vor diesem Zeitpunkte erntete man in Österreich nach seinen Aufstellungen pro Hektar 9,2 Meterzentner Weizen und 9,1 Meterzentner Roggen, im Jahre 1913 hingegen 13,4 Meterzentner Weizen und 13,8 Meterzentner Roggen. Demgemäß hätte sich in Österreich während dieser Zeit der durchschnittliche Ertrag an Weizen um 45,65 und an Roggen um 51,64 Prozent erhöht. In Ungarn aber belief sich vor hundert Jahren der durchschnittliche Ertrag an Weizen pro Hektar auf 9,2 und an Roggen auf 8,79 Meterzentner. Seit dieser Zeit ist der durchschnittliche Ertrag an Weizen hier auf 12,7 Meterzentner oder um 38,04 Prozent und an Roggen auf 11,6 Meterzentner oder um 31,96 Prozent gestiegen. Stoklasa erblickt alles Heil in der weiteren Steigerung der landwirtschaftlichen Produktivität und erklärt es als Pflicht eines jeden Landwirtes, für eine solche Erhöhung der Erträge unsere Kulturpflanzen unausgesetzt Sorge zu tragen, was durch eine mechanische Bearbeitung des Bodens und durch einen rationellen gute Nährstofferſatz geschehe. Allein wir haben bereits gesehen, daß es sich

[1] Vgl. hierüber den bereits zitierten Aufsatz Blausteins „Deutschlands wirtschaftliche Kriegsbereitschaft", 5. Die Verkehrsverhältnisse im Krieg, S. 15ff.

[2] „Eine ausreichende Bodenproduktivität Österreich-Ungarns für den Nahrungsmittelbedarf" im „Economist" der „Neuen Freien Presse" vom 18., 19. und 24. September 1914.

bei dem Ernährungsproblem nicht bloß um das Vorhandensein ausreichender Getreide- und Mehlvorräte, sondern zugleich auch um die rechtzeitige Organisation der planmäßigen Verteilung dieser Vorräte handelt. Was nützen alle Vorräte, wenn dieselben an gewissen Orten, insbesondere in den Großstädten, infolge der Störungen des Verkehrs während der Dauer der Mobilisierung oder auch späterhin den Konsumenten nicht zur Verfügung stehen? Aller Gesamtreichtum an Bodenprodukten schließt daher keineswegs einen wenigstens zeitweiligen Mangel an Nahrungsmitteln für gewisse Orte aus und eine lokale Aufstapelung von Getreide- oder Mehlvorräten kann sich danach in Zukunft auch für Österreich ganz wohl als ratsam erweisen.

Es erübrigt noch, einen Blick auf die Versorgung der Bevölkerung mit Kohlen und Petroleum in Kriegszeiten zu werfen. Auch diese kann infolge von Verkehrsstörungen im Kriege schwierig werden. Deutschland und Österreich-Ungarn verfügen über eine ausreichende Kohlenproduktion, allein trotzdem hat sich in Österreich selbst schon in Friedenszeiten zeitweilig eine nicht unerhebliche Kohlennot bemerkbar gemacht. Nachdem daher hier schon früher allerlei Abhilfsmaßregeln erörtert worden waren, hat nun die Regierung zur Sicherstellung des Kohlenbedarfes während des jetzigen Kriegszustandes sehr einschneidende Vorkehrungen angeordnet. Eine Verordnung des Gesamtministeriums vom 11. November 1914 ermächtigte den Minister für öffentliche Arbeiten, alle Maßnahmen zu treffen, die zur ungestörten Fortführung der Kohlenbetriebe sowie zur Erhöhung der Kohlenproduktion notwendig sein würden. Der Arbeitsminister kann auf Grund dieser Verordnung beim Vorhandensein gewisser Voraussetzungen die Besitzer von Kohlenbergwerken zur Lieferung von Kohle in bestimmten Mengen und Sorten aus ihren Betrieben verpflichten. Auch gefristete Bergwerke, welche im Hinblicke auf die Produktionsverhältnisse bisher gar nicht oder nur teilweise im Betriebe gestanden sind, können jetzt zwangsweise ausgebeutet werden. Für andere Bergwerke kann die Staatsverwaltung Betriebspläne selbst ausarbeiten oder deren Ausarbeitung verlangen. Zur Erhöhung der Produktion können Überschichten und Sonntagsarbeit, für die aber eine spezielle Entlohnung festzusetzen ist, gestattet werden. Wird einzelnen Werken seitens der Staatsverwaltung die Lieferung von Kohle vorgeschrieben, so ist über die Preise zunächst eine Vereinbarung im gütlichen Wege anzustreben, doch steht es den Werken frei, nach Ablieferung der angeforderten Kohle den Rechtsweg zu beschreiten. Für jene Werke, die auf Grund früherer Abschlüsse Lieferungen vorzunehmen haben, gilt das Anforderungsrecht der Staatsverwaltung als vis maior, so daß sie in einem solchen Falle von ihrer Lieferungspflicht gegenüber den früheren Kontrahenten in dem entsprechenden Ausmaße enthoben sind. Auch Kohlenhändlern kann eine Verpflichtung zur Lieferung bezüglich ihrer Vorräte an Inlandskohle auferlegt werden. Durch alle diese Maßnahmen sollte namentlich den Gemeinden die Möglichkeit geboten werden, größere Kohlenlager anzulegen, aus denen sie dann Kohle an die Bewohner würden verschleißen können.[1] Auch die Schweiz, welche zur Zeit des Krieges 1870 schwere Störungen in der Kohlenversorgung durchmachte, hat aus den damaligen Erfahrungen viel gelernt und kann heute dank ihrer diesbezüglichen Vorsorge weit beruhigter einer zeitweiligen Unterbindung der deutschen Kohlenzufuhr, auf die sie so stark angewiesen ist, entgegensehen.[2] Schließlich sei noch angedeutet, daß es auch im Zeitalter der Elektrizität geraten sein kann, auf eine genügende Versorgung der breiten Volksschichten mit Petroleum rechtzeitig Bedacht zu nehmen. Länder wie Deutschland und die Schweiz, welche in diesem Punkte ganz auf die auswärtige Zufuhr angewiesen sind, können sich in Kriegszeiten auch hier leicht einem empfindlichen Notstande ausgesetzt sehen. Die Schweiz hat schon im Jahre 1870 zeitweilig mit diesem Mangel zu kämpfen gehabt, die Petroleumpreise stiegen bedenklich und manche Fabriken mußten aus Mangel an Beleuchtung die Arbeit auf die Zeit der Tageshelle beschränken. Auch in Deutschland ist während des gegenwärtigen Weltkrieges infolge der Störung der amerikanischen Petroleumzufuhr Mangel an diesem Leuchtstoffe aufgetreten. Hier wird ebenfalls nur eine entsprechende Vorratshaltung, welche durch die Einführung des Reichspetroleummonopoles allerdings sehr erleichtert würde, entscheidende Abhilfe bringen können. Außerdem möchte es sich empfehlen, auf eine möglichste Verbilligung der elektrischen Beleuchtungsanlagen, insbesondere durch Herabsetzung der hohen Installationskosten, hinzuarbeiten.

Von diesen zwei großen Gebieten der wirtschaftlichen Kriegsvorkehrungen soll sich unser Blick **einzelnen Erwerbszweigen und Berufsständen** zuwenden. Es soll ihre Lage im Kriege näher untersucht und die Frage beantwortet werden, inwieweit ihnen im Kriegsfalle die stützende Hand gereicht werden kann. Auch hier können in dieser Schrift nur allgemeine Konturen gezeichnet werden, während alles Detail speziellen Arbeiten überlassen bleiben muß.[3]

---

[1] Die Verordnung hatte vorzugsweise den Zweck, die Kohlenversorgung der Reichshauptstadt Wien sicherzustellen, und hat die Staatsverwaltung zu diesem Ende von ihrem Anforderungsrechte bereits gegen Schluß des Monats November 1914 Gebrauch gemacht. Die ganze Einrichtung bedarf aber zu ihrer Wirksamkeit noch der Festsetzung von Höchstpreisen. Hierüber haben nach den Meldungen öffentlicher Blätter im Januar 1915 in der Tat bereits ministerielle Besprechungen stattgefunden, doch ist von einer derartigen Preisfixierung mit Rücksicht auf die höchst ungleichen Verhältnisse der Produktion und des Handels Abstand genommen worden.

[2] Vgl. hierüber und über das Folgende Jöhr, a. a. O., S. 50ff und S. 151ff.

[3] Manches Material enthält die amtliche deutsche Denkschrift vom 23. November 1914.

Was zunächst die Landwirtschaft betrifft, so ist sie an dieser Stelle nicht als Produzentin der hauptsächlichsten menschlichen und tierischen Nahrungsstoffe, sondern als Trägerin eines der wichtigsten Berufsstände zu behandeln. Die Interessen dieses Erwerbsstandes im Kriegsfalle wahrzunehmen und ihn vor den in solchen Zeitläuften besonders akut auftretenden Gefahren zu schützen, ist die Aufgabe der Kriegsagrarpolitik.[1] Die Landwirtschaft leidet im Kriege vor allem direkt durch die im Gefolge desselben notwendig stattfindenden ausgedehnten Verwüstungen der Felder und sonstigen Fluren, wird aber auch indirekt, also, soweit der Kriegsschauplatz nicht im eigenen Lande liegt, namentlich durch den plötzlich eintretenden Arbeitermangel, den Entzug vieler Pferde sowie endlich durch die Schwierigkeit der Futterbeschaffung schwer geschädigt.[2] Da die physischen Verhältnisse der ackerbautreibenden Bevölkerung nach der vorherrschenden Ansicht sehr günstige, ihr Altersaufbau aber infolge der starken Abwanderung gerade der kräftigsten Altersklassen in die Städte sich gegenüber der Industrie, dem Handel und Verkehre weniger vorteilhaft stellt, so wird die Landwirtschaft durch das militärische Massenaufgebot ohne Zweifel besonders hart getroffen. Mag immerhin ein gewisser Ausgleich dadurch geschaffen werden, daß die Familienangehörigen in der Landwirtschaft leicht und in großer Zahl mithelfen können, auch wohl ausländische Arbeiter weiterhin verfügbar bleiben, so muß doch der im Kriegsfalle eintretende starke Entzug von Arbeitskräften auf der landwirtschaftlichen Produktion schwer lasten. Bricht der Krieg vor der Ernte aus, so steigern sich die häufig schon im Frieden bei der Hereinbringung der Feldfrüchte auftretenden Schwierigkeiten leicht ins Ungemessene. Dauert der Krieg längere Zeit, so leidet die Felderbestellung, die Aussaat wird auf die notwendigsten Getreidearten beschränkt und es kann sich dann leicht auch die gesamte Produktion vermindern. Sehr erschwerend wirkt dabei die namentlich auch den Landwirt treffende Verpflichtung, im Kriegsfalle Pferde, Geschirre und Zugführer für die Heeresverwaltung zu stellen. Der Viehhaltung erwachsen aber nicht nur dadurch Schwierigkeiten, daß das Futter infolge Mangels an Zugtieren oft nicht rechtzeitig von den eigenen Fluren hereingebracht werden kann, sondern daß namentlich die speziell für Deutschland so unentbehrliche Zufuhr ausländischer Futtermittel gestört oder unterbunden werden dürfte. Da im Kriegsfalle, wie wir bereits wissen, eine stärkere Mehlausbeute im Interesse der menschlichen Ernährung stattfinden muß und auch die Kartoffeln in größerem Umfange für den gleichen Zweck

---

[1] Anders faßt diesen Begriff Blaustein („Deutschlands wirtschaftliche Kriegsbereitschaft", S. 10ff.), indem er unter diesem Schlagworte auch die Nahrungsmittelbeschaffung im Kriege behandelt.

[2] Vgl. hierüber insbesondere Jöhr, a. a. O., S. 162ff.

nutzbar gemacht werden, so vermindert sich auch dadurch das Futtermittelquantum und die Erhaltung des Viehstapels wird schwieriger. Ebenso kann die Zufuhr von Kunstdünger aus dem Auslande abgeschnitten und der Nährstofferſatz dadurch erschwert oder unmöglich gemacht werden.

Als Maßnahmen der Kriegsagrarpolitik wird sich daher eine etwas schonendere Heranziehung der agrikolen Bevölkerung zum Heeresdienste empfehlen und in der Tat haben denn auch so manche Wehrverfassungen den Besitzern ererbter bäuerlicher Landwirtschaften gewisse Erleichterungen bei der Erfüllung der Heeresdienstpflicht (z. B. durch Einreihung derselben in die Ersatzreserve) ganz allgemein im Gesetzeswege zugebilligt. Nötigenfalls könnte durch Zurückstellung einzelner landsturmpflichtiger Landwirte geholfen werden. So hat das preußische Kriegsministerium nach den Berichten öffentlicher Blätter unter dem 14. September 1914 angeordnet, daß leitende Gutsbeamte, Müller, Führer von Motorpflügen sowie von landwirtschaftlichen Maschinen und von Maschinen elektrischer Überlandzentralen, ferner leitende Beamte landwirtschaftlicher Nebenbetriebe, endlich auch landwirtschaftliche Vorarbeiter bis auf weiteres zurückgestellt werden können. Was aber die Sicherstellung des eigentlichen landwirtschaftlichen Arbeiterbedarfes im Kriegsfalle anlangt, so sind in Deutschland alsbald nach dem Ausbruch des gegenwärtigen Weltkrieges eine ganze Reihe von Maßnahmen teils in Erwägung gezogen, teils wirklich ins Werk gesetzt worden. Dahin gehörte vor allem die Heranziehung der fiskalischen Waldarbeiter zu den landwirtschaftlichen Arbeiten, ferner namentlich die Zuführung der in der Industrie beschäftigungslos gewordenen Arbeiter auf das flache Land zur Vornahme von Erntearbeiten, die zeitweilige Befreiung der ländlichen Schuljugend vom Unterrichte für den gleichen Zweck, endlich auch die eventuelle Verwendung von Kriegsgefangenen zu bestimmten landwirtschaftlichen Arbeiten. Wie noch später gezeigt werden wird, wurde der deutschen Landwirtschaft in erster Linie durch eine groß angelegte Zentralisation der Arbeitsnachweise und sodann durch die freiwillige Mitwirkung von Angehörigen anderer Berufsstände bei den Erntearbeiten in ausreichender Weise unter die Arme gegriffen. In Österreich hat die Regierung behufs Sicherung des Einbringens der Ernte und des neuen Anbaues noch energischer eingegriffen, indem im Wege einer Notverordnung vom 5. August 1914 anbefohlen ward, daß in dem Falle, als es an freiwilliger Hilfeleistung für die Ernte und die notwendigste Feldbestellung fehlen würde, mit wenigen Ausnahmen alle in den einzelnen Gemeinden anwesenden Personen zur Leistung derartiger Arbeiten verpflichtet sein sollten. Der öfters empfohlene Ersatz menschlicher Arbeitskräfte durch Maschinen ist bei der Landwirtschaft nur in weit geringerem

Ausmaße möglich wie bei der Industrie und sehr von der einzelnen Betriebsart abhängig. Ähnliches gilt von den Zugtieren, für deren Ersatz man namentlich die Verwendung von Motorpflügen vorgeschlagen hat. In Ostpreußen soll mit staatlicher Unterstützung davon in der Tat in beachtenswerter Weise Gebrauch gemacht worden sein. Allein alle derartigen Umbildungen vollziehen sich bei der Mehrzahl der landwirtschaftlichen Betriebe nur höchst langsam. Raschere Hilfe wird der Landwirtschaft gebracht, wenn sie für die ihr abgeforderten Zugtiere nicht bloß Schuldanerkenntnisse, sondern bare Bezahlung erhält. Die so wichtige Frage der Versorgung der Landwirtschaft mit Kunstdünger ist vom preußischen Landwirtschaftsministerium nach Ausbruch des gegenwärtigen Weltkrieges zum Gegenstande näherer Erörterungen gemacht worden, indem man Vertreter des Salpeterimportes und der landwirtschaftlichen Konsumentenverbände zu einer Beratung heranzog. Da festgestellt werden mußte, daß die deutsche Landwirtschaft während der Dauer des Krieges auf eine namhafte Zufuhr von Salpeter nicht rechnen dürfe, so wurden die Landwirte darauf hingewiesen, ihren Kunstdüngerbedarf rechtzeitig durch Ankauf anderer stickstoffhältiger Düngemittel zu decken. An Kali ist in Deutschland natürlich kein Mangel. Die gleiche Frage ist auch in Österreich, wo man den zur Steigerung der Pflanzenproduktion nötigen Stickstoff bisher gleichfalls in sehr großem Ausmaße in der Form von Chilisalpeter verabreicht hat, ventiliert worden. In seinem uns schon bekannten Aufsatze über die Bodenproduktivität Österreich-Ungarns hat Professor Stoklasa diese starke Verwendung von Chilisalpeter — im Jahre 1912 sollen es z. B. rund 1 Million Meterzentner gewesen sein — als einen großen nationalökonomischen Schaden bezeichnet. Nach seinen physiologischen Versuchen übt der Stickstoff in Form von Ammoniumsulfat auf die Erhöhung der Pflanzenproduktion und auf die Qualität der Erträge dieselbe Wirkung aus wie in Form von Chilisalpeter. Stoklasa fordert deshalb die Emanzipation von diesem und die Deckung des Bedarfes an Stickstoff durch heimisches Ammoniumsulfat sowie durch Superphosfat, Kali und Knochenmehl. Im Interesse einer rechtzeitigen und ungestörten Versorgung der Landwirtschaft mit Düngemitteln kann sich die Statuierung eines staatlichen Zwangsanforderungsrechtes als notwendig erweisen. In Österreich ist der Ackerbauminister durch eine Verordnung vom 18. Januar 1915 ermächtigt worden, jene Unternehmungen, welche stickstoffhältige Düngemittel erzeugen, zu verpflichten, bestimmte Mengen an die ihnen zu bezeichnenden Abnehmer zu liefern. Die gleiche Verpflichtung kann Händlern rücksichtlich ihrer Vorräte an stickstoffhältigen Düngemitteln auferlegt werden. Bestehende Schlüsse entheben nicht von der Verpflichtung zur Lieferung der angeforderten Mengen. Diese Unternehmungen erhalten das Recht, eventuell im Prozeßwege eine angemessene Entschädigung zu verlangen, wenn ein gütliches Übereinkommen nicht zustande kommt. Strenge Strafen sollen die wirksame Durchführung des Anforderungsrechtes sichern.

Die Kriegsgewerbe- und Industriepolitik wird vor allem darauf gerichtet sein müssen, den tunlichst ungestörten Fortgang des Wirtschaftslebens durch baldigste Wiederherstellung der durch den Aufmarsch des Heeres unterbrochenen Verkehrsmöglichkeiten, durch Gewährung besonderer Kredite sowie durch Versorgung der Betriebe mit den nötigen Rohstoffen und durch Verhütung von Preissteigerungen zu sichern. Selbstverständlich kann hier keinesfalls alles von der vorausblickenden Tätigkeit der Staatsverwaltung erwartet werden, sondern die Interessenten müssen sich mit dieser zu einem gemeinsamen Vorgehen vereinigen. Auch kann hier von einer Gleichmäßigkeit der kriegswirtschaftlichen Maßnahmen um so weniger die Rede sein, je verschiedener sich die Lage der einzelnen Güterproduktionszweige im Kriegsfalle gestaltet. Wir haben schon in einem früheren Abschnitte darüber einige Andeutungen gemacht, in welch abweichender Art das gewerbliche und industrielle Wirtschaftsleben vom Kriege betroffen wird und wie dadurch allerlei Verschiebungen zwischen den einzelnen Branchen bewirkt werden müssen. Diese Verschiebungen können sich natürlich nicht bloß auf das Inland, sondern selbst auf auswärtige Gebiete erstrecken, indem diese der inländischen Industrie jetzt Aufträge zuteil werden lassen, die sie sonst an einen Gegner vergaben. Von all diesen in einzelnen Produktionszweigen durch den Krieg bewirkten Störungen, Einschränkungen und Verschiebungen kann in dieser Studie nicht weiter im Detail gehandelt werden und folgerichtig auch nicht von den für bestimmte Gewerbszweige angebrachte Abhilfsmaßnahmen. Nur ein allgemeines Bild der gewerblichen und industriellen Kriegsfürsorge soll hier gezeichnet werden. Schon durch die Einberufung zahlreicher Arbeiter zu den Fahnen müssen viele gewerbliche und industrielle Betriebe allerlei Störungen erleiden. Ein Ersatz der Einberufenen durch jugendliche oder weibliche Arbeiter ist nicht immer möglich, namentlich vor allem nicht bei den schweren Industrien. Man hat berechnet, daß in Deutschland im Mobilisierungsfalle ungefähr ein Viertel der gesamten männlichen Industriearbeiterschaft unter die Waffen gerufen werden dürfte. Die dadurch in die Reihen der Arbeiter gerissenen Lücken kann man durch Heranziehung von Arbeitskräften aus anderen Branchen und durch Einstellung arbeitsloser Leute sowie durch vermehrte Verwendung von Maschinen auszufüllen versuchen, aber es ist nicht gesagt, daß dies immer so leicht gelingen wird. Bei kartellierten Industrien wird es eher möglich sein, Betriebe zusammenzulegen und dadurch Arbeitskräfte zu ersparen, während in anderen Branchen sich eine derartige Zusammenlegung als schwierig erweisen kann. Durch eine straffere Zentralisation der Arbeitsnachweise wird es wohl am ehesten möglich sein, dem in einzelnen Branchen auftretenden Arbeitermangel rasch und sicher zu begegnen. Am empfindlichsten können die Kriegsindustrien unter einem eintretenden Arbeitermangel zu leiden haben. Jede Stockung oder sonstige Störung dieser Betriebe kann für den kriegführenden Staat von sehr schwerwiegenden Folgen begleitet sein. Es liegt daher nahe, den ungestörten Gang solcher Betriebe von Staats wegen durch außerordentliche Maßregeln sicherzustellen, eventuell dieselben in die unmittelbare Verwaltung der Heeresleitung zu übernehmen. In Österreich ist demgemäß durch eine Notverordnung vom 25. Juli 1914 dem Ministerium des Innern das Recht eingeräumt worden, solche Betriebe, wie überhaupt alle Unternehmungen, welche für die Zwecke des Staates oder für das öffentliche Wohl besonders wichtig sind, während der Kriegsdauer als „staatlich geschützte" Unternehmungen zu erklären. Jede Störung oder Erschwerung des Betriebes solcher Unternehmungen durch bedienstete oder andere Personen ist unter strenge Strafen gestellt. Hierdurch wollte man offenbar jeden Streik in derartigen Betrieben und Unternehmungen von vornherein im Keime ersticken. Das gleiche Ziel liegt den einschlägigen Bestimmungen des ungarischen Gesetzartikels LXIII vom Jahre 1912 (§ 20) zugrunde. Ferner können nach dem österreichischen Kriegsleistungsgesetze vom 26. Dezember 1912, beziehungsweise nach dem ungarischen Gesetzartikel LXVIII aus dem gleichen Jahre (§ 18) die Besitzer von Betriebs- und Industrieanlagen verpflichtet werden, ihren Betrieb für militärische Zwecke weiterzuführen oder aber samt ihrem Personal der Heeresverwaltung zu überlassen. Dieses Personal kann nach den gleichen Gesetzesbestimmungen (§ 6), sofern dasselbe auch selbst den Kriegsdienstleistungen unterworfen ist, verhalten werden, für die Dauer der militärischen Inanspruchnahme des Unternehmens in dem bisherigen Dienst- oder Arbeitsverhältnisse zu verbleiben. Damit auch die kleineren Betriebe an den Heereslieferungen einen angemessenen Anteil erhalten, kann es zweckmäßig sein, wenn die Militärverwaltung auf die Bildung von Industriezentralen oder gemeinnützigen Aktiengesellschaften hinarbeitet, welche die Beschaffung und Verteilung der nötigen Rohstoffe in ihre Hand nehmen. So hat sich in Deutschland im Oktober 1914 auf Anregung des preußischen Kriegsministeriums eine gemeinnützige Kammwollaktiengesellschaft zu dem Zwecke gegründet, damit der Bezug und die Verteilung der für die Kriegsausrüstungserfordernisse nötigen Kammwollstoffe und Kammzüge geregelt werde. Auch aus Böhmen ist über die Bildung einer gemeinnützigen Aktiengesellschaft für ärarische Wollstofflieferungen berichtet worden und ein Teil des Aktienkapitals dieser Gesellschaft wurde jenen Firmen vorbehalten, die bisher keine Heereslieferungen erhalten hatten. Ebenso sind im Deutschen Reiche später eine Kriegsleder-Aktiengesellschaft und eine Rohhäute-Aktiengesellschaft, in Österreich aber eine Häute- und Lederzentrale gegründet worden, welche Organisationen sowohl den Interessen der Heeresverwaltung wie auch jenen der betreffenden Branchen in Ansehung einer möglichst gleichmäßigen und zweckentsprechenden Verteilung der zu verarbeitenden Stoffe zu dienen bestimmt sind. Von allgemeinerer Tragweite ist die Aufhebung gewisser Arbeiterschutzbestimmungen, wodurch dem Arbeitermangel in vielen Betrieben wenigstens einigermaßen abgeholfen werden soll. In Deutschland ist durch ein Gesetz vom 4. August 1914 der Reichskanzler ermächtigt worden, für die Dauer des Krieges allgemein oder für örtlich beschränkte Gebiete, beziehungsweise für bestimmte Arten von gewerblichen-Unternehmungen Ausnahmen von einer Reihe von Arbeiterschutzbestimmungen zuzulassen, und ebenso sind die höheren Verwaltungsbehörden befugt, für einzelne Betriebe diese gesetzlichen Beschäftigungsbeschränkungen außer Kraft zu setzen. Zweifelsohne hat die Gesetzgebung auch bei Erlassung dieser Bestimmung in erster Linie jene Unternehmungen im Auge gehabt, welche für das Heer oder die Marine zu liefern verpflichtet sind, aber es steht nichts im Wege, von dieser Gesetzesnorm im öffentlichen Interesse auch zu gunsten anderer Unternehmer, z. B. der Lebensmittelbranche, Gebrauch zu machen, und in diesem Sinne hat sich auch der preußische Handelsminister ausdrücklich in einer Bekanntmachung vom 5. August 1914 über die Sonntags- und Feiertagsarbeit ausgesprochen. Ebenso sind in Österreich aus Anlaß des gegenwärtigen Krieges die Arbeiterschutzbestimmungen über die Sonn- und Feiertagsruhe auf Grund einer kaiserlichen Verordnung vom 31. Juli 1914 zeitweilig für die unter die Gewerbeordnung fallenden Betriebe außer Kraft gesetzt worden. Von ähnlichen für die Kohlenbetriebe angeordneten Suspensionsbestimmungen war schon früher die Rede.

Neben der Beseitigung eines etwa auftretenden Arbeitermangels wird die Kriegsgewerbe- und Industriepolitik ihr Augenmerk aber ganz besonders der Beschaffung der erforderlichen Rohstoffe zu angemessenen Preisen zuwenden müssen.[1] Gerade hier sind große Schwierigkeiten oft unausweichlich und diese können selbst mit staatlichen Machtmitteln nicht immer vollständig überwunden werden. Deutschland kann nur einen Teil der benötigten Rohstoffe aus dem Inlande beziehen, wie namentlich Kohle, Eisen und Zinkerze, ferner Holz, Salz, Steine und Erden. Dagegen ist es für viele Stoffe auf das Ausland angewiesen. Dies gilt insbesondere für die Textilindustrie, für die Industrie der Öle

---

[1] Vgl. hierüber Blausteins Aufsatz „Deutschlands wirtschaftliche Kriegsbereitschaft", 4. Beschaffung von Rohstoffen und Halbfabrikaten, S. 14 f.

und Fette, für die Gummiwarenfabrikation und die Kupfer verarbeitenden Industrien. Auch die Veredlungsgewerbe und die Verfeinerungsindustrien beziehen ihre Stoffe vielfach aus dem Auslande.[1] Der Import ausländischer Rohstoffe wird nun im Kriege leicht schwer gestört und selbst die Produktion inländischer Rohstoffe kann Einschränkungen erfahren. Durch Belassung eines ausreichenden Arbeiterstandes können allerdings die Kohlen- und Eisenwerke in den Stand gesetzt werden, ihre Produktion in größerem Umfange aufrecht zu erhalten, aber auch hier sind Störungen beim Bezug des Rohstoffmateriales für viele Fabriken speziell während der Mobilisierungszeit keineswegs ausgeschlossen. Einer genügenden Holzversorgung haben die fiskalischen Forstverwaltungen durch ihre sparsame Wirtschaft im Frieden in ausreichendem Maße vorgearbeitet. Ein schwerer Notstand drohte dagegen der deutschen Textilindustrie, insbesondere als England durch seine völkerrechtswidrige Behandlung der Baumwollzufuhren und durch die Abschneidung der überseeischen Wollimporte ihre ausreichende Versorgung mit dem nötigen Rohstoffmaterial unmöglich zu machen drohte. Dank den energischen Reklamationen der amerikanischen Regierung mußte England indes bald in der Frage der Baumwollzufuhr den Rückzug antreten. Mißlicher war es um die Wollvorräte bestellt, deren Preise daher rasch zu steigen begannen. Eine ähnliche starke Preissteigerung zeigten auch manche Metalle, besonders Kupfer, Aluminium, Antimon und Nickel. Der Ruf nach Festsetzung von Höchstpreisen für diese Metalle wurde daher im Herbste 1914 in Deutschland immer lauter, so daß schließlich die Reichsregierung sich zu einer Preisfixierung entschließen mußte.[2] Natürlich standen dabei militärische Rücksichten im Vordergrunde. Das gleiche trifft auch zu für das von der Heeresverwaltung erlassene Verbot der Häuteauktionen, welche im November 1914 untersagt werden mußten.[3] Was aber die Deckung des Wollbe-

---

[1] Völcker, a. a. O., S. 60.

[2] Die Verordnung des Bundesrates über Höchstpreise für Kupfer, altes Messing, alte Bronze, Rotguß, Aluminium, Nickel, Antimon und Zinn ist am 14. Dezember 1914 in Kraft getreten. In der Verordnung ist auch ein Zwangsanforderungsrecht der Behörden statuiert. Auch in Österreich haben die Interessenten bereits im Dezember 1914 die Festsetzung von Höchstpreisen für Metalle verlangt. Neuestens ist sowohl in Deutschland wie auch in Österreich-Ungarn die Beschlagnahme der Metallvorräte für Kriegszwecke angeordnet worden.

[3] Durch eine Kundmachung des preußischen Kriegsministeriums wurden alle Häute von Großvieh für die Heeresverwaltung beschlagnahmt. Häute unterliegen einer Verfügungsbeschränkung in der Art, daß sie nur zu Kriegslieferungen verwendet werden dürfen. Um diese Verwendung zu regeln, hat das Kriegsministerium eine Kriegsleder-Aktiengesellschaft mit dem Sitze in Berlin gegründet, welche ausschließlich gemeinnützige Zwecke verfolgt. Dieser Aktiengesellschaft ist eine Verteilungskommission angegliedert, welche die Häute den zu Kriegslieferungen verpflichteten Gerbereien Deutschlands anzuweisen hat. Die Häuteverwertungsverbände haben sich verpflichtet,

darfes betrifft, so mußte der gewaltige Bedarf der Militärbehörden an Wollwaren die Rohstoffvorräte der deutschen Wollindustrie ebenfalls sehr rasch zusammenschrumpfen lassen. Immerhin soll die Lage der Wollindustrie während des Krieges sich noch immer besser gestaltet haben als die in Bradford, dem Zentrum der englischen Wollwarenfabrikation, der Fall war, und die Möglichkeit erscheint nicht ausgeschlossen, daß ein Teil der in den Vereinigten Staaten vorhandenen sehr bedeutenden Wollvorräte trotz aller englischen Absperrungsmaßregeln noch seinen Weg nach Deutschland finden werde. Gleichwohl mußte der Bundesrat schon im Interesse einer glatten Befriedigung des Heeresbedarfes unter dem 22. Dezember 1914 zur Festsetzung von Höchstpreisen auch für Rohwolle und Wollwaren schreiten.

In jedem Falle müssen Industrie und Handel unter den erschwerten Verhältnissen des Krieges auf das engste zusammenwirken, um den möglichst ungestörten Fortgang des Wirtschaftslebens zu sichern. Neben den für die einzelnen Branchen geschaffenen Kriegszentralen bedarf es daher auch gemeinsamer Kriegsorganisationen, welche Gewerbe, Industrie und Handel zu umfassen haben. Die Bildung solcher Organisationen ist denn auch sowohl in Deutschland wie in Österreich mehrfach in die Wege geleitet worden. In Deutschland hat sich namentlich die Kriegszentrale des Hansabundes auch des Handwerks und des Handels speziell durch Förderung einer Kriegskreditorganisation angenommen, während in Österreich für den Zweck der gemeinsamen Beratung über kriegswirtschaftliche Fragen von der Wiener Handelskammer ein Permanenzkomitee für Industrie, Gewerbe und Handel ins Leben gerufen worden ist. Im Kriege sollte überhaupt jedweder Hader zwischen den großen Erwerbsständen ruhen und eine Art Gottesfriede zwischen ihnen herrschen. In Deutschland ist ein solcher, wie es scheint, in der Tat geschlossen und Ende September 1914 durch eine feierliche Kundgebung auf einer gemeinsamen Versammlung des Deutschen Handelstages, des Deutschen Landwirtschaftsrates, des Kriegsausschusses der deutschen Industrie sowie des Deutschen Handwerks- und Gewerbekammertages bekräftigt worden. Daneben bleibt selbstverständlich für die fördernde und unterstützende Tätigkeit innerhalb der einzelnen Organisationen der verschiedenen Nährstände im Wege der Selbsthilfe in Kriegszeiten noch Raum genug übrig. Wir möchten da namentlich auf den großen Nutzen aufmerksam machen, der für kleinere Gewerbe- und Handelsbetriebe durch Schaffung von Auskunfts- und Beratungsstellen bei den Handwerkskammern, Innungen und sonstigen Inter-

---

die Häute zu festen Preisen und Bedingungen der Kriegsleder-Aktiengesellschaft durch Vermittlung einer vom Kriegsministerium gegründeten gemeinnützigen Gesellschaft, der Deutschen Rohhäutegesellschaft m. b. H., zuzuführen.

essentenvertretungen gestiftet werden kann. Da zahlreiche selbständige Gewerbetreibende und Handelsleute infolge der Mobilmachung ihre Geschäfte verlassen müssen und diese also nicht mehr in eigener Person führen können, so muß es als eine wichtige Obliegenheit der genannten Organisationen angesehen werden, für diese Geschäfte im Bedarfsfalle geeignete Stellvertreter ausfindig zu machen. In Deutschland haben verschiedene Handwerks- und Handelskammern gleich nach Kriegsausbruch die Bestellung von Stellvertretern für die Geschäfte einberufener Mitglieder mit Eifer in die Hand genommen.[1]

Mit diesen Bemerkungen sind wir bereits über den Rahmen der eigentlichen Kriegsgewerbe- und Industriepolitik etwas hinausgegangen und haben schon in das Gebiet der Kriegshandelspolitik übergegriffen. Die Maßnahmen der letzteren sind zunächst vorzugsweise prohibitiver Natur und äußern sich zuvörderst in zahlreichen Ausfuhr- und Durchfuhrverboten. Es ist selbstredend, daß von diesen Verboten in erster Linie Waffen, Munition und alle jene vielen Materialien betroffen werden müssen, welche für den Kriegsbedarf Verwendung finden können. Dazu kommen gewöhnlich Ausfuhrverbote für Pferde, sonstiges Vieh, Getreide und andere Lebensmittel. Auf der anderen Seite ist auch die Wareneinfuhr gehemmt oder bei Eintreten der Seeblockade auf dem direkten Wege ganz aufgehoben. Ja es kann vorkommen, daß der eigene Staat den Import gewisser Waren in der Absicht verbietet, um den kriegführenden Gegner dadurch zu schädigen. So hat England im gegenwärtigen Kriege nach den Berichten der Tagesjournale die deutsche Zuckereinfuhr untersagt, damit Deutschlands Zuckerexport möglichst gestört werde. Diese oft sehr zahlreichen Ausfuhr- und Durchfuhrverbote schädigen nicht nur an sich schon den Handel, sondern ihr häufiger Wechsel ist auch geeignet, die Unternehmungslust und die Anpassungsfähigkeit des Händlers empfindlich zu lähmen, weil er die nächste geschäftliche Zukunft nicht mehr zu übersehen vermag. Durch den Kriegsausbruch erlöschen nach dem Völkerrechte von selbst die zwischen den kriegführenden Staaten bestehenden Handelsverträge, auch wenn sie für „ewige Zeiten" (Frankfurter Friedensvertrag!) abgeschlossen worden sein sollten. Auf die Zollbehandlung der aus meistbegünstigten Ländern stammenden Waren hat die infolge des Krieges eingetretene Aufhebung der Handelsverträge an sich zwar nicht notwendig Einfluß, aber es ist selbstverständlich, daß auch solchen kriegführenden Staaten vom Gegner die Meistbegünstigung entzogen und ihnen gegenüber der wirtschaftliche Kriegszustand durch Anwendung des autonomen Zolltarifes proklamiert werden wird. So hat der

---

[1] Vgl. die bezüglichen Angaben in der „Sozialen Praxis", 23. Jahrgang (1914), Nr. 46 („Sozialpolitik im Kriege").

deutsche Bundesrat unter dem 10. August 1914 ausdrücklich beschlossen, Großbritannien sowie den britischen Kolonien und Besitzungen die Meistbegünstigung zu entziehen. Infolgedessen unterlagen nicht nur fortan alle britischen Erzeugnisse den Sätzen des autonomen deutschen Zolltarifes, sondern auch alle sonstigen vertragsmäßigen Begünstigungen in Ansehung der Zollbehandlung, wie z. B. rücksichtlich der Muster von Handlungsreisenden u. dgl. m., traten gegenüber dem britischen Reiche außer Kraft. Es ist klar, daß schon durch diese Hemmungen der Auslandsverkehr der kriegführenden Staaten und ihre Handelsbilanz während der Dauer des Krieges gewaltig zurückgehen muß und der dadurch dem Export zugefügte Schaden den Umfang von vielen Millionen annehmen kann. Die während der Kriegsdauer veröffentlichten handelsstatistischen Nachweisungen sprechen in dieser Beziehung eine ebenso deutliche Sprache wie die Angaben über die Zahl der in den Seehäfen eingelaufenen und der aus ihnen ausgelaufenen Kauffahrteischiffe. Nicht geringere Schäden können dem Handel durch die im Gefolge des Krieges im Binnenverkehre eintretenden Störungen erwachsen. Während der Mobilisierung stockt auch der innere Warenverkehr oft fast vollständig und ebenso wird der Post-, Telegraphen- und Telephonverkehr im Innern des Landes und nach neutralen Ländern namentlich in der ersten Zeit nach Kriegsausbruch sehr starken Beschränkungen und Kontrollen unterworfen. Erst im weiteren Verlaufe des Krieges pflegen sich diese Verhältnisse erheblich zu bessern und es tritt dann häufig wenigstens im inneren Handelsverkehr eine teilweise Wiederbelebung ein. Die bei Beginn des Krieges fast ganz eingestellte Tätigkeit der Geschäftsreisenden pflegt dann in einem gewissen Umfange wieder aufgenommen zu werden und das wirkt belebend zurück auf andere kaufmännische und gewerbliche Betriebe.

Der moderne Handel, zumal der Großhandel, ist direkten staatlichen Eingriffen in der Regel wenig geneigt und die öffentliche Verwaltung ist hierzu auch bei dem komplizierten Geschäftsgetriebe der Gegenwart zumeist sehr wenig befähigt. Das Schwergewicht aller kriegswirtschaftlichen Maßregeln wird daher beim Handel zunächst in der Selbsthilfe liegen müssen und vom Staate nur gefordert werden können, daß er die durch den Krieg entstandenen Verkehrshemmungen möglichst rasch wieder beseitige und die auf Selbsthilfe gerichteten Bestrebungen des Handels möglichst wirksam unterstütze. Dieser muß vor allem im Wege seiner Organisationen das im Kriege so sehr erschwerte Informationswesen weiter ausgestalten und mit allem Eifer pflegen. Es ist im gegenwärtigen Weltkriege für viele Kaufleute nicht eben leicht, sich schnell und sicher über die fortwährend wechselnden Ausfuhr- und Durchfuhrverbote sowie über die Beschränkungen und die Wiederaufnahme des Eisenbahn-, Post- und Telegraphenverkehres zu unterrichten.

Speziell der Export muß jetzt oft ganz neue Wege über neutrale Staaten einschlagen. Alle hierauf bezüglichen Nachrichten fortlaufend zu sammeln, in Evidenz zu halten und den beteiligten kommerziellen Kreisen zugänglich zu machen, muß als eine überaus wichtige Aufgabe der kaufmännischen Organisationen, der Handelskammern und Handelsmuseen angesehen werden. Auch die Regelung der Kriegsversicherung für den Export darf hierbei nicht außer Betracht bleiben. In Deutschland hat der Kriegsausschuß der deutschen Industrie sogleich bei seiner Gründung eine Außenhandelsabteilung mit der Bestimmung ins Leben gerufen, die trotz des Kriegszustandes vorhandenen Ausfuhr- und Verschiffungsmöglichkeiten festzustellen und hierüber auf Befragen Auskunft zu erteilen. Desgleichen hat der Ausschuß des Deutsch-Amerikanischen Wirtschaftsverbandes unter Mitwirkung von Vertretern der Reichsregierung und bundesstaatlicher Behörden die Frage des Güterverkehres und der Nachrichtenübermittlung nach den Vereinigten Staaten, ferner die Frage der Kriegsversicherung für den transatlantischen Verkehr sowie der Verwertung deutscher Guthaben in Amerika samt anderen wichtigen Maßnahmen zum Schutze der deutschen Interessen im deutsch-amerikanischen Handelsverkehre einer eingehenden Beratung unterzogen. In Österreich nahm sich die Triester Handelskammer ihrer kommerziellen Interessenten mit großem Eifer an und berief im September 1914 eine Konferenz derselben, um die Abwicklung eines beschränkten Handelsverkehres über neutrale Häfen zu sichern. Dabei wurde speziell auch die Frage der Kriegsversicherung verhandelt. Mehrere Banken erklärten sich bereit, nach wie vor Warenbelehnungen vorzunehmen. Beim Eisenbahnministerium intervenierte die Kammer, damit die Exporttarife auch auf solche Sendungen Anwendung finden möchten, welche ursprünglich für die seemäßige Ausfuhr bestimmt waren, infolge des Kriegsausbruches aber nach Italien dirigiert wurden. Man suchte die möglichste Freilassung der Transitgüter von den Ausfuhrverboten im Interesse des Exportverkehres zu erreichen und hatte in dieser und auch in anderen Beziehungen mancherlei Erfolge zu verzeichnen. Die Wiener Handelskammer legte in ihrer Exportabteilung ein Verzeichnis vertrauenswürdiger Mittelspersonen an, welche ihren Wohnsitz in neutralen Staaten hatten und sich bereit erklärten, auf Erkundigungen Antwort zu erteilen sowie übersendete Briefe und Telegramme weiterzubefördern. Es ist klar, daß durch rechtzeitiges und energisches Eingreifen der Staatsverwaltung die sonst in diesem Informationswesen leicht eintretende Zersplitterung verhütet und die bezügliche Arbeit sehr erleichtert werden kann. Namentlich für die gefahrlose Abwicklung des internationalen Zahlungsverkehres zwischen den Interessenten sind im Zeitalter allgemeiner Moratorien zuverlässige Informationen höchst wichtig, aber nicht immer leicht zu beschaffen.

Haben doch außer Deutschland alle übrigen am gegenwärtigen Weltkriege beteiligten Staaten und außerdem noch etwa zehn andere europäische und sechs außereuropäische Staaten das allgemeine Moratorium festgesetzt! Wie leicht kann der zahlungswillige Schuldner bei diesem schwer zu übersehenden Zustande der internationalen Stundungsgesetzgebung, die in einigen Staaten sogar bis zu einem Zahlungsverbote erweitert worden ist, zu Schaden kommen! In den Exportstädten, wo das Handelsgeschäft während des Krieges naturgemäß am schlimmsten darniederliegt, wird es außerdem noch besonderer Vorkehrungen bedürfen, um dem Exporteur und dem kleinen Kaufmann über die schweren Zeiten des Krieges einigermaßen hinwegzuhelfen. Denn während im Innern des Staates die Geschäfte für die binnenländischen Bedürfnisse weiter arbeiten, stockt das Seehandelsgeschäft vielfach ganz und ist zudem durch die ausländischen Zahlungsverbote auf das härteste getroffen. Hier wird nur durch eine geeignete Kreditorganisation geholfen werden können. Nicht ausgeschlossen ist, daß der in Sachen der kommerziellen Verwaltung sonst mit Recht sehr reservierte Staat in Kriegszeiten selbst unmittelbar als Käufer auftritt, wenn es gilt, einem öffentlichen Notstand zu begegnen oder die Ziele der Kriegführung zu fördern. So hat in Österreich die Regierung im November 1914 in Triest Lager von brasilianischem Valorisationskaffee in der Absicht angekauft, um damit eine Reihe von Gemeinden zu versorgen. Der Preis des Kaffees war infolge des Krieges stark gestiegen und überdies durch die erschwerten Verkehrsverhältnisse im Kaffeehandel eine gewisse Beengung eingetreten. Die Gemeinden sollten den Kaffee an Großhändler und diese dann weiter an Detailhändler zu bestimmten Preisen abgeben, so daß für diesen Kaffee Maximalpreise zu gelten hatten. Die ganze Aktion war formal nur mit der Krücke einer auf die Notverordnung vom 10. Oktober 1914 gestützten Verfügung durchzuführen, da die auf den brasilianischen Kaffee ausgestellten Lagerscheine nicht nach den Vorschriften des Lagerhausgesetzes vom Jahre 1889 präsentiert werden konnten, da sie sich ja nicht in österreichischen Händen befanden. Ebenso soll die englische Regierung nach den Meldungen öffentlicher Blätter große Zuckereinkäufe zwecks Deckung jenes Ausfalles durchgeführt haben, der durch das von ihr gegenüber der deutschen Zuckereinfuhr erlassene Verbot in England sonst entstanden wäre.

Scharfer staatlicher Eingriffe wird unter Umständen auch der Börsenhandel bei Ausbruch eines Krieges gewärtig sein müssen. Preistreibereien an den Produktenbörsen werden nicht geduldet werden können und ebenso wird die Regierung wüsten Baissespekulationen an den Effektenbörsen eventuell durch Schließung derselben kraft des staatlichen Aufsichtsrechtes zuvorkommen müssen. Man hat starke Börsen im Interesse einer guten Aufnahmsfähigkeit und einer ausreichenden

Widerstandskraft in Kriegszeiten gefordert und von diesem Gesichtspunkte aus speziell die deutsche Börsenreform ungünstig beurteilt.[1] Tatsache ist aber, daß zu Beginn des gegenwärtigen Weltkrieges auch die ausländischen Börsen zusammengebrochen sind.[2] Man rief dann im Auslande nach staatlicher Hilfe, um speziell die Effektenbörsen wieder in geregelten Gang zu bringen. Während aber bisher der normale Effektenverkehr nur an wenigen Plätzen wieder eröffnet werden konnte[3], hatten die Produktenbörsen in Deutschland die Notierung von Preisen nur für einige Zeit eingestellt. Immerhin waren dadurch die für eine kaufmännische Berechnung nötigen Grundlagen geschwunden und es konnte niemand, der Geschäfte an einer Produktenbörse auf Zeit abgeschlossen hatte, sein Risiko mehr übersehen oder es durch Deckungsgeschäfte ausgleichen. Da im Gegensatze zum Auslande an den wichtigeren deutschen Börsen die Geschäftsbedingungen für den Warenhandel keine ausreichende Handhabe für eine vorzeitige Abwicklung der Zeitgeschäfte boten, so ist der Bundesrat durch ein Notgesetz vom 4. August 1914 ermächtigt worden anzuordnen, daß Börsentermingeschäfte in Waren, soweit sie nach den Geschäftsbedingungen einer deutschen Börse vor dem 1. August 1914 abgeschlossen worden und erst nach dem Inkrafttreten des Notgesetzes erfüllt werden sollten, so anzusehen seien, als wenn ein Vertragsteil zurückgetreten wäre. Die Landeszentralbehörden hatten für die Abwicklung der Geschäfte nach Anhörung der Börsenvorstände einen entsprechenden Liquidationspreis

---

[1] Rießer, a. a. O., S. 100ff.

[2] Interessante Ausführungen über die Schließung der Effektenbörsen im gegenwärtigen Kriege enthielt der am 9. Dezember 1914 von Professor Dr. Julius Landesberger unter dem Titel „Der Krieg und die Volkswirtschaft" abgehaltene Vortrag. Landesberger bezeichnet diese Maßnahme als notwendig und gerechtfertigt, wenngleich deren Außerkraftsetzung unendlich schwieriger sein werde als ihre Einführung. Denn die mit der Funktion der Börse verbundene Rechtsnorm, daß der Preis, der auf ihr erzielt und öffentlich notiert wird, ein iustum pretium, ein angemessener Preis, ist, der daher in allen rechtlichen Beziehungen als solcher gelten dürfe, wird zu einer unerträglichen und gefährlichen Fiktion in dem Augenblicke, wo einerseits der Verkehr durch die Kriegsereignisse eingeschränkt, andererseits die psychologischen Faktoren des Marktes durch die übergroße Perspektive des Krieges gefälscht und verzerrt werden. Die New Yorker Börse zum Beispiel wurde geschlossen, weil am 30. Juli 1914 1307000 Stück Effekten größtenteils für europäische Rechnung verkauft wurden. Von den 6 Milliarden Dollars = 30 Milliarden Kronen amerikanischer Wertpapiere, die in Europa untergebracht sind, sollte in diesen Tagen der Kriegspanik ein großer Teil nach New York geworfen werden. Keine Volkswirtschaft der Welt — auch die amerikanische nicht — hätte diesem Ansturm widerstehen können. Vgl. die auszugsweise Wiedergabe dieses Vortrages in der „Neuen Freien Presse" vom 10. Dezember 1914, Nr. 18067. Der Vortrag ist jetzt bei Ed. Hoelzel in Wien im Druck erschienen.

[3] Zuerst ist derselbe Ende November 1914 an der New Yorker Börse wieder aufgenommen worden.

festzusetzen. Durch dieses Verfahren ist eine Kraftloserklärung der Geschäfte, die bedenklich gewesen wäre, weil die abgeschlossenen Börsentermingeschäfte doch nach wie vor rechtliche Folgen äußern sollten, vermieden worden. In Österreich hat die Regierung die Festsetzung von Liquidationskursen für langfristige Lieferungsverträge, die sich auf Getreide und Mehl bezogen, abgelehnt und die Regelung dieser Börsenabschlüsse den Interessenten selbst, beziehungsweise den autonomen Börsenleitungen überlassen. Die Budapester Börsenleitung hatte im eigenen Wirkungskreise sofort bei Beginn der kriegerischen Ereignisse den Terminhandel sistiert und einen Liquidationskurs für die Abwicklung der schwebenden Termingeschäfte festgesetzt. Allein eine Anzahl von vorzugsweise der ungarischen Reichshälfte angehörigen Getreidehändler und Mühlen vertrat nunmehr den Standpunkt, daß die Lieferungsverträge infolge der kriegerischen Ereignisse als durch höhere Gewalt aufgelöst anzusehen seien, ohne daß für sie eine weitere Entschädigungspflicht bestünde. Gegen diesen Standpunkt reagierten jedoch die zumeist aus österreichischen Interessenten bestehenden Getreide- und Mehlkäufer, indem sie die glatte Erfüllung der abgeschlossenen Lieferungsverträge forderten. Ein Heer von zahllosen Prozessen wäre die Folge dieses Konfliktes gewesen, wenn sich nicht die Leitung der Wiener Produktenbörse ins Mittel gelegt und einen Ausgleich zwischen den beiderseitigen, einander so schroff gegenüberstehenden Standpunkten herbeigeführt hätte. Sie betonte, daß die Loslösung von den Lieferungsverträgen unter einfacher Berufung auf den Kriegszustand und dessen Begleitumstände vom rechtlichen und kaufmännischen Gesichtspunkte aus bedenklich sei, daß es aber auch eine arge Unbilligkeit wäre, die ganze Schwere der von niemand vorauszusehenden und durch keinerlei kaufmännische Sorgfalt abzuwendenden Ereignisse ausschließlich auf die Verkäufer abzuwälzen, während es vielmehr angemessen erschiene, daß auch die Käufer, die doch die Ware seinerzeit unter ganz anderen wirtschaftlichen und geschäftlichen Verhältnissen erworben hätten, auf einen Teil ihres Geschäftsnutzens verzichteten oder sogar einen Teil jener Lasten übernähmen, die lediglich als eine Folge der kriegerischen Ereignisse angesehen werden müßten. Da nachträglich auch die Leitungen der Prager und der Budapester Produktenbörsen diesen Standpunkt mit gewissen Modifikationen akzeptierten, so gelang es alsbald, auch in Österreich-Ungarn, auf dem Gebiete des Getreide- und Mahlproduktenverkehres wieder geregelte Verhältnisse zu schaffen.

Das Trümmerfeld des binnenländischen und auswärtigen Warenverkehres, wie es sich während der Kriegsdauer darstellt, näher zu studieren, wird eines der interessantesten Kapitel der deskriptiven Kriegswirtschaftslehre bilden. Ein genaueres Studium dieser Dinge ist freilich wohl erst nach Wiederherstellung normaler Verhältnisse möglich.

Denn während des Krieges sind die statistischen Nachrichten über den Warenverkehr sehr schwer zu kontrollieren und fließen auch öfters spärlich. Ja es kann geradezu ein Gebot der Kriegswirtschaftspolitik sein, die Veröffentlichung dieser Nachrichten einzustellen, damit die Gegner keinen Einblick in die ungünstige Gestaltung der heimischen Handelsbilanz erlangen können, ganz ähnlich wie wir eine solche Einstellung der Publizität für die Dauer des Kriegszustandes bei manchen Notenbanken bereits kennen gelernt haben. Denn fährt die amtliche Handelsstatistik mit der Veröffentlichung ihrer Ausweise auch während des Krieges fort, so können an der Hand dieser Ziffern nur zu leicht allerlei ungünstige Schlüsse auf die wirtschaftliche Schädigung des heimischen Wirtschaftslebens gezogen und dadurch dem Gegner ein neuer mächtiger Anreiz zur Fortführung des ökonomischen Vernichtungskampfes geboten werden. Es handelt sich da wahrlich nicht um Kleinigkeiten! Soll doch die Ausfuhr Deutschlands namentlich infolge der Unterbindung des Seeverkehres im ersten Monate (August) des gegenwärtigen Weltkrieges um 345 Millionen Mark oder um 44,8 Prozent, jene Englands um 407 Millionen Mark oder um 45,1 Prozent gegenüber dem gleichen Monate des Vorjahres zurückgegangen sein! Im Oktober 1914 wußten Tagesjournale zu berichten, daß der englische Außenhandel sich im September des gleichen Jahres gegenüber dem Vorjahre in der Einfuhr um 326 und in der Ausfuhr um 315 Millionen Mark verringert hätte, was zusammen in diesem einen Monate schon einen Handelsverlust von 641 Millionen Mark bedeuten würde. Auch der Handel Englands mit seinen europäischen Bundesgenossen zeigte in dem genannten Monate einen enormen Rückschlag, wie dies folgende einem Tagesjournale entnommene Übersicht dartut:

Handel mit		September 1914	gegen September 1913
		Pfund Sterling	
Rußland	Einfuhr	666505	2563575
	Ausfuhr	84136	744779
Frankreich	Einfuhr	771593	566226
	Ausfuhr	423554	590299
Belgien	Einfuhr	152645	78951
	Ausfuhr	33019	422126
Zusammen	Einfuhr	1590743	3208752
	Ausfuhr	540709	1757204
Gesamter Handel		2131452	4965956

Danach hätte Englands Einfuhr aus den Gebieten seiner europäischen Bundesgenossen im September 1914 gegenüber dem gleichen

Monate des Vorjahres um 66 Prozent und seine Ausfuhr nach diesen Gebieten um 76 Prozent abgenommen. Es kann also für die kriegführenden Staaten Anlaß genug vorliegen, eine so gewaltige Störung des heimischen Wirtschaftslebens und die darin liegende Schwäche vor dem Auge seiner Gegner zeitweise zu verbergen.[1]

Ein aufmerksames Studium der Kriegshandelsstatistik kann außerdem nach manchen anderen Seiten hin reiche Belehrung bieten. Der Krieg ruft nämlich bekanntermaßen auch noch allerlei sonstige Verschiebungen im internationalen Güteraustausche hervor, indem jeder der kriegführenden Staaten bemüht ist, seinen konkurrierenden Gegner vom internationalen Wettbewerbe abzudrängen und sich selbst an seine Stelle zu setzen. Schon während des Krieges 1870/71, der nicht unter dem Schlagworte eines wirtschaftlichen Vernichtungskampfes geführt worden ist, konnte man beobachten, daß die deutsche Produktion einen Anteil an der französischen Handschuhfabrikation sich errang und daß, als Paris, der Mittelpunkt der französischen Konfektionsindustrie, zerniert war, deutsche Konfektionsgeschäftshäuser verstärkte Aufträge aus Amerika und dem Oriente erhielten, ja daß selbst der deutsche Champagner im Auslande zum Teil an die Stelle des französischen Produktes trat.[2] Im gegenwärtigen Weltkriege aber, der wenigstens von England planmäßig als wirtschaftlicher Vernichtungskampf gegenüber Deutschland geführt wird, müssen diese Verschiebungen im internationalen Warenaustausche während des Krieges und unmittelbar nach demselben noch ganz andere Dimensionen annehmen. Zahlreiche Verletzungen des im Kriege sonst grundsätzlich geschützten Privateigentums sind jetzt geeignet, einen großen Teil des bisher geltenden Völkerrechtes und internationalen Privatrechtes geradezu aus den Angeln zu heben. Sie rufen nach Abwehr, die entweder im Wege der Retorsion oder auch auf dem Wege der künftigen Emanzipation gegenüber der wirtschaftlichen Machtstellung des Gegners erfolgen kann, und so hat sich schon während der Dauer des gegenwärtigen Weltkrieges ein neues wichtiges Gebiet der Kriegswirtschaftspolitik entwickelt, das wir als **Emanzipations- und Retorsionspolitik** bezeichnen können. Von den wirtschaftlichen Ver-

---

[1] Eine andere Frage ist es, ob die als Unterlage für die statistischen Nachweisungen dienenden Behelfe, z. B. die Bilanzen von Sparkassen und Banken, nicht in normaler Art aufgestellt und veröffentlicht oder ob diese Arbeiten bis nach dem Kriege verschoben, beziehungsweise diesmal gänzlich unterlassen werden sollen. Diese nicht nur die privaten Interessen der Kaufmannschaft und Industrie, sondern auch die Finanzverwaltung tief tangierende Frage ist in Österreich und Ungarn gegen den Schluß des Jahres 1914 eifrig erörtert, aber durch die beiderseitigen Regierungen, abgesehen von gewissen Ausnahmebestimmungen zu gunsten der vom Feinde okkupierten Gebiete und einigen sonstigen Erleichterungen, im allgemeinen in negativem Sinne entschieden worden.

[2] **Völcker**, a. a. O., S. 57f.

geltungsmaßregeln werden wir noch später in einem eigenen Abschnitte zu sprechen haben. Hier seien nur wenige Bemerkungen über die wirtschaftliche Emanzipationspolitik, welche im Schoße der deutschen Kaufmannschaft schon jetzt mehr und mehr Boden zu gewinnen beginnt, eingeschaltet. Wenn die Gegner Deutschlands im gegenwärtigen Weltkriege mit der Boykottierung deutscher Waren begonnen haben, so liegt für die deutschen Geschäftsleute nichts näher, als darauf mit dem Rufe „Los von England!" zu antworten. Was die Ausführung dieses Losungswortes bedeuten würde, kann jeder ermessen, der da weiß, daß London der Konzentrationspunkt für das Konsignationsgeschäft (das überseeische Verschiffungsgeschäft), der Hauptsitz der großen Warenauktionen und zugleich der Zentralbankmarkt auch für jene Waren ist, welche inzwischen einen anderen Weg genommen haben. Schon ist von einzelnen deutschen Branchen (Rauchwarenhandel!) der Ruf ausgegeben worden, die Londoner Auktionen nicht mehr zu besuchen, und ebenso sind in den Kreisen der deutschen Exporteure Bestrebungen im Gange, beim überseeischen Handel den englischen Bankkredit auszuschalten, indem entweder die Gründung einer großen deutschen Rembourszentralbank ins Auge gefaßt oder die weitere Ausgestaltung der vorhandenen deutschen Groß- und Überseebanken zum Zwecke der Abwicklung des deutschen Überseehandels erwogen wird. Die Wirkungen dieser Maßnahmen kriegswirtschaftlicher Selbsthilfe werden sich freilich zumeist erst nach dem Kriege einstellen können.

Das **Kriegsverkehrswesen** ist in der Literatur bislang vorzugsweise nur vom militärischen Standpunkte aus behandelt. Wir können dies nicht für richtig ansehen, da sich an die ganze Gestaltung des Verkehrswesens während der Kriegszeit auch schwerwiegende wirtschaftliche Interessen der Zivilbevölkerung und viele privatrechtliche Beziehungen knüpfen. Von der großen Bedeutung gewisser Verkehrsmittel für die Kriegsernährungspolitik war schon oben die Rede. In jedem Falle sollte die Heeresverwaltung sich bewußt bleiben, daß das Wirtschaftsleben einer Nation, wenn man dasselbe auch während des Krieges einigermaßen in einem geregelten Gange erhalten will, nicht für längere Zeit eines halbwegs geordneten Verkehres entbehren kann. Die mit der Leitung der Militärtransporte beauftragten Bahnlinienkommandanten müssen daher neben den militärischen Gesichtspunkten auch die wirtschaftlichen Interessen nach Tunlichkeit im Auge behalten und zu diesem Behufe das Einvernehmen mit den verschiedenen wirtschaftlichen Korporationen und Verbänden pflegen. Denn es ist höchst mißlich, wenn z. B. zahlreiche Fabriken wegen Kohlenmangels feiern müssen, während diese bei rechtzeitiger Verständigung vielleicht ganz wohl in der Lage gewesen wären, sich für die Dauer der durch die Truppentransporte bewirkten Bahnunterbrechung mit ausreichenden

Vorräten zu versorgen. Selbstverständlich müssen die militärischen Interessen allen übrigen vorangehen und aus dem Grunde der Wahrung militärischer Geheimnisse müssen selbst die weitgehendsten Beschränkungen im Nachrichtenwesen von der Staatsverwaltung verfügt werden können. Aber man darf nicht übersehen, daß alle diese Unterbrechungen und Einschränkungen des wirtschaftlichen Verkehres geeignet sind, auch die darauf basierenden zahlreichen Rechtsbeziehungen ins Wanken zu bringen. Wenn der Eisenbahnverkehr für den privaten Gütertransport eingestellt wird und die Post- oder die Telegraphenanstalten ihre Schalter ganz oder teilweise dem privaten Publikum verschließen, so bedeutet diese Unterbindung des wirtschaftlichen Verkehres zugleich regelmäßig eine Behinderung in der normalen Abwicklung zahlloser Rechtsverhältnisse. Dieselben können nicht immer einfach unter Berufung auf vis maior aufgehoben oder schlechthin aus der Welt geschafft werden, denn dann wäre kein Ende der Rechtsverwirrung abzusehen. Schon in Friedenszeiten sind die rechtlichen Unterlagen der von der öffentlichen Verwaltung in Wirksamkeit gesetzten Eisenbahn- und Postverkehrsordnungen nicht immer ganz einwandfrei (deutsche Eisenbahnverkehrsordnung![1]), aber in normalen Zeiten pflegt sich der Geschäftsverkehr wenig um solche Geburtsfehler zu kümmern, denn alles geht seinen geregelten Gang. In Kriegszeiten kann sich dieses Bild jedoch mit einem Schlage ändern. Nicht nur die Übernahme neuer Güter wird verweigert, sondern zahllose Sendungen bleiben infolge der Mobilisierung auf den Stationen stehen und können erst nach geraumer Zeit auf der vorgeschriebenen Route oder auf Seitenlinien befördert werden. Wie steht es in diesem Falle mit den Lager-, beziehungsweise Wagenstandsgeldern? In welchem Falle muß eine unterbliebene Verfügung des dazu Berechtigten über das Gut als durch seine eigene Schuld veranlaßt betrachtet werden? Wie steht es mit den Fristen zur Ein- und Ausladung der Güter? Hat in allen solchen Fällen die öffentliche Verwaltung allein das entscheidende Wort zu sprechen? Es will uns scheinen, daß eine eingehende juristische Durcharbeitung dieser Materie geeignet wäre, manches zur Wahrung der wirtschaftlichen Interessen beizutragen, welche im Bereiche des Kriegsverkehrswesens durch die unausweichlichen militärischen Machtgebote sonst ohnehin oft schwer geschädigt werden müssen.[2]

---

[1] Vgl. hierüber Laband, Das Staatsrecht des Deutschen Reichs, 4. Auflage, 3. Band (1901), S. 120 ff. Darnach soll die deutsche Eisenbahnverkehrsordnung bekanntlich überhaupt rechtsungültig sein, weil sie vom Bundesrat erlassen, dieser aber für Rechtsverordnungen nicht zuständig sei. Anderer Ansicht ist namentlich v. der Leyen. Vgl. das Wörterbuch des Deutschen Staats- und Verwaltungsrechts, 2. Auflage (1911), Artikel „Eisenbahnen" (Verkehrsordnung) und die dort angegebene Literatur.

[2] Klarer ist die Rechtslage bezüglich des Postverkehres. Die Ersatzpflicht der Post während des Krieges für beschädigte und verloren gegangene Postsendungen

Von den großen wirtschaftlichen Nährständen fällt unser Blick nunmehr auf die mittleren Schichten der übrigen Berufsgruppen. Auch sie pflegen durch den Krieg mehr oder minder hart mitgenommen zu werden. Selbst kleinere Rentner sind hiervon durchaus nicht immer ausgenommen. Ihr Bezug ausländischer Zinsen kann durch die Beschlagnahme der hierfür im Inlande verfügbaren fremden Staatsguthaben zeitweise ganz aufhören. Ebenso können kleine Kapitalisten in ihrer Existenz schwer bedroht werden, wenn die Aktiengesellschaften in der Kriegszeit die Dividenden kürzen oder ganz einstellen. So sind in Deutschland in den letzten Herbstmonaten aus den Reihen der kleineren und mittleren Kapitalisten mehrfache Beschwerden darüber erhoben worden, daß viele Industriegesellschaften die Kriegslage dazu benützten, um die Bilanzen recht spät fertigzustellen, die Generalversammlungen hinauszuschieben und schließlich umfassende Rückstellungen vorzunehmen, wodurch die Aktionäre, die doch die erste Anwartschaft auf eine entsprechende Verzinsung ihrer angelegten Kapitalien haben, um diesen Anspruch gebracht und zum Losschlagen ihrer oft teuer erworbenen Papiere genötigt wurden. Auch viele Hausbesitzer sind während der Kriegszeit nicht auf Rosen gebettet, da die Mietzinse in zahlreichen Fällen oft gar nicht oder nur sehr schwer hereingebracht werden können, gegen Militärpersonen aber schon kraft gesetzlicher Ausnahmsbestimmung für die Dauer des Kriegszustandes die Exekution beschränkt ist. Durch Gründung von Mietdarlehenskassen, wovon früher schon ein Beispiel (Dresden!) angeführt worden ist, sowie durch Einrichtung öffentlicher Vermittlungsstellen kann den Hausbesitzern wie auch den Mietern in zahlreichen Fällen über die entstehen-

---

regelt sich nach § 15 des deutschen Postgesetzes, der besagt, daß in Fällen des Krieges und gemeiner Gefahr die Post befugt ist, durch öffentliche Bekanntmachung jede Vertretung abzulehnen und Briefe sowie andere Sachen nur auf Gefahr des Absenders zur Beförderung zu übernehmen. Eine Ablehnung der Vertretungsverbindlichkeit ist seitens der Post nicht bekanntgegeben worden, auch wohl nicht zu erwarten. Die Ersatzpflicht der Post besteht somit in demselben Umfange weiter, wie zu Friedenszeiten. Auch für den Fall einer derartigen Bekanntmachung würde zwar die Ersatzpflicht der Post aufgehoben, nicht aber das Recht des Absenders, die Beförderung von Sendungen durch die Post auf seine Gefahr zu beanspruchen, denn die Post ist nicht berechtigt, die Beförderung der postordnungsmäßig eingelieferten Sendungen zu verweigern. Der Absender würde aber auch befugt sein, dann seine Sendungen mit jeder sich darbietenden Gelegenheit, also auch mit einer solchen, die sonst gesetzlich verboten ist, zu verschicken. Im Verkehr mit Österreich-Ungarn bestimmt der Postvertrag, daß der Absender keinen Anspruch auf Schadensersatz hat, wenn der Verlust, die Beschädigung oder eine verzögerte Beförderung von Postsendungen durch Krieg verursacht ist. Im Weltpostverkehr darf während eines Krieges jedes dem Weltpostverein angehörige Land die Beförderung von Postsendungen ganz einstellen; eine derartige Maßnahme muß allen beteiligten Postverwaltungen unverzüglich mitgeteilt werden. Hiervon ist vielfach Gebrauch gemacht worden.

den Schwierigkeiten hinweggeholfen werden.[1] Sofort an die Hilfe des Staates zu appellieren, weil sich der Hausbesitz in einer Ausnahmestellung befinde, dürfte doch wohl nicht angehen. In Deutschland hat dies der Zentralausschuß des Schutzverbandes für deutschen Grundbesitz nach den Meldungen öffentlicher Blätter in einer dem Bundesrat überreichten Eingabe unter Hinweis auf die enormen Mietausfälle in Berlin versucht. Besser dürfte es aber sein, wenn die Stadtverwaltungen sich bestrebt zeigen würden, die Errichtung der erwähnten Vermittlungsstellen in ihre eigene Hand zu nehmen[2], und die Finanzverwaltungen sich dazu herbeiließen, das Verfahren bei Steuerabschreibungen wegen Mietzinsausfalles zu erleichtern. Über die Tätigkeit derartiger Vermittlungsstellen hat nur Günstiges verlautet. So ist insbesondere von der Wiener Gemeinde in den Räumen der Zentralstelle für Wohnungsreform ein wirtschaftliches Hilfsbureau eingerichtet worden, dessen Haupttätigkeit sich alsbald auf Mietzinssachen konzentrierte. Die außerordentliche Höhe der für Kleinwohnungen gezahlten Mietzinse mußte im Kriege ganz besonders unheilvolle Wirkungen äußern. Das jetzt sehr kärgliche Einkommen aus Gewerbe und Lohn reichte samt den staatlichen Unterhaltsbeiträgen bei vielen Familien Einberufener nicht aus, um den hohen Mietzins zu erschwingen. Da hat nun die ausgleichende Tätigkeit des Wiener Hilfsbureaus mit einem überraschenden Erfolge eingesetzt und dank derselben hat die Zahl der Kündigungen und der Delogierungen in der österreichischen Reichshauptstadt lange nicht die befürchtete Höhe erreicht. Größere Mietausfälle der Hausbesitzer können leicht ihre ungünstige Folgewirkung auch auf die Hypothekargläubiger äußern und dies hat sich auch mehrfach in jenen deutschen Städten, wo das System der Spekulationsbauten sehr verbreitet ist, nach dem Ausbruch des gegenwärtigen Krieges in unliebsamer Weise bemerkbar gemacht. Hier wird ebenfalls nur die durch die Staatsverwaltungen zu unterstützende Selbsthilfe Erleichterungen bringen können. Dies ist in Deutschland auch sehr bald nach Beginn des Krieges wenigstens für die größeren Hypothekargläubiger geschehen, indem sich eine bedeutende Zahl deutscher Hypothekenbanken über Aufforderung des Sonderausschusses für Hypothekenbankwesen beim Zentralverband des Deutschen Bank- und Bankiergewerbes bereit erklärte, dem durch den Krieg hervorgerufenen Kreditbedürfnisse der Besitzer erststelliger Hypotheken durch Ermöglichung der Geldbeschaffung

[1] Vgl. über diese „Kriegswohnungsausschüsse" die „Soziale Praxis", 23. Jahrgang (1914), Nr. 52.

[2] Inzwischen hat der Bundesrat unter dem 15. Dezember 1914 eine Verordnung über Mietseinigungsämter erlassen. Es sind darin nur Richtschnuren für die Errichtung solcher Ämter vorgezeichnet. Von manchen Seiten wird dies als ungenügend angesehen und die zwangsweise Einsetzung der Ämter gefordert.

in Anlehnung an die Darlehenskassen zu Hilfe zu kommen. Der Bundesrat sowie die Finanz- und Justizverwaltungen der Einzelstaaten haben diese Aktion durch Stempelbefreiungen und Vereinfachungen im grundbücherlichen Verfahren nicht unerheblich unterstützt. Für die kleineren Hypothekargläubiger, denen die Reichsdarlehenskassen nicht viel nützen können, sowie für die Gläubiger zweit- und drittstelliger Hypotheken scheint dagegen keine analoge besondere Hilfsorganisation eingerichtet worden zu sein.[1] [2] Selbsthilfe wird auch das Losungswort für die in Form von Standesvertretungen organisierten freien Berufe (Ärzte, Rechtsanwälte, Architekten, Apotheker) sein müssen. Alle diese Organisationen werden gut daran tun, besondere Kriegsunterstützungskassen für härter betroffene Mitglieder sowie auch Auskunfts- und Beratungsstellen in ihrem Schoße einzurichten, welchen Stellen vor allem auch die Aufgabe zufallen wird, geeignete Stellvertreter für die ins Feld eingerückten Mitglieder ausfindig zu machen. Besonders schwer muß der Krieg ferner viele Privatangestellte in Mitleidenschaft ziehen. Gar oft wird ihnen von ihren Dienstgebern gekündigt werden und gar manche laufen dann Gefahr, auch ihre Ansprüche bei der Pensionsversicherungsanstalt zu verlieren. Die Kriegswohlfahrtspflege humaner Dienstgeber wird sich häufig darin äußern, daß sie ihre Angestellten auch während des Krieges nicht entlassen, sondern — häufig allerdings unter Verkürzung des Gehaltes — weiter beschäftigen werden. In dankenswerter Weise haben die deutschen Handelskammern wie auch die Verbände der Industrie und des Handels gleich zu Beginn des gegenwärtigen Krieges ihren Einfluß geltend gemacht, damit Entlassungen von Angestellten möglichst vermieden werden, und die deutschen Handlungsgehilfenverbände haben dieses Vorgehen auch dankbar anerkannt. Auch in Österreich ist vielfach ein gleiches Verfahren eingehalten worden, obwohl dasselbe hier durch die zwingenden Bestimmungen des Handlungsgehilfengesetzes erschwert werden

---

[1] Die durch Bundesratsverordnung geregelten Mietseinigungsämter sollen übrigens auch zwischen den Hypothekarschuldnern und ihren Gläubigern vermitteln.

[2] Ganz besonders schlimm sind diejenigen Hausbesitzer daran, deren Hypotheken jetzt oder in nächster Zeit fällig sind. Neubeleihungen von anderer Seite zu erhalten, ist in den meisten Fällen unmöglich. Aber auch eine Verlängerung durch den bisherigen Gläubiger ist mit größten Schwierigkeiten, vor allem aber oft mit starken Kosten verbunden, zu deren Tragung der Eigentümer nicht imstande ist. Falls die Prolongationsvereinbarung bereits vor Ausbruch des Krieges zustande gekommen ist, hat der Hausbesitzer damit die Verpflichtung zur Entrichtung höherer Zinsen, zur Zahlung erheblicher Provisionen, oft sogar zur Rückzahlung eines Teils des Kapitals übernommen. Eine angemessene Hinausschiebung der Kündigungsfristen für fällig werdende Hypotheken mußte für viele schwächere Hausbesitzer geradezu eine Erlösung aus ihrer recht schwierigen Lage bedeuten. Eine solche ist auch vor kurzem vom Bundesrate angeordnet worden, und zwar soll dieselbe mindestens 6 Monate laufen.

mußte. Der § 15 dieses Gesetzes bestimmt nämlich, daß das ganze Gehalt einem Handlungsgehilfen spätestens am Ende des Kalendermonates voll ausbezahlt sein muß. Da diese Norm zwingende Kraft besitzt, so stieß die Praxis jener Dienstgeber, welche ihren Angestellten während der Dauer des Krieges nur 60 Prozent oder die Hälfte ihres Gehaltes bar auszahlen, den Rest aber gutschreiben und nach Friedensschluß in gleichen Monatsraten abstatten wollten, auf unerwartete Schwierigkeiten. Damit die Fürsorge für die durch den Krieg notleidend gewordenen Privatangestellten auf eine beitere Basis gestellt werden könne und auch wirtschaftlich schwächere Dienstgeber in den Stand gesetzt würden, ihren Fürsorgeverpflichtungen leichter nachzukommen, ist in Wien von den beteiligten Wirtschaftskorporationen die Bildung einer besonderen Fürsorgekommission für Privatangestellte und die Gründung eines Fondes für die Unterstützung stellenloser Privatbeamten in die Wege geleitet worden, welcher Aktion auch von seiten der Staats-, der Landes- und der Kommunalverwaltung wirksame Förderung zugesagt wurde. Aber nicht nur Kündigung und Stellenlosigkeit bedrohen im Kriegsfalle die Privatangestellten, sondern auch der Verlust ihrer Pensionsansprüche bei der Versicherungsanstalt. Wenn das Angestelltenverhältnis eines Einberufenen ordnungsmäßig gekündigt wird, so hört die Verpflichtung zur Beitragsentrichtung auf seiten des Dienstgebers natürlich auf und es kann unter diesen Umständen für den Angestellten der gänzliche Verlust des Versicherungsanspruches eintreten. Nach den Erklärungen des Direktoriums der deutschen Reichsversicherungsanstalt für Privatangestellte entfällt die Verpflichtung zur Beitragsentrichtung im Falle ordnungsmäßiger Kündigung auch dann, wenn dem Versicherten oder seinen Angehörigen das Gehalt ganz oder teilweise fortgezahlt wird, weil diese Zuwendungen dann nur als freiwillige Unterstützungen anzusehen seien. Ist aber eine Kündigung nicht erfolgt und wird dem Versicherten oder seinen Angehörigen während der Kriegszeit das Gehalt fortgezahlt, so sind auch die Beiträge zur Angestelltenversicherung weiter zu entrichten und das Versicherungsverhältnis bleibt aufrecht. Wird nur ein Teilbetrag des Gehaltes gezahlt, so ist auch der Versicherungsbeitrag nur in der niedrigeren Gehaltsklasse zu entrichten und es treten dann die entsprechenden Rechtsfolgen ein.[1] Stellenlose Angestellte sind zur Entrichtung von Beiträgen für die Angestelltenversicherung nicht verpflichtet, aber sie können diese

[1] Der strengen Auffassung des Direktoriums der Reichsversicherungsanstalt für Privatangestellte ist übrigens von der Theorie in einzelnen Punkten widersprochen worden. Vgl. die „Soziale Praxis", 23. Jahrgang (1914), Nr. 48 (Beitragszahlung zur Angestelltenversicherung während des Krieges). Zu beachten ist auch der § 50 des Angestelltenversicherungsgesetzes, wonach innerhalb bestimmter Grenzen eine spätere Nachzahlung der Versicherungsbeiträge und ihre Stundung zulässig erscheint.

Beiträge freiwillig nach der bisherigen oder einer billigeren Klasse weiterbezahlen. Für jedes Kalenderjahr müssen aber mindestens acht Monatsbeiträge, gleichviel nach welcher Klasse, entrichtet werden, wenn nicht die vorher gezahlten Beiträge verfallen sollen. Während somit in Deutschland in der Frage der Angestelltenversicherung an dem strengen Rechtsstandpunkte festgehalten worden ist, hat man in Österreich den Angestellten ziemlich weitgehende Erleichterungen gewährt. Durch eine Notverordnung wurde die gesetzliche Wartefrist für Rentenansprüche der Angestellten von zehn auf fünf Jahre mit der Maßgabe gekürzt, daß die Renten in der Zeit zwischen dem fünften und dem zehnten Jahre der Versicherung nur in einem herabgesetzten Ausmaße, nämlich zu zwei Dritteilen, zustehen sollten. Eine weitere Notverordnung sprach den Angestellten und ihren Hinterbliebenen diese Wohltat schon vom 1. August 1914 ab zu und gewährte überdies den Ersatzinstituten die Möglichkeit, durch Rückversicherung bei der allgemeinen Pensionsanstalt ein erhöhtes Risiko hinsichtlich der gesetzlichen Ansprüche ihrer Versicherten zu vermeiden. Über Betreiben des Permanenzkomitees für Industrie, Handel und Gewerbe hat außerdem die österreichische Pensionsanstalt den Angestellten eine Reihe von Begünstigungen zukommen lassen, welche über den strengen Buchstaben des Rechtes nicht unwesentlich hinausgingen, und auch die Ersatzinstitute aufgefordert, die gleiche liberale Praxis zu befolgen. Nach den Beschlüssen der Allgemeinen Pensionsanstalt soll die Versicherung als in der bisherigen Weise fortlaufend betrachtet werden, wenn der Dienstgeber erklärt, für die einberufenen Angestellten die volle Prämie weiterzahlen zu wollen, ohne daß dabei in eine Untersuchung der Frage eingetreten wird, ob das Dienstverhältnis faktisch noch zu Recht besteht oder nicht. Ferner soll die Anmeldung zur freiwilligen Versicherung auch dann als formgerecht angesehen werden, wenn sie vom Unternehmer oder Dienstgeber erstattet wird. Endlich soll die Versicherung als in der bisherigen Höhe weiterlaufend angesehen und von der Versetzung in eine niedrigere Gehaltsklasse Abstand genommen werden, wenn infolge der kriegerischen Ereignisse eine Reduktion des Gehaltes vorgenommen wurde und der Dienstgeber gelegentlich der Veränderungsanzeige mitteilt, daß eine Minderung des Gehaltes nur während der Kriegszeit Platz greife, und er sich gleichzeitig verpflichtet, die Prämien in der bisherigen Höhe weiter zu zahlen.

Am härtesten müssen aber die breiten Schichten der Arbeiterschaft von den Folgen des Krieges betroffen werden und die Aufgaben der Kriegsfürsorge gestalten sich daher gegenüber dieser Klasse außerordentlich umfassend. Wir können mit Recht von einer besonderen Kriegssozialpolitik sprechen. Tausende und aber tausende Ernährer werden durch die Einberufung zum Heeresdienste ihren Familien entzogen und diese ihrer Stützen beraubt. Aber auch für die in der Heimat zurückgebliebenen Arbeiter mindert sich nach dem Ausbruch des Krieges die Arbeitsgelegenheit vielfach in sehr starkem Maße und ein Anschwellen der Masse der Arbeitslosen ist zunächst das charakteristische Merkmal des Arbeitsmarktes. Zwar wissen wir bereits, daß sich die Wirkungen des Krieges auf den einzelnen Gebieten des Arbeitsmarktes durchaus nicht gleichmäßig gestalten müssen und daß bei den für die Heeresverwaltung arbeitenden Kriegsindustrien häufig sogar Arbeitermangel eintritt. Aber letzteres ist doch die Ausnahme und bei einer ganzen Reihe von Beschäftigungszweigen muß sich jedenfalls infolge der Kriegskrise eine empfindliche Arbeitslosigkeit bemerkbar machen. Allerdings werden in Kriegszeiten größere statistische Erhebungen nicht vorgenommen und somit auch die sonst üblichen Arbeitslosenzählungen von seiten der öffentlichen Verwaltung unterlassen, aber wir können die durch den Krieg bewirkte Verschlechterung des Arbeitsmarktes doch an der Hand anderer Daten abschätzen. Derartige Behelfe gewähren z. B. die Auskünfte der Arbeitsnachweise über gesuchte Stellen sowie die Angaben der Fachverbände und sonstigen Arbeiterorganisationen über die wegen Arbeitslosigkeit unterstützten Genossen. Auch die Daten der Krankenkassenstatistik sind in dieser Beziehung ganz lehrreich. Denn in dem Rückgang der Mitgliederzahl bei den Kassen der verschiedenen Branchen spiegelt sich natürlich neben dem Einflusse der militärischen Einberufungen auch der Umfang der Arbeitslosigkeit wider. Dieser Rückgang belief sich in den ersten Wochen nach der Kriegserklärung (bis anfangs September 1914) z. B. in Groß-Berlin für einzelne Branchen bis zu 30, 40, 50 und selbst mehr als 60 Prozent![1] Nach Überwindung der Kriegspanik pflegt zwar bei manchen Industriezweigen wieder eine gewisse Erholung einzutreten und die Zahl der beschäftigten Arbeiter wieder zuzunehmen, allein größere Stockungen auf dem Arbeitsmarkte bleiben auch nachher bestehen und das Elend kann in den Arbeiterfamilien bei längerer Dauer des Krieges infolge des Ausfalles an Lohneinkommen, der gesteigerten Wohnungsnot und der anziehenden Lebensmittelpreise leicht bedenkliche Dimensionen annehmen. Zu seiner Bekämpfung müssen alle während des Krieges noch verfügbaren Kräfte des Staates, der kommunalen Körperschaften und der freien Gesellschaft zusammenwirken. Vieles kann auch hier schon im Wege der privaten Wohlfahrtspflege geleistet werden. Vor allem wird es als eine soziale Pflicht günstig situierter Arbeitgeber gelten müssen, Arbeiterentlassungen auch während des Krieges möglichst zu vermeiden und den Betrieb lieber unter Herabsetzung der Löhne fortzuführen. Höchst verwerflich wäre es, wenn die

[1] Vgl. die Angaben in der „Sozialen Praxis", 23. Jahrgang (1914), Nr. 52 (Licht und Schatten auf dem deutschen Arbeitsmarkt).

während des Krieges durch Notgesetze zugelassene ausnahmsweise Verwendung von Frauen und Kindern zur Verdrängung männlicher Arbeitskräfte benützt werden wollte. An den großen Errungenschaften der Arbeiterschutzgesetzgebung darf vielmehr auch im Kriege im allgemeinen nicht gerüttelt werden. Verlängerung der Arbeitszeit und Ersatz männlicher Arbeiter sollte daher nur dann Platz greifen dürfen, wenn auf andere Art die unbedingt erforderliche Arbeitsleistung, die zudem im öffentlichen Interesse gelegen sein muß, nicht zustande gebracht werden kann. In diesem Sinne hat sich denn auch der preußische Handelsminister sofort nach Kriegsbeginn in einem Erlaß vom 5. August 1914 ausgesprochen. Auch das österreichische Handelsministerium hat im Interesse einer Verminderung der Arbeitslosigkeit den politischen Landesstellen nahegelegt, Überstundenbewilligungen für Gewerbebetriebe auf das unumgänglich notwendige Maß zu beschränken. Die Behörden sollten insbesondere bei den für militärische Zwecke arbeitenden Betrieben dahin wirken, daß, soweit dies ohne Beeinträchtigung der Lieferzeit und der Güte der Erzeugnisse möglich sei, ein etwaiges Mehrerfordernis an Arbeitsleistungen statt durch Überstunden durch Einstellung einer größeren Zahl von Arbeitern gedeckt werde. Desgleichen hat das österreichische Handelsministerium die industriellen Zentralorganisationen ersucht, auf ihre Mitglieder einzuwirken, damit in den für die Zwecke der Heeresverwaltung stark beschäftigten Betrieben soweit als möglich statt zweier Arbeitsschichten drei solche Schichten eingelegt werden. Ferner ist in Österreich, als im Wege der Notverordnung vom 31. Juli 1914 die gesetzliche Sonn- und Feiertagsruhe sistiert wurde, in den ministeriellen Verfügungen ausdrücklich bemerkt worden, daß diese Maßnahme nur einen vorübergehenden Charakter besitzen solle, weshalb die Landesstellen gleichzeitig den Auftrag erhielten, nach Ablauf von drei Wochen wegen Wiedereinführung der Sonntagsruhe in den gewerblichen Betrieben geeignete Anträge zu stellen. Als ganz verkehrt muß es bezeichnet werden, wenn durch übermäßiges Anbieten freiwilliger Arbeitsleistungen im Kriege gezahlte Arbeitskräfte ausgeschaltet werden und dadurch die schon vorhandene Arbeitslosigkeit vermehrt wird. Nicht mit Unrecht hat man diese freiwilligen Arbeiter als ein den Kriegsarbeitsmarkt arg schädigendes Freischärlertum bezeichnet. Namentlich auf dem Gebiete der geistigen Arbeit hat sich dasselbe während des gegenwärtigen Krieges mehrfach bemerkbar gemacht und es muß dagegen um so mehr Einsprache erhoben werden, als an die Kriegsnot der geistigen Arbeiter zumeist nur wenig gedacht wird. Pflicht des Staates und der öffentlichen Körperschaften ist es, als Arbeitgeber für die von der Einberufung betroffenen Arbeiter und ihre zurückbleibenden Familien in vorbildlicher Weise zu sorgen. In Deutschland ist dies auch in den Reichs- sowie in vielen Staats- und städtischen Betrieben in verschiedenem Umfange geschehen und dieses Beispiel hat dann auch die Inhaber hervorragender Privatbetriebe zur Gewährung ausgiebiger Kriegsunterstützung an ihre Betriebsangehörigen angeeifert. So hat die Firma Krupp zu gunsten der zur Fahne Einberufenen und ihrer Familien eine ganze Reihe wohltätiger Verfügungen getroffen.[1] Jeder Einberufene erhielt zunächst aus den Mitteln der Firma einen Beitrag zu den Mobilmachungskosten. Die Lohnabrechnung wurde beschleunigt, die auf Grund von Wohnungsmieten und Menagelieferungen geschuldeten Beträge wurden gestundet und die noch nicht eingezogenen Geldstrafen niedergeschlagen. Die Firma übernahm es, für die zurückbleibenden Familien der Einberufenen in gewissem Umfange zu sorgen. Im Verhältnis zur Kranken- und Arbeiterpensionskasse sollten die Einberufenen für die Dauer der Mobilmachung als beurlaubt gelten, so daß also die erworbenen Pensionsanwartschaften in Kraft blieben. Auch behielten die Familien der einberufenen Arbeiter den Anspruch auf freie ärztliche Behandlung. Aber nicht nur gänzliche Entlassung, sondern auch ungerechte Lohnherabsetzung bedroht viele Arbeiter in Kriegszeiten, wodurch sie und ihre Familien ebenfalls in Not geraten können. Die Stütze der gewerkschaftlichen Organisation und der Tarifverträge versagt in Kriegszeiten nicht selten. Die Lage der Gewerkschaften wird während des Krieges oft schwierig. Sie verlieren leicht infolge der kriegerischen Ereignisse einen großen Teil ihrer Mitglieder und die Beitragszahlungen geraten ins Stocken. Manche Gewerkschaften haben einen schweren Kampf um ihre Selbsterhaltung zu führen und müssen die in Friedenszeiten gewährte Unterstützung jetzt herabsetzen oder einzelne Zweige derselben selbst ganz einstellen. Zwar ist auch in den Kreisen der Arbeitgeber und der Arbeitnehmer die Losung ausgegeben worden, während des gegenwärtigen Weltkrieges Burgfrieden zu halten, so daß die Unterstützung Gemaßregelter und für Streiks zumeist wegfallen kann, allein trotzdem reichen die vorhandenen Mittel der Arbeiterorganisationen zur Heilung der ihren Angehörigen geschlagenen Kriegswunden keineswegs immer aus. Ebenso leiden die Tarifverträge nur zu oft unter der Kriegskonjunktur.[2] Da die Widerstandskraft der Gewerkschaften geschwächt ist, so liegt für manche Arbeitgeber die Versuchung sehr nahe, die Schranken der Tarifverträge ohne Not und ohne weitere Rücksicht zu durchbrechen oder ihre Bedingungen zu durchlöchern. Eine solche Abkehr von den Tarifnormen, ohne daß hierzu durch den Krieg, durch Grenzsperren oder durch andere Notumstände eine zwingende Veranlassung gegeben erscheint, muß vom sozialpolitischen Standpunkte aus

[1] „Soziale Praxis", 23. Jahrgang (1914), Nr. 45 (Vorbildliche Fürsorge von Arbeitgebern für die zur Fahne Einberufenen).

[2] Vgl. hierüber die Ausführungen in der „Sozialen Praxis", 23. Jahrgang (1914), Nr. 47 (Die Tarifverträge unter der Kriegskonjunktur).

tief beklagt werden. Die nach Wegräumung der Tarifvertragsschranken einsetzende Lohndrückerei häuft nur neues Wirtschaftselend zu dem schon vorhandenen. Die öffentliche Verwaltung hat daher allen Anlaß, einer solchen einseitigen Auflösung der Tarifverträge ihrerseits entgegenzutreten. Vor allem dürfen deshalb Lieferfirmen keine Aufträge mehr erhalten, wenn dieselben den Tarifvertrag nur zu dem Ende durchbrechen, um ihren Geschäftsgewinn zu steigern. Abweichungen von den Tarifen, die durch die Kriegsverhältnisse gerechtfertigt erscheinen, sollten nicht einseitig von der einen Partei nach ihrem egoistischen Ermessen dekretiert werden, sondern die beiderseitigen Organisationen hätten sich darüber in paritätischer Weise durch ihren gemeinsamen Tarifausschuß zu verständigen. Eine wichtige Aufgabe der Staatsbehörden, welche Kriegslieferungen an die Rüstungsindustrien vergeben, wäre es endlich, bei dieser Gelegenheit auch dort auf die Schaffung von Tarifverträgen hinzuwirken, wo diese noch fehlen, und namentlich auch die Zahlung der Tarifvertragssätze als Mindestlöhne durch entsprechende Fassung der Lieferungsverträge sicherzustellen. Man wird noch weitergehen und verlangen müssen, daß die Heeresverwaltung solchen Firmen, welche die Löhne ihrer Arbeiter ohne zwingende Veranlassung kürzen, keine neuen Aufträge für Ausrüstungsgegenstände mehr erteile und die erteilten Aufträge womöglich wieder entziehe. Wie es scheint, hat die deutsche Heeresverwaltung diese Auffassung zu der ihrigen gemacht, ja es hat sogar verlautet, daß einzelne Generalkommanden ungerechtfertigte Lohndrückerei, speziell gegenüber den Heimarbeiterinnen, als ein gemeingefährliches Gebaren gebrandmarkt und ein strenges Einschreiten gegen ein solches Vorgehen auf Grund der durch den Belagerungszustand ihnen übertragenen außerordentlichen Vollmachten angekündigt haben.

Eine geregelte Fürsorge für die bedürftigen Familien der ins Feld einrückenden Mannschaften wird heute in allen Kulturstaaten als eine Pflicht der öffentlichen Verwaltung anerkannt. Preußen hat dieselbe bereits durch das Gesetz vom 27. Februar 1850 für die Familien der Reserve- und Landwehrmänner geordnet und sie ist dann durch das Bundesgesetz vom 8. April 1868 auch auf die Familien der Ersatzreservisten ausgedehnt worden. Die letzte Regelung der Materie für das ganze Deutsche Reich hatte vor dem Ausbruch des gegenwärtigen Krieges durch das Gesetz vom 28. Februar 1888 stattgefunden. Da sich die in diesem Gesetze aufgestellten Unterstützungsbeiträge im Hinblick auf die seither geänderten Preisverhältnisse als nicht mehr entsprechend erwiesen, so sind die Mindestsätze der Unterstützungen gleich nach dem Ausbruch des Krieges durch ein Reichsgesetz vom 4. August 1914 erhöht worden. Die Unterstützungen sollen jetzt für eine Ehefrau in den Monaten Mai bis Oktober 9 und in den übrigen Monaten 12 Mark monatlich, für jedes Kind unter 15 Jahren aber und für andere anspruchsberechtigte Personen 6 Mark monatlich betragen. Außerdem ist durch das genannte Reichsgesetz auf Anregung des Deutschen Bundes für Mutterschutz und des ständigen Ausschusses des Archives deutscher Berufsvormünder die Unterstützungspflicht auch auf jene unehelichen Kinder ausgedehnt worden, bezüglich deren die Verpflichtung des unehelichen Vaters zur Gewährung des Unterhaltes festgestellt erscheint.[1] Die Unterstützung kann in Geld oder Naturalien erfolgen. Ihre unbedingte Voraussetzung ist die Bedürftigkeit der zu unterstützenden Familienmitglieder. Dieselbe muß von den zuständigen Amtsstellen geprüft werden, was in den größeren Städten zur Einsetzung einer ganzen Zahl von Kommissionen und Ausschüssen geführt hat. Damit die hier zu leistende bedeutende Arbeit leichter bewältigt werden könne, haben sich vielfach die freien Hilfsorganisationen der großstädtischen Bevölkerung ohne Unterschied der Partei in den Dienst dieser Kriegswohlfahrtspflege gestellt. Die erwähnten Hilfsorganisationen unterstützen daneben noch besonders bedürftige Familien. Eine Anrechnung solcher privaten Unterstützungen auf die reichsgesetzlich gewährleisteten Mindestbeträge erscheint unzulässig. Zahlreiche Stadtverwaltungen haben gleich nach Kriegsausbruch beschlossen, auch ihrerseits besonders bedürftige Familien der einberufenen Mannschaften zu unterstützen und hierfür verschiedene Formen gewählt. Besonders häufig ist dies durch Gewährung städtischer Zuschüsse zu den reichsgesetzlich statuierten Unterstützungsbeiträgen, vereinzelt auch in anderer Gestalt, wie z. B. durch Bezahlung eines Teiles der von den Kriegsteilnehmern geschuldeten Wohnungsmieten, auf deren Restbetrag die Hausbesitzer unter diesen Umständen verzichteten, geschehen. Die Verpflichtung zur Fürsorge durch Gewährung der Kriegsunterstützung ist nach der historischen Entwicklung der deutschen Gesetzgebung zunächst eine Aufgabe der sogenannten Lieferungsverbände, obliegt also kleineren Verbänden und den exemten Städten. Sie haben die Unterstützungsbeträge auszulegen und werden dann vom Reich in der Höhe der gesetzlich festgestellten Mindestsätze entschädigt. Für finanziell schwächere Verbände und Gemeinden, namentlich solche, deren Bevölkerung sich stark aus industriellen Arbeitern rekrutiert, kann selbst schon die gesetzliche Unterstützungspflicht trotz der so bescheidenen Höhe der zu gewährenden Beträge eine schwer zu tragende Last werden. Es sind deshalb auch im Verlaufe des gegenwärtigen Krieges Stimmen laut geworden, welche die Übernahme eines Teiles dieser Last durch kräftigere Schultern forderten. Einzelne

---

[1] Seither sind weitere Richtschnuren im Interesse einer möglichst liberalen Handhabung der Familienunterstützung aufgestellt worden, die vor allem eine Erweiterung des Kreises der zu unterstützenden Personen bezwecken.

Bundesstaaten, wie z. B. Preußen und Sachsen, haben sich denn auch bereit erklärt, bedrängten Gemeinden durch Gewährung von Beiträgen, beziehungsweise Vorschüssen zu Hilfe zu kommen. Inwieweit auch andere Bundesstaaten die Last der Gemeinden in der Zwischenzeit bis zur Entschädigung durch das Reich zu erleichtern bemüht gewesen sind, entzieht sich augenblicklich unserer Kenntnis. Dagegen wird die Reichsverwaltung einen nicht ganz unerheblichen Teil der im Dezember 1914 vom Reichstage beschlossenen neuen Fünf-Milliarden-Anleihe zu dem Zwecke bereithalten, damit Gemeinden und Gemeindeverbände bei ihrer Fürsorge für die Familien der Kriegsteilnehmer leichter über die gesetzlichen Mindestsätze hinausgehen können. Alle so gewährten Unterstützungsbeiträge sind nicht als Armenunterstützungen anzusehen, und zwar auch dann nicht, wenn sie das reichsgesetzlich festgestellte Mindestmaß überschreiten. In Österreich-Ungarn ist die Unterstützung hilfsbedürftiger Familienmitglieder von Mobilisierten im Zusammenhange mit der Einführung der Militärersatzsteuer (Militärtaxe) zu Beginn der achtziger Jahre des vorigen Jahrhunderts näher normiert worden. In der österreichischen Reichshälfte traf hierüber das Militärtaxgesetz vom 13. Juni 1880 und in Ungarn der Gesetzartikel XI vom Jahre 1882 die erforderlichen Anordnungen. In Österreich sollen die dafür auflaufenden Kosten formell aus den allgemeinen Staatsmitteln, in Ungarn aber direkt aus den Mitteln des Militärtaxfondes bestritten werden.[1] Ein Gesetz vom 26. Dezember 1912 hat in Österreich den Unterhaltsanspruch der Familienangehörigen neu geordnet, wogegen in Ungarn diese Neuregelung erst gelegentlich der Kriegstagung des ungarischen Reichstages zu Ende November 1914 erfolgt ist. Das neue österreichische Gesetz bestimmt ausdrücklich (§ 7, al. 1), daß der vom Staate gewährleistete Unterhaltsbeitrag durch allfällige anderweitige Zuwendungen, die vom Lande sowie von Gemeinden, Vereinen oder Privatpersonen verabfolgt werden, keine Schmälerung erleiden darf.

Neben der Unterstützung der Mobilisierten wird die möglichste Bekämpfung der durch den Krieg veranlaßten oder gesteigerten Arbeitslosigkeit immer die wichtigste Aufgabe der Kriegssozialpolitik bilden müssen. Mit sehr anerkennenswerter Energie haben denn auch in Deutschland der Staat, die Gemeinden und die freie Wohlfahrtspflege sich hierum bemüht. Als Mittel wurden die schon in Friedenszeiten erprobten oder versuchten Linderungsmaßnahmen, jedoch mit den durch den Krieg gebotenen Modifikationen, in Anwendung gebracht. Zunächst

[1] Tatsächlich wird auch in Österreich in erster Linie das Erträgnis der Militärtaxe verwendet. Zur leichteren Deckung der für die Familienunterstützung auflaufenden Kosten hat der ungarische Reichstag auf seiner Novembertagung eine besondere Kriegseinkommensteuer votiert, welche nur die reichen Klassen zu tragen haben.

gaben viele öffentliche Verwaltungen die Parole aus, daß die vor dem Kriege begonnenen Arbeiten auch während desselben soweit als möglich fortgesetzt werden sollten. Von einzelnen Staatsverwaltungen des Deutschen Reiches sind auch zwecks Bekämpfung der Arbeitslosigkeit neue große Arbeiten (für Kanalisierung, Eisenbahnen u. dgl.), welche über den Rahmen bloßer Notstandsarbeiten weit hinausgingen, in die Wege geleitet worden. Ebenso haben viele städtische Verwaltungen zu dem gleichen Zwecke mannigfache Maßnahmen getroffen, indem sie entweder die für spätere Zeit vorgesehenen Arbeiten, namentlich Erdbewegungsarbeiten, schon früher in Angriff nehmen ließen oder für die normalen Arbeiten (Straßenreinigung usw.) Halbwochenschichten einführten, so daß zahlreiche neue Arbeiter eingestellt werden konnten. Die Theorie ist freilich rasch mit noch viel weitergehenden Vorschlägen zur Hand gewesen und hat vor allem eine ausgedehnte Kultivierung der vielen deutschen Ödländereien, ferner andere Meliorationen in großem Stile im Interesse der Minderung der herrschenden Arbeitslosigkeit gefordert. Nicht nur Moorkolonisationen, Drainagen, Bewässerungs- und Entwässerungsarbeiten, sondern auch die Anlage von neuen Talsperren, der Bau von Haupt- und Sekundärbahnen, die Herstellung neuer Straßen und Hochbauten oder endlich die Errichtung neuer Überlandzentralen wurden als Panazeen gegen die Arbeitslosigkeit verlangt. Allein diesen Vorschlägen stellen sich doch mancherlei schwerwiegende organisatorische und auch finanzpolitische Bedenken entgegen. Die gelernten industriellen Arbeiter der Städte besitzen zudem vielfach gar nicht die erforderliche Tauglichkeit für schwere Erdarbeiten und mit minderwertigen Leistungen solcher Arbeiter ist den öffentlichen Verwaltungen, wie die Erfahrungen mit den Notstandsarbeiten in Friedenszeiten gelehrt haben, nur sehr wenig gedient. Sofern sich die beschäftigungslosen Arbeiter dafür eignen, kann es aber ganz zweckmäßig sein, sie namentlich für solche Notstandsarbeiten heranzuziehen, welche die Wiederherstellung der durch den Krieg zerstörten Wohn- und Wirtschaftsgebäude bezielen. In dieser Art scheint namentlich die preußische Verwaltung bei ihren Notstandsarbeiten zu gunsten der geschädigten Bewohner Ostpreußens vorgegangen zu sein. Auch in Österreich ist eine energische staatliche Bauaktion zur Linderung der Arbeitslosigkeit im Baugewerbe schon im August 1914 eingeleitet worden. Eine unter dem Vorsitz des Ministers für öffentliche Arbeiten bestehende Kommission beschloß, daß nicht nur die bereits eingeleiteten Bauten fortgeführt, sondern auch neue wichtige Bauarbeiten in den Notstandsbezirken in Angriff genommen werden sollten. Die Kommission hatte dabei zunächst solche Herstellungen ins Auge gefaßt, welche, wie insbesondere umfängliche Erdarbeiten, den großen Massen der nicht speziell qualifizierten Arbeitslosen Beschäftigung zu geben vermöchten. Eisenbahnarbeiten, Flußregulierungen, Straßenkorrektionen sowie landwirtschaftliche Wasserbauten standen dabei in vorderster Reihe. Damit aber auch den höher qualifizierten Arbeitern Beschäftigungsgelegenheit verschafft werde, wurden gleichzeitig die Landeschefs ermächtigt, in den Notstandsbezirken auch Hochbauten zur Ausführung zu bringen.

Nicht unwesentlich erschwert wird die Lösung des ganzen Problems durch die Notwendigkeit, auch für die zahlreichen Kriegsgefangenen angemessene Beschäftigung zu schaffen. Die öffentliche Meinung verlangt dringend eine solche Beschäftigung, damit die Kosten für die Erhaltung der Kriegsgefangenen schon während der Kriegsdauer einigermaßen hereingebracht werden. Auch während des Krieges 1870/71 hat man die französischen Kriegsgefangenen, deren Zahl allmählich auf 400000 Mann angewachsen war, möglichst zu beschäftigen gesucht. Diese Versuche sind nunmehr jetzt in erster Linie von Preußen wiederholt worden und man hat dabei namentlich die Heranziehung der Kriegsgefangenen zu Eisenbahn- und Kanalisationsarbeiten, ferner für landwirtschaftliche Wasserbauten, wofür durch die Anleihegesetze aus den letzten zehn Jahren Geldmittel bereitgestellt worden waren, ins Auge gefaßt. Eine königliche Verordnung, die dann vom preußischen Landtag auf seiner Kriegstagung im Herbste 1914 genehmigt worden ist, hat zu diesem Zwecke sowie überhaupt zur Beschaffung von Arbeitsgelegenheit ein vereinfachtes Enteignungsverfahren angeordnet. Es bleibt abzuwarten, von welchem Ergebnisse dieser Versuch der preußischen Staatsverwaltung begleitet sein wird.

Der von vielen Theoretikern im Interesse einer wirksamen Bekämpfung der Arbeitslosigkeit so lebhaft empfohlene weitere Ausbau der Arbeitsnachweise hat gleich bei Beginn des gegenwärtigen Krieges in sehr beachtenswerter Weise Verwirklichung gefunden. Schon anfangs August 1914 gelang es in Deutschland, im Reichsamt des Innern eine Reichszentrale der Arbeitsnachweise ins Leben zu rufen, welche, gestützt auf die bereits bestehenden und die etwa neu in Wirksamkeit tretenden Arbeitsvermittlungsorganisationen, die wichtige Aufgabe übernahm, eine angemessene Verteilung der vorhandenen Arbeitskräfte im ganzen Reiche zu bewirken. Die alten Gegensätze zwischen den einzelnen Arten der Arbeitsnachweise verblaßten vor der großen Not der Zeit und die Gewerkschaften reichten der Landwirtschaft die Hand, um einen Teil der in der Industrie beschäftigungslos gewordenen Arbeiter den Landwirten für Erntearbeiten zuzuführen. Man einigte sich über die dabei einzuhaltenden Arbeitsbedingungen (ortsüblichen Taglohn nebst freier Wohnung und Verpflegung, Nichtunterstellung der neuen Arbeiter unter die Gesindeordnungen) und die mit der Vermittlung der Arbeitskräfte betrauten öffentlichen Arbeitsnachweise erhielten das Recht, darüber zu wachen, daß die verabredeten Arbeitsbedingungen auch eingehalten würden und daß Wohnung und Verpflegung berechtigten Anforderungen entsprächen. In Preußen und fast in allen übrigen Bundesstaaten traten um dieselbe Zeit Landeszentralen zur praktischen Durchführung dieser ganzen Aktion in Wirksamkeit, welche außerdem von den Staatsbahnverwaltungen durch Gewährung freier Fahrt für Erntearbeiter kräftig unterstützt worden ist.[1] [2] Neben dieser Aktion des Reiches und der Bundesstaaten liefen noch zahlreiche Maßnahmen städtischer Verwaltungen und von Wohlfahrtsvereinen mit beschränkteren Zielen und Mitteln einher, auf die hier nicht näher eingegangen werden kann. Man war von seiten der Reichs- und Staatsbehörden im Interesse einer möglichst wirksamen Einschränkung der Arbeitslosigkeit bemüht, für alle diese verschiedenen Aktionen gemeinsame Richtlinien aufzustellen und dieselben so in ein möglichst einheitliches Geleise zu bringen. Das auf Grund gemeinsamer Besprechungen der beteiligten Reichsämter und preußischen Ministerien aufgestellte Programm ist dann in einer Denkschrift zusammengefaßt und diese zu Anfang September 1914 auszugsweise der Öffentlichkeit übergeben worden.[3] Eine ähnliche Zentralisation der Arbeitsvermittlung hat auch das österreichische Ministerium des Innern in die Wege geleitet.[4]

Große Aufmerksamkeit hat die deutsche Reichsgesetzgebung gleich nach dem Ausbruche des gegenwärtigen Krieges den Fragen der Arbeiterversicherung zugewendet. Keiner besonderen Obsorge bedurfte die Invaliden- und Hinterbliebenenversicherung, denn die Einwirkung der Mobilmachung war schon früher, und zwar zuletzt in § 1393 der Reichsversicherungsordnung geregelt worden. Danach werden alle jene vollen Wochen, in denen der Versicherte in Erfüllung seiner gesetzlichen Wehrpflicht eingezogen gewesen ist oder freiwillig militärische Dienstleistungen in Kriegszeiten verrichtet hat, als Beitragswochen der Lohnklasse II angerechnet, und zwar ohne daß Beiträge entrichtet zu werden brauchen. Die Militärdienstwochen werden also auf die Wartezeit, aber auch auf die nach § 1278 der Reichsversicherungsordnung zur Erlangung der Invalidenrente erforderlichen hundert Pflichtwochen in

---

[1] Vgl. hierüber die Angaben in der „Sozialen Praxis", 23. Jahrgang (1914), Nr. 45 (Arbeitsvermittlung und Krieg) und Nr. 46 (Arbeitsvermittlung während des Krieges).

[2] Die Reichsverwaltung hat außerdem bei dem kaiserlichen statistischen Amte (der Abteilung für Arbeitsstatistik) eine Kriegsarbeitsstatistik in Gestalt eines seit dem 14. August 1914 wöchentlich erscheinenden „Arbeitsmarktanzeigers" eingerichtet, welche sowohl praktischen Zwecken der angeschlossenen Organisationen als auch dem Studium der Verhältnisse des Arbeitsmarktes während des Krieges zu dienen hat. Vgl. hierüber die Anzeige im „Deutschen Statistischen Zentralblatt", 6. Jahrgang (1914), Nr. 10.

[3] „Soziale Praxis", 23. Jahrgang (1914), Nr. 50 (Das Programm der Reichs- und Staatsbehörden zur Einschränkung der Arbeitslosigkeit).

[4] Vgl. die „Soziale Rundschau", XV. Jahrgang (1914), Heft 8/9, I., S. 332ff.

Anschlag gebracht, sie hindern das Erlöschen der Anwartschaft und dienen zur Steigerung der Rente.[1] Im Interesse eines ordentlichen Geschäftsganges haben verschiedene Landesversicherungsanstalten bald nach Kriegsausbruch an die Angehörigen der Mobilisierten die dringende Mahnung gerichtet, die Quittungskarten der letzteren für die Invalidenversicherung aufrechnen zu lassen und die Bescheinigung darüber sorgfältig aufzubewahren. Für den stolzen Bau der deutschen Invaliditätsversicherung erwuchs durch den Krieg nicht nur keine Gefahr, sondern die Landesversicherungsanstalten konnten ihre zahlreichen Heilstätten und ihre gewaltigen Mittel außerdem noch in den Dienst der Kriegsfürsorge stellen. Auf Grund einer Ende August 1914 im Reichsversicherungsamte stattgefundenen Konferenz wurden die Landesversicherungsanstalten ermächtigt, zur Bekämpfung der wirtschaftlichen Notlage in ihren eigenen oder auch in einzelnen anderen besonders schwer betroffenen Bezirken von ihrem Vermögen bis zu 5 Prozent des Buchwertes desselben flüssig zu machen. Da das Gesamtvermögen der Landesversicherungsanstalten im Jahre 1913 einen Stand von rund 2 Milliarden Mark erreicht hatte, so konnten auf diese Weise recht beträchtliche Summen der Kriegsfürsorge zugewendet werden. Auch das Gebäude der Unfallversicherung vermag im Kriege standzuhalten, wenngleich durch die Einstellung ungeübter Ersatzarbeitskräfte die Unfallgefahr sich leicht erhöhen kann. Es wird daher nicht überflüssig sein, die Betriebsunternehmer in solchen Fällen auf die bestehenden Unfallvorschriften besonders aufmerksam zu machen. Im übrigen haben auch die Berufsgenossenschaften den durch den Krieg bedingten besonderen Verhältnissen nach einer am 8. August 1914 im Reichsversicherungsamte stattgefundenen Konferenz Rechnung zu tragen beschlossen, indem sie nicht nur nähere Bestimmungen über die Festsetzung und Auszahlung gemäß den veränderten Umständen (z. B. an die zurückbleibenden Familienangehörigen der etwa im Felde stehenden Rentenempfänger) trafen, sondern auch Rentenherabsetzungen während der ersten drei Monate des Krieges in der Regel unterlassen wollten. Schwieriger konnte sich die Lage der Krankenkassen gestalten, weil durch die Einbe-

[1] Mit Verordnung vom 26. November 1914 hat der Bundesrat verfügt, daß die auf Militärdienstzeiten bezüglichen Vorschriften der deutschen Reichsversicherungsordnung auch für jene Militärdienstzeit gelten sollen, welche während des gegenwärtigen Krieges in österreichisch-ungarischen Diensten zurückgelegt wird. Diese Bestimmung ist für die zahlreichen österreichischen und ungarischen Staatsangehörigen, welche vor Ausbruch des Krieges im Deutschen Reiche als Arbeiter beschäftigt waren und dann nach Österreich-Ungarn zur militärischen Dienstleistung einrücken mußten, von der größten Bedeutung. Umgekehrt sind die in Österreich zum Schutze der Militärpersonen auf dem Gebiete des Prozesses und des Finanzverfahrens erlassenen Ausnahmsbestimmungen auch auf Militärpersonen verbündeter kriegführender Staaten für anwendbar erklärt worden.

rufung zahlreicher Mitglieder ihre finanziellen Unterlagen oft erschüttert werden mußten. Hier hat die Reichsgesetzgebung sofort nach Kriegsausbruch im Wege eines Notgesetzes vom 4. August 1914 eingegriffen. Durch dieses Gesetz wurden für die Dauer des gegenwärtigen Krieges bei sämtlichen Orts-, Land-, Betriebs- und Innungskrankenkassen die Leistungen auf die Normalsätze und die Beiträge auf $4^1/_2$ Prozent vom Grundlohne festgesetzt. Ausnahmen können vom Versicherungsamte zugelassen werden, wenn die Leistungsfähigkeit der betreffenden Kasse gesichert ist. Reichen bei einer Kasse die $4^1/_2$-prozentigen Beiträge für die Normalleistungen und die Verwaltungskosten nicht aus, so hat bei Orts- und Landkrankenkassen der Gemeindeverband, bei Betriebskrankenkassen der Arbeitgeber und bei Innungskrankenkassen die Innung die erforderlichen Beihilfen aus eigenen Mitteln zu leisten. Außerdem ist für die Dauer des Krieges die hausgewerbliche Krankenversicherung mit Rücksicht auf die Schwierigkeiten ihrer Durchführung außer Betrieb gesetzt worden. Ausnahmen davon können nur durch übereinstimmenden Beschluß der Gemeinde und des Kassenvorstandes unter Genehmigung des Oberversicherungsamtes erfolgen. Man wollte durch diese Bestimmung namentlich Großkommunen mit stärkerer Heimarbeiterbevölkerung die Möglichkeit wahren, die Krankenversicherung der Hausgewerbetreibenden im Wege statutarischer Anlehnung an die Ortskrankenkasse fortzuführen, zumal erwartet werden konnte, daß durch den Fortbestand einer derartigen Versicherung die Kommunen von den sonst anschwellenden Armenunterstützungen einigermaßen entlastet würden. Ein zweites Notgesetz vom 4. August 1914 traf Anordnungen über die Erhaltung von Anwartschaften aus der Krankenversicherung. Danach soll für die Zwecke der freiwilligen Weiterversicherung ein Aufenthalt von Kassenmitgliedern im Auslande, der durch die Einberufung zum Kriegsdienste veranlaßt ist, dem sonst regelmäßig erforderlichen Aufenthalte im Inlande gleichgehalten werden. Ferner soll für alle mobilisierten Mitglieder der Fristenlauf in jenem Falle ruhen, wo bei einer Krankenkasse satzungsmäßig für die Leistungen eine Wartezeit bestimmt ist. Wenn die Wartezeit bereits erfüllt ist, so bedarf es nicht der Zurücklegung einer neuen Wartefrist und es wird die Zeit, für welche die Beiträge weitergezahlt werden, auf die Wartezeit angerechnet. Versicherungsberechtigte Mobilisierte, deren freiwillige Mitgliedschaft wegen nicht rechtzeitiger Zahlung der Beiträge erloschen ist, sind befugt, binnen sechs Wochen nach ihrer Rückkehr in die Heimat wieder in die Krankenversicherung einzutreten. Die Gesetzgebung ging bei Erlassung dieser Normen offenbar von der regelmäßig zutreffenden Annahme aus, daß die obligatorische Kassenmitgliedschaft für die meisten Mobilisierten zwar infolge der Einberufung ebenso wie ihr bisheriges Arbeitsverhältnis notwendigerweise endigen werde, daß es aber für viele doch von

Wert sein könne, die Versicherung freiwillig fortzusetzen. In der Praxis ist diese freiwillige Weiterversicherung der Kriegsteilnehmer mehrfach teils durch Arbeitgeber, teils durch Gemeindeverwaltungen namentlich zu dem Ende durchgeführt worden, damit den Familienangehörigen der einberufenen Versicherten die Anwartschaft auf die Familienunterstützung erhalten bleibe. Die Kosten dieser Maßnahme trugen die genannten Faktoren, doch erfolgte die Weiterversicherung, wie es scheint, regelmäßig nur in der untersten Beitragsklasse und nicht in der Lohnstufe, der die Versicherten beim Austritte aus ihrer Beschäftigung angehört hatten. Der von der Reichsgesetzgebung betretene Weg ist dann von einzelnen Bundesstaaten zu gunsten der ihrer landesgesetzlichen Regelung unterstehenden Knappschaftskassen nachgeahmt worden. So hat insbesondere die Regierung des Königreiches Sachsen derartige ergänzende Maßnahmen zunächst in provisorischer Form auf Grund des § 88 der Verfassungsurkunde getroffen, welche hierauf vom Landtag in der Novembersession des Jahres 1914 genehmigt worden sind. Aber das Reich hat nicht bloß legislatorisch in die Sozialversicherung eingegriffen, um diese zu stützen und die Versicherten soweit als möglich vor den schädlichen Wirkungen des Krieges zu bewahren, sondern es hat auch durch Bereitstellung materieller Mittel die Wöchnerinnenpflege zu verbessern gesucht. Nach einem Beschluß des Bundesrates sind von der im Dezember 1914 durch den Reichstag bewilligten zweiten Fünf-Milliarden-Anleihe die nötigen Summen für diesen Zweck zu reservieren. Als Vermittlungsorgane dienen dabei die Krankenkassen. Die Durchführung der neuen pflegerischen Maßnahmen[1] wird dem Reiche

[1] Nach dem Beschluß des Bundesrates soll im Falle der Entbindung sowie für die Zeit nach der Niederkunft aus Mitteln des Reiches eine außerordentliche Unterstützung allen denjenigen Frauen gewährt werden, deren Ehemänner während des gegenwärtigen Krieges dem Reiche Kriegs-, Sanitäts- oder ähnliche, also nicht etwa zu Erwerbszwecken bestimmte Dienste leisten, soweit die Männer zum Kreise der gegen Krankheit versicherten Personen gehören. Die Unterstützung besteht in Hilfe durch Hebamme oder Arzt sowohl bei der Entbindung als auch schon vorher bei etwaigen Schwangerschaftsbeschwerden, ferner in Wochen- oder Stillgeld. Das Wochengeld wird in der Höhe von 1 Mark auf jeden Tag für 8 Wochen gezahlt. Das Stillgeld in der Höhe von 50 Pfennigen täglich erhalten die Wöchnerinnen, solange sie ihre Säuglinge selbst stillen, bis zur Dauer von 12 Wochen nach der Niederkunft. Die Krankenkassen erhalten für diese von ihnen vermittelten Leistungen Ersatz aus der Reichskasse. Für die Behandlung bei der Entbindung werden in jedem Falle 25 Mark, für jene von Schwangerschaftsbeschwerden Beträge bis zu 10 Mark gewährt. Die Kassen können Arzt oder Hebamme unmittelbar gewähren. Die Wochenhilfe wird auch dann bewilligt, wenn der Ehemann bei seinem Eintritt in den Kriegsdienst von seinem Rechte freiwilliger Weiterversicherung keinen Gebrauch gemacht hat. Ferner sollen die Krankenkassen eine gleiche Wochenhilfe auch den für die eigene Person versicherten weiblichen Personen leisten, bei denen eine Kriegsteilnahme des Ehemannes nicht in Frage steht.

voraussichtlich einen monatlichen Kostenaufwand von 2 Millionen Mark verursachen. Der Beschluß des Bundesrates ging vornehmlich von zwei Gesichtspunkten aus. Einmal hat der Ruf zu den Fahnen, also die Wahrnehmung der höchsten Pflicht gegen das Vaterland den am Kriege teilnehmenden Ehemännern die Möglichkeit genommen, hier selbst mit der nötigen Hilfe für die Ihrigen einzutreten. Da ist es dann nur billig, wenn diesen Männern die Sorge um Wohl und Bestand ihrer Familie durch die Gewißheit erleichtert wird, daß ihre Frauen in deren schwerer Stunde vor äußerster Not beschützt und der bitteren Sorge um das Leben der Neugeborenen enthoben sind. Sodann aber machen die gewaltigen Opfer an Menschenleben, die der Krieg fordert, es zu einer unabweisbaren Pflicht des Reiches, vorsorglich auf die Erhaltung und Kräftigung der kommenden Generation schon bei deren Eintritt ins Leben Bedacht zu nehmen.

Nicht so günstig verliefen die Dinge anfangs in Österreich, da man dort nicht sogleich mit energischen Maßnahmen zur Stelle war. Erst gegen Ende August 1914 lenkte das Ministerium des Innern in einem an die politischen Landesstellen hinausgegebenen Zirkularerlaß deren Aufmerksamkeit auf die durch den Kriegszustand geschaffene schwierige Lage der Krankenkassen. Dieselben waren nicht nur durch die Abmeldungen zahlreicher mobilisierter und arbeitsloser Mitglieder, sondern auch dadurch schwer betroffen, daß die Mittel der Kassen von den zurückgebliebenen, zumeist älteren und schwächlichen Mitgliedern stark in Anspruch genommen wurden, die Beiträge aber infolge der wirtschaftlichen Lage zum Teil auch wohl wegen Zahlungsunwilligkeit mancher Kassenmitglieder oft recht spärlich flossen. Das Ministerium des Innern empfahl daher als Abhilfsmaßregeln einerseits zulässige Einschränkungen der Kassenleistungen und auf der anderen Seite eine energischere Hereinbringung der rückständigen Kassenbeiträge. Die Kassenorgane wurden angewiesen, die verfügbaren Mittel vor allem für die Schwerkranken zusammenzuhalten. Alle nicht schwer kranken und alle nicht absolut arbeitsunfähigen Mitglieder waren aus dem Krankenstande zu entlassen. Ebenso sollte eine Aufnahme in Spitäler nur im Falle absoluter Unerläßlichkeit stattfinden und die Vornahme nicht dringlicher Operationen sistiert werden. Die medikamentöse Behandlung kranker Mitglieder sowie die Gewährung von therapeutischen Behelfen an diese war auf das allernotwendigste Maß einzuschränken. Auf die Hereinbringung der Beiträge sollte mehr geachtet und dabei nur jene Rücksicht geübt werden, welche ein schwerer wirtschaftlicher Notstand zu rechtfertigen vermag. Auch erklärte das Ministerium ausdrücklich, daß durch die Moratoriumsgesetzgebung öffentlichrechtliche Geldforderungen, also auch die Beiträge für die soziale Versicherung nicht in die Stundung einbezogen worden seien. Diese dringenden Vorsorgen der Krankenkassen erforderten aber vielfach Statutenänderungen, die wiederum nach gesetzlicher Vorschrift an die Zustimmung der Generalversammlungen gebunden waren. Da infolge des Kriegszustandes beschlußfähige Generalversammlungen nur schwer oder gar nicht abgehalten werden konnten, so wurden die Vorstände der Krankenkassen und der Bergwerksbruderladen im Wege einer Notverordnung ermächtigt, die erforderlichen Vorkehrungen ohne Mitwirkung der Generalversammlungen selbst und rechtsgültig zu beschließen. Auch die österreichischen Sozialversicherungsinstitute haben es während des gegenwärtigen Krieges nicht an Aufwendungen für außerordentliche Zwecke fehlen lassen. In den Rahmen dieser Bestrebungen fiel insbesondere die vom Ministerium des Innern geförderte Kälteschutzfürsorgeaktion, welche die Beschaffung von Kälteschutzmitteln für die im Felde stehenden Soldaten bezweckte. Da die geltende Sozialversicherungsgesetzgebung auf solche außerordentliche Verhältnisse nicht Bedacht nehmen konnte, demgemäß Bestimmungen, welche die sozialen Versicherungsinstitute zu Geldaufwendungen für außerordentliche Zwecke ausdrücklich ermächtigten, nicht getroffen hat, ergab sich das Bedürfnis, diese Lücke durch eine gesetzliche Notverfügung auszufüllen. Diesem Bedürfnisse trug eine kaiserliche Verordnung Rechnung, welche die öffentlichrechtlichen Versicherungsinstitute für die Dauer der durch den Kriegszustand hervorgerufenen außerordentlichen Verhältnisse ermächtigte, mit Genehmigung der Aufsichtsbehörde ihrer Leistungsfähigkeit angemessene Beträge zur Durchführung oder Förderung von Maßnahmen aufzuwenden, die geeignet sind, die durch den Krieg und dessen Folgeerscheinungen herbeigeführten besonderen Gefahren für die Gesundheit oder Erwerbsfähigkeit der Versicherten abzuwehren.

Auf die sonstigen Einrichtungen der sozialen Kriegsfürsorge kann im Rahmen dieser Studie nicht weiter eingegangen werden. Die so wohltuende Tätigkeit der in manchen Gemeinden eingesetzten Kriegswohnungsausschüsse ist schon früher berührt worden. Ihre Wirksamkeit reichte freilich öfters über das Interesse der arbeitenden Klassen hinaus, indem diese auch anderen Mietern und selbst den Hausbesitzern und ihren Gläubigern zugute kommen sollte, allein die Institution verliert dadurch nichts an ihrem sozialpolitischen Werte. In der Tätigkeit der Rechtsauskunftsstellen trat zu Beginn des Krieges hier und da unter dem Eindruck der ersten Panik ein arger Rückschlag ein, allein bald erholten sich diese Auskunftsstellen und in manchen Großstädten machte sich sogar bei ihnen ein ganz besonderer Andrang geltend. Sie haben hier im Interesse des sozialen Friedens außerordentlich Gutes gewirkt, indem sie vielen irrigen Rechtsauffassungen entgegentraten und in zahlreichen Fällen ein gütliches Einvernehmen zustande brachten. Die in weiten Kreisen zu Beginn eines jeden Krieges gewöhnlich auftretende befinde, also auch den Mietzins nicht zu zahlen brauche, haben die Rechtsauskunftsstellen von Anfang an mit Nachdruck bekämpft und dadurch vieler Rechtsverwirrung gesteuert. Ihrem Eingreifen gelang es oft, auch dort zu helfen, wo mit bloßer gerichtlicher Stundung dem einen Teil nicht gedient gewesen wäre. Durch die neuen Gesetze und Verhältnisse wurden überdies zahlreiche wichtige Rechtsfragen erst rege gemacht, so daß es nicht zu verwundern ist, wenn viele freiwillige Rechtsbureaux während des Krieges eine ganz besondere Arbeitsleistung zu bewältigen haben.[1] Es verdient bemerkt zu werden, daß einzelne Anwaltsvereine nach Beginn des Krieges ebenfalls öffentliche Auskunfts- und Geschäftsstellen mit der Bestimmung eingerichtet haben, daß in ihnen allen, welche Rat und Rechtsbeistand infolge der kriegerischen Ereignisse benötigen, insbesondere aber den Familienangehörigen der zur Fahne Einberufenen unentgeltlich zuteil werde.

Gleichwie die soziale Versicherung steht auch das private Versicherungswesen unter den tiefgreifenden Einwirkungen des Krieges. Das wahl- und ziellose Walten der Kriegsfurie ist mit der auf festen mathematischen Regeln aufgebauten Versicherung nur schwer oder gar nicht zu vereinigen und es erscheint daher begreiflich, daß die Versicherungsgesellschaften sich gegen die regellosen Schäden des Krieges durch völligen Ausschluß oder wenigstens durch Beschränkung ihrer Haftung zu schützen suchen. Die Gesetzgebung hat dieses Verfahren der Privatversicherung als berechtigt anerkannt. Es gilt dies vor allem von der Sachversicherung. Bei der Feuerversicherung sind die Kriegsschäden gemäß § 84 des deutschen Versicherungsvertragsgesetzes vom 30. Mai 1908 ausdrücklich ausgeschlossen. Verwickelter gestalten sich die Verhältnisse bei der Transportversicherung, indem hier je nach der Geltung und Fassung der verschiedenen Kriegsklauseln die Haftung für Kriegsschäden abweichend behandelt wird. In Deutschland pflegt in dieser Beziehung ein wesentlicher Unterschied zwischen den Seeplatz- und den binnenländischen Seeversicherungsbedingungen obzuwalten. Speziell nach Hamburger Brauch gilt die Seeversicherung ohne gegenteilige Vereinbarung stets zur Klausel „Frei von Kriegsgefahr" („Nur für Seegefahr") geschlossen, so daß der Versicherer zwar nicht die eigentliche Kriegsgefahr übernimmt, alle übrigen Gefahren aber auch nach Eintritt einer Kriegsbelästigung tragen zu wollen erklärt. Nach den binnenländischen allgemeinen Seeversicherungsbedingungen hingegen gilt die Versicherung „Frei von Kriegsmolest", so daß ein derart versicherter Kaufmann auch die nicht durch eigentliche Kriegsereignisse

[1] Vgl. hierüber die Angaben in der „Sozialen Praxis", 23. Jahrgang (1914), Nr. 46 (Gemeinnützige Rechtsauskunft) und Nr. 52 (Die Tätigkeit der Rechtsauskunftsstellen während des Krieges).

Ansicht, daß man sich jetzt von selbst im Zustande eines Moratoriums hervorgerufenen Seeschäden aus eigenen Mitteln tragen muß.[1] Es kann das von Einfluß sein, wenn der Antritt oder die Fortsetzung der Reise durch Kriegsschiffe, Kaper oder Blockade behindert oder auch zur Verminderung der Kriegsgefahr ein anderer Kurs eingeschlagen wird sowie endlich, wenn der Schiffer durch die Kriegsbelästigung die freie Führung seines Schiffes verliert. Außerdem kann es geschehen, daß bereits verschiffte Güter nach der Kriegserklärung in neutralen Häfen eingelagert werden müssen. Ein solcher Aufenthalt wegen Kriegsgefahr wird regelmäßig nur auf besonderen Antrag versichert. Ohne entsprechende Aufklärung über die Tragweite dieser verschiedenen Klauseln müssen zahlreiche Kaufleute in Kriegszeiten zu Schaden kommen. Nicht weniger leiden die Exporteure durch das im Kriegsfalle eintretende starke Anziehen der Seeversicherungsprämien, die zugleich nicht selten raschen Schwankungen unterliegen. Kein Wunder, daß die Staatsverwaltung unter solchen Umständen um außerordentliche Abhilfsmaßregeln angegangen wird. Es kann dann so weit kommen, daß sie eine gewisse Garantie für das gesteigerte Seerisiko übernehmen oder eine Art Staatsversicherung einrichten muß. Ein derartiges staatliches Eingreifen hat im Verlaufe des gegenwärtigen Weltkrieges, wie es scheint, in einzelnen neutralen Staaten stattgefunden. Wenigstens liegen Nachrichten vor, daß der schwedische Staat die Seeversicherung von Schiffen und Ladungen gegen Kriegsgefahr übernommen und zur Durchführung dieser Aufgabe eine eigene Kommission ernannt habe, welch letztere die Versicherungsprämie in jedem einzelnen Falle bestimmen sollte. Desgleichen wußten die öffentlichen Blätter von der Einrichtung einer bundesstaatlichen Kriegsrisikoversicherung für die amerikanischen Schiffe zu melden. Von den übrigen Zweigen der Sachversicherung leidet während des Krieges besonders die so ausgedehnte Feuerversicherung. Nicht nur die Reihen der zahlreichen Beamten und Agenten der privaten Feuerversicherungsgesellschaften werden durch die militärischen Einberufungen stark gelichtet und dadurch leicht Stockungen in der Geschäftsabwicklung herbeigeführt, sondern es ist auch vor allem mit einem sehr erheblichen Rückgang in den Neuabschlüssen zu rechnen. Die durch den Krieg verursachte wirtschaftliche Notlage hindert natürlich solche Neuabschlüsse und auch die Einziehung der fälligen Prämiengelder gestaltet sich oft recht schleppend, da in zahlreichen Fällen Stundung gewährt werden muß. Dank ihrer Organisation sind die in Deutschland arbeitenden Privatfeuerversicherungsgesellschaften befähigt gewesen, diese Schwierigkeiten siegreich zu überwinden, ja die während des

[1] Vgl. über die Kriegsklauseln bei der Seeversicherung auch Manes „Versicherungswesen“, zweite Auflage (1913), S. 333.

Krieges in Düsseldorf abgehaltene Generalversammlung ihrer „Vereinigung" konnte mit Befriedigung konstatieren, daß die Gesellschaften den Zeitverhältnissen gegenüber ihren im Rückstand befindlichen Versicherungsnehmern und ebenso auch gegenüber ihren Hypothekarschuldnern Rechnung zu tragen vermochten. Auch der Kriegsfürsorge zugunsten der Familienangehörigen ihrer unter den Fahnen stehenden Beamten haben die deutschen Feuerversicherungsgesellschaften nicht vergessen. Nachdem in ihrem Schoße schon im Juni 1914 die Errichtung eines Komitees für ausländisches Feuerversicherungsgeschäft beschlossen worden war, hat der von England an Deutschland erklärte wirtschaftliche Krieg zur Folge gehabt, daß diese ursprünglich zur Wahrung und Förderung der Mitgliederinteressen im überseeischen Geschäft eingeleitete Aktion ganz von selbst in das Fahrwasser der wirtschaftlichen Emanzipationspolitik geriet. Als Antwort auf die englische Proklamation vom 9. September 1914, wodurch den englischen Versicherungsgesellschaften Zahlungen an deutsche Versicherungsnehmer verboten wurden, erklärte nunmehr die Generalversammlung der in Deutschland arbeitenden Privatfeuerversicherungsgesellschaften ihren Willen, in die so entstehende Lücke einzutreten, damit auf diese Weise die englischen Gesellschaften vollständig ausgeschaltet würden.

Nicht mehr so ablehnend wie die Sachversicherung verhält sich schon seit längerer Zeit die Lebensversicherung gegenüber dem Kriegsrisiko. Auch bei ihr spielten und spielen noch heute die eine Haftung für Kriegsschäden ausschließenden oder beschränkenden Klauseln eine große Rolle, allein seit dem deutsch-französischen Kriege 1870/71 sind die mit dem Kriegsrisiko verbundenen technischen Schwierigkeiten hier mehr und mehr überwunden worden. Die vom preußischen Staate mit einem Garantiefonde von 3 Millionen Mark ausgestattete Lebensversicherungsanstalt für Armee und Marine (1872) bezeichnet in dieser Hinsicht einen entscheidenden Wendepunkt.[1] Von dieser allgemeinen Militärversicherung verschieden ist die spezielle Militärdienstversicherung, welche Familienvätern Gelegenheit bieten will, durch Bezahlung einmaliger oder terminlicher Prämien für die mit der Ableistung des Militärdienstes verbundenen Kosten rechtzeitig Vorsorge zu treffen.[2] Alle in einem großen Kriege auftauchenden Bedürfnisfälle können aber natürlich nicht so leicht vorausgesehen werden und so haben diese neuen Bedürfnisse in Deutschland während der jetzigen Kriegszeit auch neue Organisationen hervorgerufen. Vorbildlich hat hierbei der nassauische Bezirksverband gewirkt, indem er für seine ins Feld gezogenen Beamten eine Kriegsversicherung auf Gegenseitigkeit errichtete und die Benützung

[1] **Manes**, S. 234f.

[2] Jb., S. 257, und **mein** Heeresrecht der österreichisch-ungarischen Monarchie (1903), S. 463.

der Einrichtung auch anderen nichtbeamteten Wehrmännern freistellte. Da die zurückgebliebenen Frauen der Kriegsteilnehmer nicht immer über die nötigen Barmittel verfügten, so suchte der Vorstand der drei großen nassauischen Genossenschaftsverbände und die Direktion der Landesbank dieser Schwierigkeit durch Erleichterungen in der Aufnahme von Darlehen, welche nach Beendigung des Krieges allmählich getilgt werden sollen, abzuhelfen.[1] Diese Form der Kriegsversicherung hat rasch in anderen Landesteilen Deutschlands Verbreitung gefunden und insbesondere im Königreiche Sachsen hat die hier bestehende Landesbrandversicherungsanstalt ebenfalls eine Kriegsversicherung auf Gegenseitigkeit im Interesse der Hinterbliebenen von Kriegsteilnehmern eingerichtet. Als Kriegsteilnehmer gelten außer den Angehörigen des Heeres und der Marine alle auf Grund besonderer Verpflichtung oder freiwillig im Heere oder in der Marine, sei es im Felde oder in der Heimat, Dienste leistenden Personen männlichen oder weiblichen Geschlechtes. In die Kriegsversicherung werden deutsche und österreichisch-ungarische Kriegsteilnehmer aufgenommen. Die Versicherung erfolgt durch Erwerbung von Anteilscheinen von seiten der Kriegsteilnehmer selbst, der Angehörigen oder dritter Personen. Kriegsteilnehmer können sich zu gunsten ihrer Angehörigen oder anderer Personen versichern; die Angehörigen, insbesondere die Frauen von Kriegsteilnehmern, zu ihren eigenen Gunsten. Aber auch Dritte, z. B. Arbeitgeber, können Versicherungen eingehen zu gunsten der Angehörigen ihrer im Felde stehenden Arbeitnehmer. Jeder Anteilschein lautet auf 10 Mark. Es können für einen Kriegsteilnehmer bis zu zwanzig Anteilscheine gelöst werden. Die Versicherungsbeiträge der den Krieg überlebenden Personen werden auf die Anteilscheine der im Kriege gestorbenen Kriegsteilnehmer gleichmäßig ohne jeden Abzug verteilt.[2] Auch die Volksversicherung hat sich mehrfach dieser Form der Kriegsversicherung angenommen. In Österreich haben eine ganze Reihe von Versicherungsgesellschaften im No-

---

[1] Vgl. die Angaben in der „Sozialen Praxis“, 23. Jahrgang (1914), Nr. 49 (Öffentliche Kriegsversicherung für die Wehrmänner in Nassau und Rheinland).

[2] Nach Mitteilungen öffentlicher Blätter hatte diese sächsische Kriegsversicherung schon bis zum Beginn des Monates Dezember 1914 einen bedeutenden Aufschwung genommen, und zwar besonders dadurch, daß neben großen Arbeitgebern auch Gemeinden, Vereine und Innungen in bedeutendem Umfange Gesamtversicherungen für ihre im Felde stehenden Kriegsteilnehmer abschlossen. In Dresden allein sind von Firmen und einer Innung Kriegsversicherungen im Gesamtbetrage von rund 18000 Mark angenommen worden. Ebenso haben die Gemeinden den Angehörigen unbemittelter Gemeindemitglieder die Lösung von Anteilscheinen durch Beihilfe zu den Kosten und durch Darleihung des Restes gegen ratenweise Rückzahlung erleichtert. Die gesamte Versicherungssumme betrug schon anfangs Dezember über 100000 Mark. Die Zahl der gemeldeten Todesfälle ist so gering gewesen wie wohl bei keiner anderen der verschiedenen Kriegsversicherungen.

vember 1914 den Beschluß gefaßt, die zu gunsten landsturmpflichtiger Personen getroffenen Versicherungsbestimmungen auch auf solche Versicherungsnehmer auszudehnen, welche im gegenwärtigen Kriege freiwillig Landsturmdienste auf sich genommen haben, gleichviel, ob diese sich bei ihrer freiwilligen Meldung im landsturmpflichtigen Alter befinden, dasselbe noch nicht erreicht oder überschritten haben. Es gilt nur die Einschränkung, daß die Zahlungen in keinem Falle über 20000 Kronen per Kopf geleistet werden. Auch in Österreich hat die Frage der auswärtigen Versicherungsgesellschaften infolge des englischen Zahlungsverbotes ihre Wellen geworfen. Die Sachlage gestaltet sich natürlich verschieden, je nachdem die betreffenden Gesellschaften im Inlande konzessioniert sind oder hier eine gesetzmäßig errichtete Niederlassung nicht besitzen. Verträge mit englischen oder französischen Gesellschaften der letzteren Art werden unter die Retorsionsverordnungen fallen und sind Prämienzahlungen an solche Versicherungsgesellschaften jetzt verboten. Auf die im Inlande konzessionierten fremden Gesellschaften dagegen finden die Retorsionsverordnungen keine Anwendung und es ist daher den Versicherten nicht verboten, Prämienzahlungen an die hierländischen Niederlassungen solcher Gesellschaften zu leisten. Damit ist allerdings noch nicht über die Frage entschieden, ob die Versicherten jetzt zur Prämienzahlung an konzessionierte fremde Gesellschaften ohne weiteres auch verpflichtet sind. Für die Lebensversicherung ist diese Frage von keiner großen Bedeutung, denn eine klagbare Verpflichtung zur Prämienzahlung besteht an und für sich für die Versicherten nur bezüglich der ersten Jahresprämie. Durch die österreichische Moratoriumsgesetzgebung ist eine solche Verpflichtung zwar auch für die folgenden Versicherungsjahre festgesetzt, aber die Versicherten können innerhalb eines Monates nach Erhalt der Zahlungsaufforderung ausdrücklich erklären, ihre Versicherungen nicht fortsetzen zu wollen. Es liegt kein Grund vor, ausländische Gesellschaften aus Feindesland in dieser Beziehung anders zu behandeln als inländische Anstalten, weil ja den inländischen Versicherten die hier deponierten Prämienreserven haften. Nicht so klar liegen die Verhältnisse rücksichtlich der Elementarversicherungsanstalten, denn die Ansammlung großer Reservekapitalien findet bei diesen Anstalten nicht statt und das, was bei der Elementarversicherung als Prämienreserve deponiert wird, ist im großen und ganzen nichts Anderes als der unverbrauchte Teil der laufenden Prämieneinnahme. Es kann nun zweifelhaft sein, ob diese Prämienreserve zuzüglich der im Inlande deponierten, nicht sehr beträchtlichen Kautionsbeträge der fremden Gesellschaften unter allen Umständen zur Deckung der inländischen Versicherungsansprüche hinreichen würde. Es wird ganz wohl die Frage aufgeworfen werden können, ob die Versicherten jetzt noch verpflichtet sind, unter den durch den Krieg völlig geänderten

Verhältnissen einen mehrjährigen Versicherungsvertrag einer ausländischen Gesellschaft fortzusetzen. Läge es da nicht nahe, diese Schwierigkeit in ähnlicher Art aus der Welt zu schaffen, wie dies im Deutschen Reiche geschehen ist? Wir sahen bereits, wie dort die Feuerversicherungsgesellschaften bereitwillig die Versicherungsbestände der englischen Gesellschaften übernommen haben. Wäre eine solche Maßnahme, welche die Mithaftung der inländischen Gesellschaften für die Erfüllung der laufenden Versicherungsverträge zur Folge haben müßte, nicht auch in Österreich durch aufsichtsbehördliche Verfügung zu erzwingen? Jedenfalls besteht auch für die bei Privatgesellschaften Versicherten angesichts der durch den Krieg verursachten Erschütterung vieler Rechtsgrundlagen ein dringendes Bedürfnis nach Auskunftserteilung und Rechtsberatung. Es verdient lobend hervorgehoben zu werden, daß sowohl in Deutschland wie auch in Österreich von den Interessenten eigene Bureaux für die Erteilung kostenloser Auskünfte in Versicherungsangelegenheiten eingerichtet worden sind. In Deutschland hat diese Aufgabe der Deutsche Versicherungsschutzverband in Berlin, in Österreich aber das zu Wien bestehende versicherungstechnische Unternehmen „Versicherungsschutz" übernommen.

VI. Die internationale Kriegswirtschaftspolitik.

Neben der nationalen steht die internationale Kriegswirtschaftspolitik. Wir haben dieselbe schon gelegentlich, insbesondere bei Besprechung der Maßnahmen der äußeren Kriegshandelspolitik, berührt. Sie hat es ursprünglich mit der Abwicklung und Förderung der wirtschaftlichen Beziehungen zwischen den eigenen Staatsbürgern und den Untertanen fremder Staaten während der Kriegszeit zu tun. Da der direkte Verkehr mit den kriegführenden Staaten durch das Erlöschen der Handelsverträge sowie durch das Aufhören der Post- und Telegraphenverbindungen praktisch unmöglich gemacht oder auf das äußerste erschwert ist, so wird der heimische Staat alle Mittel daran setzen müssen, die internationalen Wirtschaftsbeziehungen seiner Untertanen gegenüber den Bewohnern der kriegführenden Staaten durch Vermittlung neutraler Mächte im Gange zu erhalten oder, falls diese Fäden durch den Ausbruch des Krieges abgerissen worden sein sollten, wieder anzuknüpfen. Es muß dankbar begrüßt werden, daß die schweizerischen Behörden sich während des gegenwärtigen Weltkrieges mit großer Bereitwilligkeit in den Dienst dieser internationalen Vermittlungstätigkeit gestellt haben. Das nächste Ziel dieser Vermittlungstätigkeit trug zwar mehr einen humanitären Charakter und bezog sich auf die Heimschaffung internierter Zivilpersonen, welche bei Beginn des Krieges in einem fremden kriegführenden Staate sich befanden und zwangsweise daselbst zurückgehalten wurden. Der schweizerische Bundesrat ermächtigte schon im September 1914 sein politisches Departement zur Errichtung eines Bureaus in Bern mit der Bestimmung, sich dieser internierten Zivilpersonen auf Wunsch eines der kriegführenden Staaten anzunehmen und für die Heimschaffung derselben in ihr Vaterland zu sorgen. Auch vermittelte das Bureau die Korrespondenz der Internierten mit ihren Angehörigen. Überwogen also bei diesem Unternehmen die Gesichtspunkte der Humanität, so lagen einem anderen, gleichzeitig aufgetauchten Projekte rein wirtschaftliche Erwägungen zugrunde. Es handelte sich hierbei um nichts weniger als um die Schaffung einer internationalen Kompensationsstelle für Zahlungen (chambre internationale de compensation). Dieses in der Schweizer Presse mit Eifer erörterte Projekt zielte darauf ab, Industriellen, Kaufleuten und Finanziers die durch den Krieg so erschwerte Einziehung ihrer Außenstände bei den Kunden kriegführender Staaten zu erleichtern. Jeder Versuch einer solchen Einziehung von Außenständen konnte angesichts der Unterbrechungen im Post- und sonstigen Verkehre sowie wegen der zahlreichen Moratorien, der Geldzurückhaltung und der Kursverluste sich leicht sehr problematisch gestalten. Es lag daher nahe, die schweizerische Nationalbank als internationale Kompensationsstelle in Vorschlag zu bringen. Die Durchführung dieses Planes würde nicht nur während des Krieges, sondern auch darüber hinaus in Friedenszeiten von größter wirtschaftlicher Tragweite sein. Aber zwischen den Waffen müssen derartige Pläne der internationalen Wirtschaftspolitik zumeist verstummen. Diese steht während des gegenwärtigen Weltkrieges entschieden im Zeichen des Kampfes, ja es hat fast den Anschein, als ob jetzt mit einem Schlage jahrhundertjährige Fortschritte des Völkerrechtes mitten im Zeitalter der Weltwirtschaft vernichtet werden sollten. Schon im Mittelalter waren Bestrebungen im Gange gewesen, die Grausamkeiten der Kriegführung einzuschränken, und bereits das dritte Lateranische Konzil hatte die Tötung friedlicher Untertanen in Feindesland sowie die Zerstörung des fremden Bodens, der Früchte und Saaten verboten. Montesquieu und Rousseau hatten diese Forderungen noch schärfer formuliert und heute ist es allgemein angenommener Grundsatz des Völkerrechtes, daß der Krieg nur zwischen den Staaten geführt wird und daß die Nichtkombattanten nicht als Feinde betrachtet werden sollen. Die in früheren Jahrhunderten selbstverständliche Konfiskation des Vermögens der im eigenen Gebiete wohnenden Untertanen feindlicher Staaten ist zwar noch um die Wende des 19. Jahrhunderts vorgekommen, gilt aber nach dem modernen Völkerrechte in der Regel als durchaus unzulässig. Freilich ist auch heute jede Art von Zerstörung erlaubt, die im Verlaufe der militärischen Operationen nötig erscheint, aber die früher selbstverständliche Aneignung fremden Eigentums ist jetzt auf das strengste verpönt und es sind dabei nur zwei, allerdings sehr weitreichende Ausnahmen anerkannt, nämlich die Requisitionen und die Kontributionen. Nur im Seekrieg hat sich bekanntlich das alte Beuterecht mit einigen Milderungen bis heute erhalten. Was die vor dem Kriege mit Untertanen der kriegführenden Staaten abgeschlossenen privatrechtlichen Verträge anlangt, so hatte zuletzt im Jahre 1907 die zweite internationale Haager Friedenskonferenz im vierten Abkommen über den Landkrieg ausdrücklich bestimmt, daß die Aufhebung oder zeitweilige Außerkraftsetzung der Rechte und Forderungen von Angehörigen der Gegenpartei oder die Ausschließung ihrer Klagbarkeit verboten sein sollte. Völkerrechtlich durchaus zulässig ist die Beschlagnahme feindlichen Staatseigentums, also auch der im Inlande befindlichen Guthaben feindlicher Staaten. Freilich können durch derartige Akte auch die eigenen Untertanen, wenn sie Gläubiger des betreffenden feindlichen Staates sind, vorübergehend leicht zu Schaden kommen, es sei denn, daß der die Beschlagnahme verfügende Staat dann selbst die Befriedigung seiner Untertanen übernimmt. Das Affidavit wird über die in derartigen Fällen auftauchenden Zweifel und Schwierigkeiten hinweghelfen. Nicht geduldet werden können solche Verträge der eigenen Untertanen mit kriegführenden Staaten, welche die Lieferung von Kriegsmaterial an feindliche Länder zum Gegenstande haben. Leider sind solche Kriegslieferungen an feindliche Staaten in der Kriegsgeschichte nichts Seltenes gewesen. Auch während des gegenwärtigen Weltkrieges haben die deutschen Behörden mehrfach Warnungen gegen eine derartige gröbliche Verletzung der eigenen Untertanspflichten ergehen lassen müssen. Namentlich scheint es, daß Rußland und England durch Mittelspersonen über neutrale Staaten Material und Werkzeuge zur Anfertigung von Munition und Kriegsgeräten in Deutschland einzukaufen versucht haben. Solche Geschäfte werden regelmäßig, wenn sie der feindlichen Macht Vorschub zu leisten geeignet sind, unter das allgemeine Strafgesetz fallen oder aber schon durch die Ausfuhrverbote des eigenen Staates untersagt sein. Innerhalb der angegebenen Schranken aber schien die Unverletzbarkeit des Privateigentums und die privatrechtliche Vertragsfreiheit im Landkriege gesichert und die — allerdings nicht ratifizierte — Londoner Deklaration über das Seekriegsrecht vom Jahre 1909 war geeignet, alle Freunde des Völkerrechtes mit weiteren Hoffnungen zu erfüllen.

Aber es ist anders gekommen. Gerade der gegenwärtige Weltkrieg hat die schwersten Verletzungen des Völkerrechtes mit sich gebracht und fast scheint es, als ob die durch ihn bewirkte allgemeine Erschütterung des Rechtsbewußtseins die verbindliche Kraft der auch im Kriegsfalle das Privatrecht schützenden Normen ausgelöscht habe. Der Anstoß zu dieser Katastrophe der internationalen Rechtsbeziehungen ist bekanntlich von England ausgegangen. Dieser Staat hat sich über die gesamte Entwicklung des Völkerrechtes während der letzten 150 Jahre in brutaler Art hinweggesetzt. England hat den Krieg auch auf das private Kapital seiner Gegner übertragen. Es war ein alter Grundsatz des englischen Rechtes, daß gewisse Verträge, welche mit Angehörigen feindlicher Staaten bestehen, durch den Ausbruch des Krieges aufgehoben werden und daß mit gewissen Ausnahmen alle Verträge während des Krieges suspendiert sind. In einem gewissen Zusammenhange damit stand der weitere Grundsatz, daß Angehörige feindlicher Staaten während des Krieges vor englischen Gerichten nicht klagen konnten. Die Geltung dieser den humanen Anforderungen unserer Zeit so sehr widersprechenden Rechtssätze schien durch das Haager Abkommen über den Landkrieg beseitigt. Allein diese Auffassung wurde alsbald in England selbst von offizieller Seite bekämpft. Ebenso hielt man in diesem Staate an einem anderen alten und harten Grundsatze fest, welcher mit unserer heutigen Weltwirtschaft im schroffsten Widerspruche steht. Es ist dies der Grundsatz, daß mit Ausbruch des Krieges der Handelsverkehr oder überhaupt der ganze rechtsgeschäftliche Verkehr mit den Angehörigen von Feinden von selbst verboten sei. Diese veralteten und halb vergessenen englischen Rechtssätze wurden nunmehr von England aus der Rumpelkammer wieder hervorgeholt und von ihm als mächtige Handhaben für seinen gegen Deutschland begonnenen wirtschaftlichen Vernichtungskampf benützt. Eingeleitet wurde dieser wirtschaftliche Krieg gegen das Privateigentum und den privaten Rechtsverkehr von England damit, daß die englischen Banken grundsätzlich die Diskontierung und Einziehung von auf England ausgestellten Wechseln verweigerten, wenn dieselben ein deutsches Giro trugen. Diese Ablehnung erfolgte auch dann, wenn solche Wechsel von deutschen Firmen in das neutrale Ausland giriert worden waren. Schon Mitte August 1914 wurden ferner die Londoner Niederlassungen der deutschen und österreichischen Banken unter amtliche Aufsicht gestellt, damit die im Feindeslande befindlichen Gläubiger in keiner Weise begünstigt würden oder Auszahlungen erhielten. Bald erflossen Staatsratsverordnungen, welche bestimmt waren, die erwähnten alten englischen Rechtsgrundsätze aufs neue zur praktischen Geltung zu bringen. In welchem Umfange dies im einzelnen für das englische Mutterland und dessen Kolonien geschehen ist, kann bei dem augenblicklichen Zustande der Informationsquellen nicht immer ganz sicher festgestellt werden. Insbesondere ist es nicht leicht zu sagen, in welcher Ausdehnung das Verbot von Zahlungen an die Angehörigen feindlicher Staaten praktisch gehandhabt wird. Tatsache ist aber, daß Frankreich und Rußland die Grundsätze im gegenwärtigen Kriege ebenfalls übernommen, ja sie zum Teil im Vergleiche zu ihrem früheren Rechtszustande noch übertrumpft haben. In Frankreich wenigstens waren die alten Rechtssätze über die Aufhebung der privatrechtlichen Verträge mit den Angehörigen feindlicher Staaten durch den Krieg nicht mehr in Übung. Frankreich hat aber jetzt aus dem alten englischen Rechtssatz dadurch die wesentlichen Konsequenzen gezogen, daß es die Erfüllung von Verpflichtungen aus früheren Verträgen gegenüber feindlichen Untertanen während des Krieges ausdrücklich verbot.[1] Zu diesem Zahlungsverbote gesellte sich die Beschlagnahme und Sequestration des Vermögens feindlicher Firmen, ja nach zuverlässigen Meldungen soll sogar die Konfiskation und der Verkauf feindlicher Waren, welche in französischen Zollämtern lagerten, zu gunsten des Staatsschatzes verfügt worden sein. Sehr weitgehender Art sind auch die Maßnahmen der russischen Regierung gegen feindliche Ausländer. Durch kaiserlichen Ukas wurde untersagt, an feindliche ausländische Institute und Staatsangehörige Zahlungen zu leisten, bares Geld, Edelmetalle oder Wertpapiere an solche Empfänger zu übertragen oder den Zutritt zu Geldschrankfächern Personen zu gestatten, die Vollmacht von feindlichen Instituten und Staatsangehörigen besitzen. Ausländische Aktiengesellschaften wurden unter Kontrolle gestellt und auch dem privaten Grundbesitz der Krieg erklärt. Schließlich hat England durch eine Staatsratsverordnung vom 20. August 1914 die Londoner Deklaration über das Seekriegsrecht, wie dies auch in einer Denkschrift der deutschen Regierung näher ausgeführt worden ist, mit derartigen Abänderungen und Verschärfungen versehen, daß dies praktisch einer Lossagung von vielen wichtigen Bestimmungen der Deklaration gleichkommt. So ist auf privatrechtlichem Gebiete zwischen den Untertanen der kriegführenden Staaten gegenwärtig ein Zustand der Rechtlosigkeit herbeigeführt worden, wie er wohl seit den napoleonischen Kriegen nicht mehr geherrscht hatte. Der gegenwärtige Krieg erscheint infolge des englischen Vorgehens nicht mehr lediglich als ein Kampf der organisierten Streitkräfte, der die friedliche Bevölkerung nur durch seine Reflexwirkungen berührt. Nein, dieser Krieg ist nicht ein Kampf von Staat zu Staat, sondern von Volk zu Volk und wird gegen alles geführt, was die Macht des Feindes verkörpert und stützt!

Nur ungern und fast zögernd hat sich die deutsche Reichsregierung entschlossen, diesen wider das private Kapital geführten Kampf mit

---

[1] Nach den Meldungen öffentlicher Blätter hat der französische Ministerrat übrigens Ende Dezember 1914 einen Gesetzentwurf genehmigt, wonach schon der Abschluß irgendwelcher Geschäfte mit Untertanen feindlicher Staaten, mag dieser direkt oder durch Mittelspersonen erfolgen, verboten sein und die Verletzung dieser Vorschrift mit Geld- und Gefängnisstrafe sowie mit dem Verluste der bürgerlichen Ehrenrechte geahndet werden soll. Der Gesetzentwurf ist im Januar 1915 vom Justizminister der französischen Kammer vorgelegt worden.

entsprechenden Vergeltungsmaßregeln zu beantworten. Sie hat dabei den Standpunkt eingenommen, daß diese Retorsionsmaßregeln erst nach einwandfreier Feststellung der gegnerischen Maßnahmen anzuordnen wären und daß dieselben auch nicht über den Rahmen der letzteren hinausgehen dürfen. Noch keine förmliche Retorsionsmaßregel war es, wenn der deutsche Bundesrat unter dem 7. August 1914 das uns schon bekannte Moratorium für alle Personen und Gesellschaften erließ, welche im Ausland ihren Sitz haben. Es war dies lediglich eine Art Gegenmoratorium und man wollte dadurch nur den gleichen Rechtszustand herstellen gegenüber England, Frankreich und Rußland, welche Staaten zu Beginn des Krieges allgemeine Moratorien erlassen und diese speziell gegen die feindlichen Untertanen mit großer Härte durchgeführt hatten. In gleicher Weise ist es zu beurteilen, wenn der Bundesrat die Fälligkeit der im Ausland ausgestellten Wechsel alsbald hinausgeschoben hat, denn auch dadurch sollte nur die gegenseitige Rechtsgleichheit gewahrt werden. Einschneidender waren schon die vom Bundesrate unter dem 4. September 1914 in Ansehung der Überwachung ausländischer Unternehmungen getroffenen Anordnungen, denn hier handelte es sich schon nach dem Wortlaut der Verfügungen um wirkliche Vergeltungsmaßregeln. Da die englische und auch die französische Regierung deutsche Unternehmungen ganz gegen das bisherige internationale Wirtschaftsrecht unter amtliche Kontrolle gestellt hatten, so erübrigte nichts, als Gleiches mit Gleichem zu vergelten. Der Bundesrat ermächtigte demgemäß durch eine Notverordnung die Landeszentralbehörden, unter Zustimmung des Reichskanzlers für solche innerhalb ihres Gebietes ansässige Unternehmungen, welche vom feindlichen Auslande aus geleitet oder beaufsichtigt werden oder welche endlich ihren Ertrag an dieses abführen, Aufsichtspersonen zu bestellen. Dieselben haben unter Wahrung der Eigentums- und der sonstigen Privatrechte der Unternehmungen darüber zu wachen, daß während des Krieges der Geschäftsbetrieb nicht in einer den deutschen Interessen widerstreitenden Art geführt werde. Die Aufsichtspersonen sind mit den entsprechenden Befugnissen ausgerüstet und sie haben namentlich darauf zu achten, daß Gelder oder sonstige Vermögenswerte von den unter Aufsicht gestellten Unternehmungen in der Regel nicht an das feindliche Ausland abgeführt oder dorthin überwiesen werden. Solche Gelder oder Wertpapiere sind vielmehr bei der Reichsbank zu gunsten der Berechtigten zu hinterlegen. Die Überwachung von Versicherungsgesellschaften veranlaßt auf Anordnung des Reichskanzlers das Aufsichtsamt für Privatversicherung. Weitere Retorsionsmaßnahmen des Bundesrates richteten sich gegen das von den feindlichen Staaten erlassene Zahlungsverbot und die von den gegnerischen Staaten dekretierte Untersagung des Geschäftsverkehres. Diese unberechtigten Eingriffe der englischen und französischen Regierung in die ganzen Privatrechtsverhältnisse zwangen auch die deutsche Regierung, im Wege einer Bundesratsverordnung vom 30. September 1914 Zahlungen an England und dessen Kolonien zu verbieten. Solche dürfen weder durch Bargeld, Wechsel oder Schecks noch durch Überweisung oder auf sonstige Art geleistet werden. Dieses unter dem 20. Oktober 1914 auch auf Frankreich ausgedehnte Zahlungsverbot läßt aber die Rechte der Gläubiger als solche bestehen; die Schulden werden nicht erlassen, sondern sind nur bis auf weiteres gestundet. Zahlungen dürfen aber weder unmittelbar noch mittelbar geleistet und es muß daher auch jeder Versuch feindlicher Firmen, solche auf dem Wege über das neutrale Ausland gegen deutsche Staatsangehörige geltend zu machen, abgelehnt werden. Der Reichskanzler ist ermächtigt, Ausnahmen zu bewilligen, wenn Zahlungen nach dem feindlichen Auslande eine Notwendigkeit sind, also insbesondere dazu dienen sollen, dort lebende Deutsche oder im feindlichen Auslande bestehende Filialen zu unterstützen. Ebenso werden solche Zahlungen zuzulassen sein, wodurch im feindlichen Auslande bestehende Rechte (z. B. Patentrechte) erhalten werden sollen. Ferner mußte auch gegen die von Frankreich und England verübte widerrechtliche Verletzung des privaten Warenverkehres eingeschritten werden und wurde es demgemäß vom Bundesrate verfügt, daß für feindliche Ausländer bestimmte Waren, welche noch nicht in den freien Verkehr eingetreten sind, von den Zollbehörden festgehalten werden sollen. Den Zollbehörden ist rücksichtlich dieser Waren jede erforderliche Auskunft zu geben und diese Behörden können auch die Geschäftsbücher einsehen. Der Reichskanzler kann im Wege der Vergeltung die Einziehung solcher Waren anordnen. Dieselbe erfolgt durch Beschluß des Hauptamtes. Vor dem Beschluß ist der zur Stellung von Anträgen über die Zollbehandlung Berechtigte zu hören. Die Einziehung geschieht zu gunsten des Reiches. Unter dem 19. November 1914 erließ der Bundesrat außerdem ein Veräußerungsverbot für solche Schuldverschreibungen des Deutschen Reiches und der deutschen Bundesstaaten, welche den englischen Stempel tragen und nach dem 31. Juli 1914 ins Inland eingeführt worden sind. Nicht berührt wurden hingegen von diesem Verbote alle Staatspapiere, die sich bereits vor dem 31. Juli 1914 im Besitze deutscher Staatsangehöriger befunden haben. Die Kontrolle soll durch Prüfung der jeweiligen Schlußscheine geübt werden und Zuwiderhandlungen gegen das Verbot sind mit Gefängnis- und Geldstrafe bedroht. Endlich ist durch eine Bundesratsverordnung vom 26. November 1914 die Einsetzung einer zwangsweisen staatlichen Verwaltung für alle ganz oder überwiegend französischen Unternehmungen und Niederlassungen des Inlandes sowie für den gesamten in Deutschland befindlichen Grundbesitz französischer Staatsangehöriger für zulässig erklärt worden. Mit der Einsetzung eines staatlichen Verwalters verliert der französische Inhaber oder Unternehmer den Besitz, beziehungsweise das Verfügungsrecht über das gesamte Vermögen der Unternehmung. Das Nähere über die Durchführung dieser staatlichen Zwangsverwaltung haben die Landeszentralbehörden zu bestimmen. Der Verwalter kann sich, wenn nicht etwa die Aufrechterhaltung des Betriebes im deutschen Interesse liegt, auf die Abwicklung der laufenden Geschäfte beschränken und dann den Betrieb stillegen. Eine Auflösung lediglich zum Zwecke der Beseitigung des Betriebes ist jedoch zunächst in der Regel ausgeschlossen. Nur der Reichskanzler kann zum Zwecke der Vergeltung, d. h. wenn die französische Regierung fortfahren sollte, ihrerseits Liquidationen oder Verschleuderungen deutscher Vermögen gutzuheißen oder anzuordnen, die Auflösung inländischer französischer Unternehmungen für statthaft erklären. Gegen Rußland wurden schrittweise die gleichen Retorsionsmaßnahmen von seiten der deutschen Reichsregierung angeordnet, sobald über die einzelnen russischen Aktionen gegen das deutsche Privateigentum zuverlässige amtliche Feststellungen erfolgt waren. Das Zahlungsverbot erfloß bereits unter dem 19. November 1914.

Was Österreich-Ungarn betrifft, so bot in Österreich für die Ausübung des Vergeltungsrechtes schon der § 33 des allgemeinen bürgerlichen Gesetzbuches eine gewisse Unterlage. Allein diese Bestimmung bezieht sich grundsätzlich nur auf das Gebiet des Privatrechtes und für andere Rechtsgebiete versteht sich das Prinzip der Retorsion nicht von selbst. Aus diesem Grunde wurde durch eine Notverordnung vom 16. Oktober 1914 eine weitergehende Unterlage für Vergeltungsmaßregeln auf rechtlichem und wirtschaftlichem Gebiete geschaffen. In Ausführung dieser allgemeinen Ermächtigungsverordnung erflossen dann unter dem 22. Oktober 1914 drei weitere Verordnungen des Gesamtministeriums. Nach der ersten derselben kann kraft des Vergeltungsrechtes die Befriedigung von Ansprüchen, welche Angehörigen feindlicher Staaten aus Guthaben und Forderungen gegen im Inlande tätige Unternehmungen, Einzelpersonen, öffentliche Verwaltungskörper und sonstige Körperschaften zustehen, verboten oder von der Erfüllung bestimmter Bedingungen abhängig gemacht werden. Ferner kann die Regierung anordnen, daß die geschuldeten Sachen bis auf weiteres bei der Österreichisch-ungarischen Bank, bei der Postsparkasse oder an anderen geeigneten Stellen zu hinterlegen seien. Die zweite Verordnung enthielt das Zahlungsverbot gegenüber Angehörigen des feindlichen Auslandes und war zunächst nur gegen Großbritannien und Frankreich sowie gegen die Kolonien dieser beiden Staaten gerichtet. Bezüglich Rußland hielt man sich auch hier an den deutschen Vorgang. Die Schuldner können sich dadurch von ihren Verpflichtungen befreien, daß sie die geschuldeten Beträge oder Wertpapiere bei der Notenbank oder der Postsparkasse hinterlegen. Verzugszinsen können für die Dauer des Verbotes nicht gefordert werden. Zahlungen an im Inlande wohnende feindliche Staatsangehörige oder an im Inlande befindliche Niederlassungen feindlicher Staatsangehöriger, welche zur Befriedigung aus Betriebsansprüchen dienen, sind nicht verboten und ebenso bleibt die Leistung von Unterstützungen an Angehörige der österreichisch-ungarischen Monarchie gestattet. Die Regierung kann weitere Ausnahmen von dem Zahlungsverbote zulassen. Eine dritte Verordnung des Gesamtministeriums endlich regelte die Überwachung ausländischer Unternehmungen oder Zweigniederlassungen, und zwar wesentlich nach dem deutschen Muster. Die für Ungarn auf Grund des Gesetzartikels LXIII vom Jahre 1912 über die Ausnahmsverfügungen (§ 16) erlassene Retorsionsverordnung weicht in einzelnen Punkten von den österreichischen Anordnungen ab. Sie ist allgemein gegen die Untertanen feindlicher Staaten gehalten und verpflichtet, wie es scheint, von vornherein zur Deklaration jener Schulden, die zu gunsten von Angehörigen feindlicher Staaten bestehen, während in Österreich die im Inlande tätigen Unternehmungen, Einzelpersonen und Körperschaften zur Angabe der unter das Verbot fallenden Guthaben und Forderungen nur im einzelnen Falle verhalten werden können.

Aber damit dürfte der von Deutschland und Österreich-Ungarn wider das wirtschaftliche Franktireurtum ihrer Gegner zu führende Vergeltungskampf noch nicht am Ende angelangt sein. Schon hat England durch ein im November 1914 eingebrachtes Ergänzungsgesetz beschlossen, das gegen feindliche Untertanen erlassene Zahlungsverbot weiter zu verschärfen. Darin wird insbesondere auch vorgesehen, daß alle Dividenden, Interessen- und Gewinnanteile, die in Friedenszeiten an eine in Deutschland oder Österreich-Ungarn ansässige Person auszuzahlen wären, an eine für England und Wales einzusetzende Amtsstelle, einen sogenannten Kustos des feindlichen Eigentums, einzuzahlen sind. Diese Einzahlungen sollen zur Befriedigung solcher Untertanen Englands dienen, welche bei deutschen, österreichischen oder ungarischen Schuldnern Außenstände haben, aber wegen der gegenüber England geltenden Zahlungsverbote zurzeit keine Befriedigung erlangen können. Analoge Vorkehrungen sind für Schottland und Irland in Aussicht genommen. Es ist eine Art zwangsweisen Abrechnungsverkehres, der hier zwischen den aus den früheren Geschäften mit dem Feindeslande noch schwebenden Forderungen und Schulden etabliert werden soll. Schon haben sich in Deutschland Stimmen geregt, welche unter Hinweis auf dieses englische Vorgehen für einen schärferen Schutz der deutschen Gläubiger gegenüber den Schuldnern des feindlichen Auslandes eintreten. Durch die im feindlichen Auslande erlassenen Zahlungsverbote dürfte die

Sicherheit der dort befindlichen Außenstände in großem Umfange ernstlich gefährdet und ein beträchtlicher Teil derselben auch nach Beendigung des Krieges nicht mehr hereinzubringen sein. Wäre es da nicht recht und billig, wenn unseren schwer geschädigten Kaufleuten schon jetzt ein kräftigerer Schutz gegenüber den Schuldnern des feindlichen Auslandes gewährt würde, zumal die Rechtsverfolgung in diesem sich auch in normalen Zeiten umständlicher und teurer gestaltet als bei uns? Nicht vergessen werden darf ferner jener Rechtsbrüche, die das feindliche Ausland gegenüber unseren Patenten und Warenzeichen in dem gegenwärtigen wirtschaftlichen Vernichtungskampfe begangen hat. Zwar scheint die Praxis der ausländischen Patentämter neueren Nachrichten zufolge die betreffenden wirtschaftlichen Kriegsgesetze milder oder vorsichtiger angewendet zu haben, als dies zunächst angenommen wurde. Insbesondere scheint das englische Patentamt den Bestrebungen eines Teiles der englischen Industriellen, sich fremder Patente und Warenzeichen einfach zu bemächtigen, nicht immer ohne weiteres Folge gegeben zu haben. Wenigstens wurde den Angehörigen der kriegführenden Staaten das Recht zugestanden, Taxen für ihre englischen Patente zu bezahlen, und umgekehrt englischen Patentinhabern die Erlaubnis erteilt, die für die Aufrechterhaltung ihrer Patente im feindlichen Ausland erforderlichen Gebühren zu entrichten. Eine einfache Aufhebung aller Patente und Warenzeichen, wie man dies nach Ausbruch des Krieges von den in England im August 1914 veröffentlichten sogenannten Temporary Rules befürchten zu müssen glaubte, scheint also nicht stattgefunden zu haben. Immerhin dürfte der auf diesem Wege unseren Industriellen zugefügte Schaden so groß sein, daß auch hier Repressalien am Platze wären. Es kann nicht ruhig hingenommen werden, wenn im feindlichen Auslande Gesetze erfließen, welche zur gänzlichen Umstoßung oder zur zeitweiligen Aufhebung unserer rechtmäßig erworbenen Patente und Markenzeichen ermächtigen oder anspornen. Natürlich ist von einem solchen „Boycott légal“, wenn wir dieses Wort in einem weiteren Sinne gebrauchen dürfen, zum allgemeinen wirtschaftlichen Krieg wider Privateigentum und freien Geschäftsverkehr nur ein Schritt! Auch hierzu haben unsere Gegner die Parole ausgegeben, indem sie vor allem den Kampf gegen die überlegene chemische Industrie Deutschlands eröffneten sowie deutsche Professoren, Gouvernanten und Kellner vertrieben. Schon beginnen diese wirtschaftlichen Untaten in Deutschland Widerhall zu finden und schon regen sich hier Stimmen, welche die Erzeugnisse der englischen Literatur für vogelfrei erklärt und Angehörige des feindlichen Auslandes aus kommerziellen Betrieben ausgeschlossen wissen wollen. Wenigstens haben Tagesblätter berichtet, daß der Deutschnationale Handlungsgehilfenverband bereits vor einiger Zeit eine Eingabe an den

Bundesrat gerichtet hätte, damit Angehörige des feindlichen Auslandes jetzt nicht mehr als Handlungsgehilfen weiter beschäftigt oder neu angestellt werden. Ebenso soll Zeitungsnachrichten zufolge der Verkauf von Apollinarisbrunnenwasser auf den preußischen und sächsischen Staatsbahnen untersagt worden sein, weil es sich hier um ein englisches Erzeugnis handle. Das Ende eines solchen wirtschaftlichen Vernichtungskrieges ist schwer abzusehen und Repressalie muß sich an Repressalie reihen. Schon hat das bei der Wiener Handelskammer für Industrie, Handel und Gewerbe eingesetzte Permanenzkomitee beschlossen, von der Regierung als weitere Retorsionsmaßregel gegenüber der von Frankreich verfügten Beschlagnahme österreichischer und deutscher Güter neben der Sequestration des im Inlande befindlichen französischen Eigentums auch noch die Nichtigerklärung der den Franzosen gehörigen österreichischen Wertpapiere sowie die Ausschließung aller Verwaltungsräte feindlicher Nationalität aus österreichischen Aktiengesellschaften zu verlangen. Ungeheuere Trümmer bedecken schon jetzt die Walstatt in dem von England wider das feindliche Privateigentum inizierten Vernichtungskriege und bereits jetzt sind einzelne wirtschaftliche Körperschaften damit beschäftigt, die daraus hervorgehenden Ersatzansprüche in Evidenz zu nehmen und zu sichten. Welch trauriges Bild wird sich da unseren Augen in dem mit berechtigtem Stolze gefeierten Zeitalter der Weltwirtschaft entrollen?

VII. Schluß.

Lieber als bei diesem Trümmerfelde des internationalen Wirtschaftsverkehres verweilt unser Auge zum Schlusse noch einmal bei dem erhebenden Bilde, welches die inneren kriegswirtschaftlichen Maßregeln darbieten. Diese rechtlichen und wirtschaftlichen Kriegsmaßnahmen sind zunächst einem plötzlichen Notstande entsprungen und tragen deshalb fast durchaus einen provisorischen Charakter an sich. Man wird aus eben diesem Grunde mit ihnen nicht immer allzu streng ins Gericht gehen dürfen. Aber es wäre ganz verkehrt, ob der ihnen anhaftenden Schlacken ihren großen äußeren und inneren Wert zu unterschätzen. Sind sie doch bestimmt, alle wirtschaftlichen Kräfte des Staates für ein hohes gemeinsames Ziel organisatorisch zusammenzufassen und die wirtschaftliche Widerstandskraft seiner Bürger gegenüber den Bedrängnissen des Krieges so weit als möglich zu erhöhen. Straffe Konzentration aller gesellschaftlichen Kräfte ist also der erste große Grundgedanke, der den wirtschaftlichen Kriegsmaßregeln innewohnt, und in diesem Grundgedanken begegnen sie sich durchaus mit allen militärischen und politischen Maßnahmen eines kriegführenden Staates. Möglichste Konzentration der Kräfte im Interesse erhöhter äußerer Stoßkraft ist im Kriegsfalle die Losung auf militärischem wie politischem Gebiete. Alles, was die politische Kraft des Staates zersplittern oder schwächen könnte, muß in der Kriegszeit ausgeschaltet werden. Der Streit der politischen Parteien in den Parlamenten und sonstigen Vertretungskörpern hat während des Krieges zu ruhen. Konzentrationsministerien sind die Signatur der Regierungen. Wahlen für das Parlament und Gemeindevertretungen werden verschoben, ja selbst die Mandatsdauer der Vertreter von Krankenkassen wird im Kriegsfalle verlängert, damit die mit den Wahlen so häufig verbundene Kräftevergeudung vermieden werde. Das Verfassungsleben steht im Zeichen des bürgerlichen oder militärischen Belagerungszustandes. In Deutschland hat der Kaiser sofort von der ihm durch die Reichsverfassung (Art. 68) eingeräumten Befugnis, das Reichsgebiet (mit Ausnahme von Bayern) in Kriegszustand zu erklären, Gebrauch gemacht. Hinsichtlich der Wirkungen des Kriegszustandes gelten bekanntlich noch heute die Vorschriften des preußischen Gesetzes vom 4. Juni 1851. Danach geht nicht nur die vollziehende Gewalt während des Belagerungszustandes im allgemeinen an die Militärbefehlshaber (die stellvertretenden Generalkommanden) über, sondern diese sind auch zuständig für alle Anordnungen im Interesse der Aufrechterhaltung der öffentlichen Ruhe und Sicherheit. Zu diesem Behufe dürfen sie daher ohne Zweifel auch Verordnungen wirtschaftlicher Natur, also z. B. über Höchstpreise u. a. m., erlassen. Es ist bekannt, daß sie dies während der verflossenen Monate tatsächlich vielfach getan haben, wenngleich freilich diese ihre Befugnis in vereinzelten Fällen von den Gerichten in Zweifel gezogen wurde. Ebenso ist in Österreich im Wege der Notverordnung in einzelnen Teilen des Staatsgebietes den Höchstkommandierenden das Recht verliehen worden, in Sachen der politischen Verwaltung Verordnungen zu erlassen und Befehle zu erteilen. Auch sind hier die Geschworenengerichte eingestellt und die Militärgerichte mit einer gewissen Strafkompetenz auch gegenüber den Zivilpersonen für die Dauer des Krieges ausgestattet worden. Ungarn aber besitzt seit dem Jahre 1912 in dem damals erlassenen Gesetzartikel LXIII eine höchst umfassende Kodifikation über Ausnahmsverfügungen, welche die verschiedensten Seiten des rechtlichen und wirtschaftlichen Lebens für den Kriegsfall regelt. In allen diesen Bestimmungen tritt das bewußte Streben hervor, die Staatsgewalt mit erhöhten Machtbefugnissen auszustatten, damit sie imstande sei, im Falle kriegerischer Verwicklungen etwaige feindliche Umtriebe im Keime zu ersticken oder sonstige innere Schwierigkeiten rasch und mit starker Hand niederzuwerfen. Nicht nur politische Freiheitsrechte werden durch diesen Ausnahmszustand schwer getroffen, sondern derselbe bringt auch, wie dies unsere Darstellung gezeigt hat, für den wirtschaftlichen Verkehr einschneidende Beschränkungen und arge Belästigungen mit sich. Aber im Interesse der gesteigerten Kräftekonzentration und Machtentfaltung des Vaterlandes muß diese Last mit patriotischer Opferwilligkeit getragen werden. Auf der anderen Seite ist auch die Staatsverwaltung in Kriegszeiten geneigt, den Untertanen die Erfüllung ihrer bürgerlichen Verpflichtungen möglichst zu erleichtern. Auch hier schlägt der Gedanke der unumgänglichen Kräftekonzentration durch. Die Staatsorgane haben keine Zeit, sich mit ausgedehnteren prozessualen Formalitäten zu befassen, und alle verfügbaren Kräfte müssen sofort an die Front. Dieser Gang der Dinge darf daher nicht durch weitläufige polizeiliche oder strafgerichtliche Untersuchungen aufgehalten werden und ebenso sind im Verwaltungsverfahren alle überflüssigen Formalitäten beiseite zu lassen. Manche Ämter müssen ihren kompetenzmäßigen Standort während des Krieges vorübergehend verlassen und sind genötigt, in den Räumen anderer Behörden ein gastliches Unterkommen zu suchen, so daß dann von einer ängstlichen Prüfung der Kompetenzen nicht mehr in allen Fällen die Rede sein kann. Die Not des Krieges drängt unaufhaltsam auch sonst zu einer Verstärkung der Regierungsgewalten. Überall herrscht während des Kriegszustandes in weitem Umfange das Recht der Notverordnung und wo die Verfassung ein solches Recht nicht kennt, muß es eigens geschaffen werden. In Deutschland ist der Bundesrat durch § 3 des Gesetzes vom 4. August 1914, R.G.Bl. S. 327, ermächtigt worden, während der Zeit des Krieges alle diejenigen gesetzlichen Maßnahmen anzuordnen, welche sich zur Abhilfe wirtschaftlicher Schädigungen als notwendig erweisen, doch sind diese Maßnahmen dem Reichstage bei seinem nächsten Zusammentritte zur Kenntnis zu bringen und auf sein Verlangen aufzuheben. In Österreich hat während des Krieges nicht nur der § 14 rastlos arbeiten müssen, sondern man fand es — davon war schon oben die Rede — sogar ratsam, schließlich das Gesamtministerium mit einem gewissen Notverordnungsrechte in Sachen wirtschaftlicher Vorkehrungen für die Zeit des Krieges auszustatten. In Ungarn verblieb es zwar im allgemeinen bei der durch den Gesetzartikel LXIII vom Jahre 1912 dem Ministerium delegierten Notverordnungsrechte, doch mußten auch dessen Befugnisse während des Krieges auf der Novembersession des ungarischen Reichstages erweitert werden.

Neben diesem Gedanken der Kräftekonzentration tritt uns in den rechtlichen und wirtschaftlichen Kriegsmaßregeln noch ein anderer innerer Grundton entgegen. Es kann darüber kein Zweifel herrschen, daß die den neuen Maßregeln zugrunde liegenden Ideen mit der herrschenden Wirtschaftsordnung keineswegs immer im Einklang stehen, sondern derselben vielmehr zu einem großen Teile direkt widersprechen.[1] Fast überall schieben sich bei den besprochenen Kriegsmaßnahmen die kollektivistischen Gesichtspunkte weit stärker in den Vordergrund, als wir dies selbst bei den vom sozialen Hauche durchdrungenen Friedensgesetzen unserer modernen Zeit zu beobachten vermögen. Nicht die Achtung vor der wirtschaftlichen Freiheit des Individuums, sondern die Rücksicht auf die sozialen Bedürfnisse ist ganz ausschließlich für den Tenor der kriegswirtschaftspolitischen Gesetze entscheidend. Dieser Grundgehalt verleiht vielen wirtschaftlichen Kriegsmaßregeln eine über das vorübergehende Bedürfnis weit hinausragende Bedeutung. Es wäre falsch, die aufgezählten Maßregeln nur als rasch vorüberziehende Provisorien beurteilen zu wollen. Gewiß sind sie zunächst bestimmt, die augenblickliche wirtschaftliche Not des Krieges, seine Leiden und Verheerungen zu mildern. Aber es wohnt ihnen doch unstreitig eine erhöhte ethische Potenz inne, die in der einen oder anderen Richtung einen dauernden Gewinn für unsere künftige wirtschaftliche und rechtliche Entwicklung abwerfen dürfte. Es ist möglich und zu hoffen, daß der in unserer Zeit trotz aller sozialen Gesetzgebung sich so stark hervordrängende Individualismus durch die Neuschöpfungen unserer Kriegswirtschaftspolitik, welche fast alle auf dem Prinzipe engster Zusammengehörigkeit und unverbrüchlicher Interessengemeinschaft aufgebaut sind, eine gewisse Abschwächung erfahren werde. Aber auch wenn diese Hoffnung sich als trügerisch erweisen sollte, werden die Lehren der Kriegswirtschaft für die Zukunft nicht verloren sein. Wir alle wissen jetzt, daß die Versicherungen und Hoffnungen der Freunde des ewigen Weltfriedens leere Illusionen sind. Der gegenwärtige Krieg wird nicht der letzte sein und unser Vaterland wird auch fernerhin seine starke militärische Rüstung nicht ablegen können. Auch das wissen wir jetzt alle, daß mit dieser militärischen Rüstung die wirtschaftliche Hand in Hand gehen muß, ja daß die letztere in einem künftigen Kriege für unser Vaterland eine abermals gesteigerte Wichtigkeit besitzen wird. Darum darf die neue Disziplin der Kriegswirtschaftslehre auch künftig im Frieden nicht die Hände in den Schoß legen, sondern muß fortan in systematischer Weise gepflegt und weiter ausgebaut werden. Die deutschen Hochschulen müssen für diesen Zweck den Intendanturen und dem Generalstab die Hand reichen. Dann dürfen wir die Hoffnung hegen, daß nicht nur unser Vaterland aus dem blutigen Kriege zu neuer Blüte emporsteigen, sondern auch die deutsche Wissenschaft der Ökonomie aus ihm dauernde Anregung und bleibenden Nutzen ziehen werde.

---

[1] Vgl. die bezüglichen Ausführungen von Franz Klein a. a. O., S. 30f., und in seinem am 27. November 1914 im Wiener Industriellenklub über „Krieg und Wirtschaftsrecht" gehaltenen Vortrage. (Sieh den Auszug im „Economist" der „Neuen Freien Presse" vom 28. November 1914).

FSC
www.fsc.org
MIX
Papier | Fördert gute Waldnutzung
FSC® C083411

Kolibri 360 GmbH
Ferdinand-Jühlke-Straße 7
99095 Erfurt, Deutschland
produktsicherheit@kolibri360.de